Research on the Impact Mechanism of Carbon Tariffs and
Carbon Labeling on Agri-trade and Emissions Reduction

碳关税和碳标签对农产品贸易与减排的影响机制研究

帅传敏 丁丽萍 张 露 郭 晴 著

中国社会科学出版社

图书在版编目（CIP）数据

碳关税和碳标签对农产品贸易与减排的影响机制研究/帅传敏等著 . —北京：中国社会科学出版社，2016.11
ISBN 978 - 7 - 5161 - 8849 - 1

Ⅰ . ①碳… Ⅱ . ①帅… Ⅲ . ①二氧化碳—排气—关税—影响—农产品贸易—研究 Ⅳ . ①F762

中国版本图书馆 CIP 数据核字（2016）第 213329 号

出 版 人	赵剑英
责任编辑	王　曦
责任校对	周晓东
责任印制	戴　宽

出　　版	中国社会科学出版社
社　　址	北京鼓楼西大街甲 158 号
邮　　编	100720
网　　址	http://www.csspw.cn
发 行 部	010 - 84083685
门 市 部	010 - 84029450
经　　销	新华书店及其他书店

印　　刷	北京明恒达印务有限公司
装　　订	廊坊市广阳区广增装订厂
版　　次	2016 年 11 月第 1 版
印　　次	2016 年 11 月第 1 次印刷

开　　本	710×1000　1/16
印　　张	14.75
插　　页	2
字　　数	226 千字
定　　价	56.00 元

序

　　随着 2015 年 12 月巴黎世界气候大会的召开及《巴黎协定》的签署，应对全球气候变化、发展低碳经济已经成为世界各国的共识和长期而艰巨的任务。早在 2005 年，《京都议定书》就把碳交易机制作为限制全球温室气体排放的新途径。由于受到国家利益的驱使，近年来，欧美发达国家不断推出对温室气体排放进行限制的法案，温室气体排放限额对本国工业发展和国际贸易的影响越来越大。美国、欧盟、日本等发达国家相继提出将对高碳进口产品征收碳关税的动议和法案，碳标签也在许多发达国家应运而生，这些呼之欲出的碳壁垒，必将对世界各国尤其是以中国为代表的发展中国家国际贸易的发展和温室气体减排政策产生不可忽视的影响。因此，开展碳关税和碳标签对国际贸易和碳减排影响的理论与实证研究，具有重要的理论和实践意义。

　　《碳关税和碳标签对农产品贸易与减排的影响机制研究》综合运用经济学、管理学、数学、计算机科学和行为科学的理论和方法，采用文献查阅、理论推演、问卷调查、深度访谈、实验观察、CGE 建模仿真、统计分析等多种研究方法，系统性开展了碳关税和碳标签对农产品贸易和碳减排影响的理论与实证研究。采用碳要素流动做法和博弈的方法，开展了碳关税对农产品贸易和碳减排的理论分析，结合碳标签的国际实践提出了碳标签引领低碳消费的理论模型；运用全球贸易分析（GTAP）模型，定量模拟了碳关税对中国和世界农产品贸易以及世界宏观经济的影响；采用问卷调查和情景实验方法，开展了消费者对低碳产品的支付意愿、对政府低碳补贴的期望值以及消费者低碳产品潜在购买行为的差异分析；基于大样本情景实验数据，采用结构方程模型（SEM），实证研究了碳标签对低碳农产品消费行为的影响。

本书的独到之处在于：第一，首次基于碳要素流动假设和博弈论方法，深入分析了碳关税情境下中国等发展中国家农产品出口可能面临的困局；第二，首次采用情景实验方法和大样本实验数据，实验研究了在碳标签情景下中国消费者对低碳产品潜在的消费意愿和消费行为，并提出了前瞻性的政策建议。

特此作序。

武汉大学经济与管理学院　教授、博士生导师

武汉大学气候变化与能源经济研究中心（CCEE）主任

齐绍洲

2016 年 4 月 18 日

目　录

第一章 绪论

第一节 研究的现实背景

气候变化是关系人类生存和各国经济可持续发展的重大问题。全球温室气体（GHG）排放总量中约 13% 来自农业，加上森林采伐和农产品贸易，这一比例高达 30%—40%。1990—2007 年，农业碳排放量增加了 17%，而这一时期的农产品贸易额增长了 100%。随着人口的增加和饮食习惯的改变尤其是肉类消费比例的提高，世界农产品生产和贸易将会持续增长。为了积极应对全球气候变化和减少温室气体排放，世界许多国家相继推出了一系列政策措施。值得关注的是：（1）碳关税的提出。美国众议院于 2009 年 6 月 26 日通过了《美国清洁能源安全法案》。该法案提出，美国将从 2020 年起对中国、印度、巴西等尚未承担约束性碳减排义务的发展中国家进入美国的产品征收惩罚性关税——碳关税。这得到了法国、瑞典、芬兰、丹麦等欧盟成员国的积极支持。法国国民议会和参议院也于 2009 年 10 月和 11 月先后通过了从 2010 年起在法国国内征收碳税的议案。（2）碳标签的认证。为了向消费者传递产品的碳足迹信息，以引导生产者生产和消费者消费低碳产品，英国于 2007 年 3 月推出了第一批具有碳标签标示的产品。碳标签得到了英国、法国、瑞士等国食品超市的积极响应。特易购（Tesco）、玛莎（Mark & Spenser）、卡西诺（Casino）、沃尔玛（Walmart）等大型连锁超市都纷纷进行商品的碳标签试点。日本农林水产省于 2011 年开始实施农产品碳标签制度。已经有包括英国、韩国、泰国、瑞士、美国、德国、加拿大在内的 14 个国家相继推出碳标签计划。产品碳足迹的国际标准 ISO 14067 于 2011 年发布。世界范围内产品碳标签认证已是大势所趋。

从国际贸易的角度来分析，呼之欲出的碳关税和碳标签很可能成为未来世界贸易新型的关税壁垒和非关税壁垒，合并称为"碳壁垒"。全球变暖压力下碳关税和碳标签认证一旦实行，必将对未来世界贸易格局和全球二氧化碳减排产生重要而深远的影响。那么，碳关税和碳标签这些"碳壁垒"对世界农产品贸易产生影响的理论基础何在？在全球减排压力下各国博弈的世界贸易利益新的均衡机制又何在？碳关税将对中国农产品出口、市场结构和产品结构以及对减少"碳泄漏"产生多大的影响？碳标签作为非关税壁垒对农产品贸易产生何种影响？碳标签作为低碳产品标识将在多大程度上、从哪些路径影响和引导消费者购买低碳产品、进而对碳减排产生积极作用？这些问题都需要开展深入系统的理论和实证研究才能找到科学的答案（本书的选题思路如图 1-1 所示）。

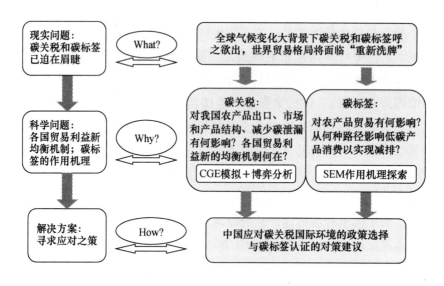

图 1-1 本书选题思路

第二节　国内外研究综述

一　碳关税相关研究综述

碳关税（Carbon Tariff）最早是由法国前总统希拉克提出的，旨在希望欧盟针对未遵守《京都议定书》的国家征收商品进口税，以避免在欧盟碳排放交易机制运行后，欧盟国家所生产的商品遭受不公平的竞争。碳关税源于边境调节税（Border Tax Adjustments，BTAs）。BTAs 作为国际贸易中的一种普遍做法可以追溯到 18 世纪。碳关税不过是"新瓶装旧酒"（Ben Lockwood et al.，2010）。碳关税实质上是为防止碳泄漏对进口商品二氧化碳排放量超过本国同类商品的部分征收的一种二氧化碳排放关税。但碳关税一旦征收，将会对世界贸易格局产生重大而深远的影响。因此，碳关税自提出以来，引起了世界许多国家的普遍关注。国内外学者也对碳关税在 WTO 框架下的合法性和可行性、碳关税对国际贸易和减少"碳泄漏"的影响等开展了研究。

在世界贸易组织的框架下，碳关税的合法性问题学术界尚未达成一致。多数国外学者认为，碳关税是否合法取决于实际的政策设计和实施关税的国家数量。尽管有的学者研究的是欧盟针对美国实施的碳关税，另一些学者研究的是美国未来将向发展中国家如中国、印度、巴西等征收的碳关税，但各方均是 WTO 的成员方，都应该受到《关贸总协定》的监督和制约，故碳关税的合法性问题对于各方而言又是完全相同的。谢来辉（2008）分析了欧盟征收边境碳调节税的动机与政策应用前景和对中欧贸易可能造成的影响，指出：实施碳关税缺乏合法性和合理性。黄志雄（2010）认为，这一措施在 WTO 规则上的合法性难以成立。李晓玲等（2010）也认为，碳关税既违反了《关贸总协定》的相关条款，也不能援引"一般例外"作为抗辩理由，因而与 WTO 规则不相符。但也有学者认为，WTO 法律中对征收边境碳调节税的规定很含糊，为碳关税留下了空间。在碳排放交易制度下可以征收碳调节税，只要调节税水平等于使用最优技术处理原料的生产条件下获得二氧化碳排放许可额所产生的额外成本，就与 WTO 法律相兼容。马建平（2009）也认为，边境碳调整措施只要能够满足 GATT 1994 第 20 条一般例外条款的要求，且不构成武断的或不合理的变相限制，就有可能变为现实。李平等（2010）对碳排放衡量指标进行了综合评价并测算了不同国家的碳关税征收标准。

碳关税对国际贸易和减少"碳泄漏"影响方面，国内外许多学者进行了定性和定量研究。徐驰（2009）以中美贸易为例分析了碳关税对贸易的影响，指出碳关税会使中国的出口贸易额和就业率大幅度下降。Gros D.（2009）研究了碳关税对全球福利的影响，发现对进口产品征收碳关税能够增进全球的福利。Cai Y. Z. 等（2009）分析了国际贸易如何影响不同类型国家参与全球气候变化谈判的意愿。Dong 等（2009）分析了边境调节税对全球福利、减少温室气体排放、贸易流量和生产的潜在影响，认为边境调节税对减排有一定的积极作用，但效果有限。边境调节税减缓了"碳泄漏"，增加了实施碳减排措施国家的产值，减少了其他国家的产值。沈可挺等（2010）采用动态 CGE 模型预测了碳关税对中国工业生产、出口和就业的可能影响，发现：每吨碳 30 美元或 60 美元的关税率可能使中国工业部门的总产量下降 0.62%—1.22%，分别使工业品出口量下降 3.53% 和 6.95%，就业岗位减少 1.22% 和 2.39%。周玲玲等（2010）基于投入产出法定量分析了边境碳调节税对我国出口贸易的影响，发现：若按出口产品内涵排放量征收，将导致我国出口产品的关税水平提高 3%—6.3%。McKibbin W. J. 等（2009）的研究结论显示：边境调节税对"碳泄漏"的效果有限，不足以抵消对恶化国际贸易环境的影响。然而，Burniaux J. M. 等（2010）的研究结论则截然相反：边境调节税是降低"碳泄漏"的有效方法，对世界贸易的福利损失较小。Alexander Kasterine 等（2010）对欧盟征收碳关税对农产品进口国的影响分析表明：若欧盟征收 100 美元每吨的碳关税，发展中国家的农业出口损失达 14.14 亿美元。王明喜等（2011）通过建立一个三阶段博弈模型，研究碳关税对美国进口贸易的影响以及碳关税效应和补贴效应，结果表明，引入碳关税会减少发展中国家对美国的出口，增加发达国家的福利。潘辉（2011）基于美国国内利益集团与政府博弈的视角，在 Gossman – Helpman "销售保护模型" 的基础上，建立碳关税博弈模型。结果显示，如果美国政府是一个自利政府，同时存在利益集团政治捐献的情况下，政府出于自身利益最大化的考虑会提高碳关税税率。Atkinson G. 等（2011）采用 GTAP 7.0 对贸易品中的 "虚拟碳" 进行了模拟分析，指出：如果每吨二氧化碳征税 50 美元的话，中国、印度和南非的平均关税税率将分别为 10%、8% 和 12%。吴琨（2011）分别探讨了中国消极应对下的碳关税博弈和积极应对下的碳关税博弈，并认为政府要在中美碳关税博弈中发挥积极作用，有所作为，企业自身要明确责任，转变发展模式以逐步适应新经济浪潮。Hübler M.（2012）采用 GTAP 7.0 模拟分析了碳关税对中国出口和世界减排的影响，结果显示：发展中国家是二氧化碳的净输出国，通过出口商品输出的二氧化碳占本国碳排放总额的 12%（其中中国占 24%），而发达国家则是二氧化碳的净输入国，通过商品进口输入的碳排放量占本国碳排放总额的 15%。鲍勤等（2013）通过动态可计算一般均衡模型研究认为美国征收碳关税将直接缩减我国企业对美出口利润，减少我国对美出口，进而间接地对我国总体经济造成负面影响。栾昊等（2014）分析预测美国在 2020 年实施碳关税对中国碳排放与经济的影响，结果表明：美国征收碳关税将对中国经济造成显著的负面影响，贸易平衡将显著低于充分就业闭合下的情景，同时，美国征收碳关税的减排效果也将进一步降低。杨仕辉等（2014）通过多阶段博弈模型分析认为，发展中国家实施出口补贴政策或出口征税政策都有可能是最优的，这要视边际环境损害值大小、各国生产成本和碳排放强度差异决定，但实施该政策的最佳时机总是在发达国家开征碳关税以后。

二 碳标签相关研究综述

碳标签已成为国际贸易的新热点，欧美、日本等发达国家已相继推出碳标签认证，在普通产品上加注碳标签，这很可能成为一种新的技术贸易壁垒。因此，借鉴发达国家的经验建立中国的碳标签体系具有重要意义。近年来，国内学者开始对碳标签的研发和对农产品贸易的影响、不同减排措施对贸易的不同影响、英国 PAS 2050 产品碳足迹核算标准、中国碳标识制度发展趋势以及中国的应对策略等进行定性分析和阐述。

国外学者开始研究碳标签对国际贸易的影响。Simon Bolwig 等 (2009a) 指出，进入欧盟市场的生物燃料已开始了碳标签认证，其他产品也将在未来 10—15 年内须碳标签认证。这意味着碳标签将成为市场准入的壁垒，如果发展中国家出口商的产品没有通过碳标签认证，将面临退出国际市场的危险。O. Nartova（2009）从全球政治和经济角度分析了碳标签在世界贸易环境下可能带来的道德、经济和法律方面的影响。Paul Brenton 等（2009）分析了碳足迹和碳标签对气候变化和国际贸易的影响，尤其是对小业主和低收入国家的潜在影响。指出：碳标签是对其他环保措施的有益补充，将在碳减排方面发挥重要作用。碳标签可能会影响公平贸易，尤其是对低收入国家。G. Edwards - Jones 等（2009）分析了碳标签的引入对发展中国家出口到英国的园艺产品脆弱性的影响。发现：距离英国遥远的可替代程度高的产品受到的影响最大，如肯尼亚的四季豆、以色列的西红柿和辣椒、危地马拉的豌豆等；而出口热带产品或在英国缺乏替代品的产品受到的影响较小，如印度的茶叶和葡萄、菲律宾的芒果、中国的茶叶等。Cohen M. A. 等（2012）研究认为，碳标签在一定程度上可以降低国际贸易引起的"碳泄漏"，其具有影响世界相当比例碳排量的潜力。樊晓云（2013）研究认为，碳标签的全球推广是大势所趋，未加注碳标签的产品在日后竞争中可能处于竞争劣势。此外，许多学者认为，碳标签对食品贸易将产生重要影响，很可能成为非关税壁垒，对发展中国家的农产品贸易不公平，值得关注和深入研究。

在碳标签对减排的影响方面，Geoffrey Beattie（2009）研究发现：消费者对低碳产品的内隐态度和外显态度都是积极的，且同一样本的内隐态度高于外显态度。这表明，消费者对碳标签的认知度较高，对碳标签引领低碳消费非常有利。Paul Upham 等（2010）开展的英国公众对碳标签认知的实验研究发现：一年内每周采购 40 件低碳产品，将可降低个人碳排放量的 10%。Jerome, K. 等（2010）的一项实验研究发现：消费者倾向于购买带有碳标签的低碳产品，尤其是价格也较低的低碳产品。Vanclay，J.（2011）在澳大利亚新威尔士北部的巴利纳就 2890 种商品进行了为期两周的碳标签实验性销售，结果表明：当消费者接收到正确的关于产品碳排量的引导信息后，他们会调整其购买偏好，支持加注绿色标签的产品，这种转变大概占他们总采购额的 5% 左右。当贴有碳标签产品的价格低于普通产品价格时，这种偏好的变化效应会更明显，大概占到他们总采购额的 20% 左右。王晓莉等（2012）指出，碳标签既能有效约束食品生产企业的碳排放，又能引导消费者的低碳消费。张斌等（2013）关于碳标签食品消费行为的研究表明：碳标签能否实现其预期功效在很大程度上取决于消费者是否关注环境的恶化以及是否愿意为碳标签食品支付额外的费用。Perino，G.（2013）通过在大型连锁超市的实验比较了三种可能引致气候友好型采购的选择标签、补贴和产品禁令。研究表明，基于价格的工具优于基于质量的工具。通过碳标签提供信息可以激发消费者固有的为减缓气候变化做贡献的意念，从而使消费者转向消费环境友好的产品品种。将近 20% 的消费者仅仅需要这一动因就能够产生气候友好的消费行为。李长河等（2014）分析碳标签的经济影响机制发现，碳标签对发达国家与发展中国家的影响差异明显，技术先进性与核算标准是影响碳标签效果的关键。

三 国内外研究不足

国内外在碳关税和碳标签对贸易和减排影响方面的研究，是近年来刚开始的。这一研究，属于管理科学、行为科学和经济学交叉学科的前沿领域。综观上述国内外研究现状，有以下不足：

（1）碳关税壁垒对国际贸易影响的理论尚需进一步研究。众多学者之所以对碳关税征收的合法性争论不休，其原因之一就是尚未建立在全球气候变化背景下支撑国际经济贸易新秩序的理论基础。

（2）碳关税对农产品贸易和减排的影响缺乏实证研究。国内外关于碳关税对贸易和减排影响的实证研究文献，都是从国家层面和全贸易口径开展的研究，从行业层面的研究尤其是农产品贸易的研究文献罕见。目前，还没有专门针对碳关税对农产品贸易和减排影响的实证研究成果。

（3）碳标签通过引领消费实现减排的影响机制尚需进一步实证检验。国外在碳标签对减排影响的研究已拉开帷幕，试图探索碳标签是如何通过影响消费者对低碳产品的选择行为而对减排产生积极作用的。但国外研究文献非常有限，国内相关研究尚未展开。

因此，针对上述研究不足，本书拟在以下方面开展进一步理论和实证研究：（1）基于碳要素流动假设和博弈论，分析和探索国际贸易和宏观管理新的理论基础，构建碳壁垒作用于农产品贸易的理论框架。（2）开展碳关税对农产品贸易和减排影响的实证研究，预测碳关税对中国农产品出口、市场和产品结构以及碳减排的潜在影响程度。（3）开展碳标签对农产品贸易和引领消费实现减排影响机制的实证检验，揭示在中国情境下碳标签对引领消费而实现减排目标的影响路径和作用机制。

第三节　研究意义和研究内容

一　研究意义

1. 理论意义

碳关税和碳标签对贸易和减排影响的研究属于管理科学、行为科学和经济学的交叉学科和前沿领域。其理论意义在于：

（1）丰富和发展现有的国际贸易和宏观管理理论。无论是碳关税还是碳标签都是在应对全球气候变化大背景下产生的新型贸易壁垒，对世界贸易格局的潜在影响如何尚缺乏深入的理论研究。碳关税征收的合法性、可行性和有效性遭到了多方质疑。碳关税是否开征将取决于在环境压力下世界各大经济体之间的利益博弈。碳标签的认证和推行，也势必改变现行贸易格局并引领消费而实现减排。因此，探索全球环境压力下国际贸易理论新基础和世界贸易利益均衡新机制，以丰富和发展现有国际贸易和宏观管理理论，为建立应对全球气候变化大背景下的国际经济贸易新秩序提供理论依据。

（2）扩大中国本领域理论研究的国际影响。中国既是一个世界贸易大国，也是一个温室气体排放大国，农产品贸易也位居世界前列。2009 年，中国农产品进出口总额达 923.3 亿美元，是世界第三大进口国和第五大出口国。近年来，中国农产品贸易的快速增长和二氧化碳减排所取得的实际成效令世人瞩目。然而，文献查阅过程中发现国际期刊上中国学者的相关研究文献寥寥无几。这与中国在世界上贸易大国的地位和中国碳减排成效对人类发展的贡献不相适应。因此，加强这一领域的科学研究，在国际期刊、国际学术会议等平台上争得应有的一席之地，促进这一领域理论研究的国际交流与合作，对扩大中国在本领域的国际影响具有积极意义。

2. 实践意义

随着人类对全球气候变化的日益关注，贸易政策与温室气体（GHG）排放关系的研究已成为新的研究热点。因此，开展碳关税和碳标签对农产品贸易和减排影响机制的理论与实证研究，对于调整贸易政策和引导低碳消费从而减少温室气体排放具有前瞻性和重要的现实意义。具体体现在：

（1）为中国政府制定相关政策和策略提供理论依据。本书将跟踪国际研究前沿，探索碳关税和碳标签对国际贸易的影响机制和理论基础，为我国政府制定相关政策和在应对碳壁垒的国际谈判中未雨绸缪、采取相应策略以争得应有的话语权提供理论依据。

（2）为中国政府提供政策选择和应对策略。基于理论分析和实证研究结论，本书将提出相应的对策建议，为我国政府有关部门制定相关政策和应对策略提供决策参考。这些对策建议，必将为在全球气候变化背景下和新的世界贸易格局中提高我国农产品的国际竞争力、引导低碳消费从而减少温室气体排放起到积极作用。因而，本书的研究具有前瞻性和重要的实践意义。

二　研究内容

本书的基本假设和推论如下：（1）在全球气候变化的大背景下，"碳壁垒"的出现是大势所趋，它必将改变未来世界贸易格局，各国贸易的资源禀赋和比较优势将面临"重新洗牌"。（2）碳关税的推行，必将改变当今世界包括农产品在内的商品贸易的比较优势格局，隐含碳低的产品出口量会增加；反之亦然。（3）碳标签认证，将成为国际贸易的非关税壁垒，也必将对包括中国在内的发展中国家农产品出口带来负面影响。（4）碳关税有助于防止"碳泄漏"，碳标签认证将成为低碳产品消费的助推器、引领农产品消费的未来趋势。这些都将为实现自愿性二氧化碳减排发挥积极作用。

基于以上基本假设和推论，碳关税和碳标签对农产品贸易与减排影响机制的研究内容包括理论探索和实证检验两大部分。

1. 理论探索

文献回顾显示，国内外在这一领域的理论研究文献较少，在碳壁垒对国际贸易和减排的影响机制方面理论研究相对不足。因此，对这一部分的研究，作者试图探索基于碳要素流动假设的国际贸易新理论基础和多国博弈贸易利益均衡模型，建立新的理论分析框架。同时，构建碳标签引领低碳产品消费实现减排机制的结构方程（SEM）概念模型。

理论探索部分的研究拟从以下三个方面进行：

（1）基于碳要素流动假设的国际贸易理论分析。传统的国际贸易比较优势理论认为，A、B两国在封闭条件下，资源禀赋差异导致供给能力差异，进而引起相对价格差异。价格差异是两国发生贸易的直接原因。开展自由贸易以后，一个国家会出口密集使用其要素丰裕的产品，进口密集使用其要素稀缺的产品。这就是国际贸易经典理论——赫克歇尔—俄林（H-O）理论。在当今世界环境压力不断增加的背景下，传统生产要素的比较成本优势理论已显过时。分析探讨碳要素流动和碳要素成本内部化对国际贸易和国际福利效应的影响已势在必行。因此，本书把出口产品中的隐含碳作为一种可以流动的要素（碳要素），纳入H-O理论分析之中，对H-O理论进行拓展和延伸，以探索在碳要素流动假设条件下、基于各国碳利益和碳责任的国际贸易比较优势的新理论框架。

（2）基于博弈论的碳关税多国贸易利益均衡分析。碳关税的提出是为了减少各国在国际贸易出口产品中出现"碳泄漏"，铲平国际贸易的竞技场（Level the Playing Field）。碳关税一旦在国际贸易中推行，将是对现行各国比较优势和贸易利益的重大调整。尤其是以美国、欧盟、日本等为代表的发达国家和以中国为代表的发展中国家，必将在贸易政策上展开博弈。因此，本书将基于博弈理论开展对发达国家和发展中国家之间由于碳关税引起的贸易利益均衡模型的分析，探索一国和多国开征碳关税对贸易利益分配机制的潜在影响。

（3）碳标签对农产品贸易和减排的影响机制分析。碳标签的认证基于对产品碳足迹的计量和核定，旨在向消费者传递产品在生产、加工、包装、储运、回收等全生命周期内各个环节二氧化碳的排放量，以促进厂商生产和引导消费者消费低碳产品，实现减排目标。因此，本书试图从理论上分析碳标签对引领低碳产品消费而实现减排的影响和作用机制。根据可能的影响路径，构建结构方程概念模型，为下一步实证检验奠定基础。本书假设，消费者对碳标签的认知影响消费者的购买偏好，进而影响消费者的购买行为；同时，消费者的环境意识、利益相关者就碳标签的宣传教育对消费者的碳标签认知、购买偏好以及购买行为分别产生影响；另外，利益相关者就碳标签的宣传教育对于消费者的环境意识产生影响。

2. 实证检验

实证检验部分的研究包括两个方面的内容：

（1）碳关税对农产品贸易的潜在影响。本书采用多区域一般均衡的"全球贸易分析模型"（GTAP）及 2011 年发布的 GTAP 8.0 版数据库数据，对欧盟、美国、日本分别或同时征收碳关税对世界经济和中国经济尤其是对农产品贸易的影响进行模拟分析。

具体来说，在模型的情境设定方面，本书将世界划分为 8 个区域［分别为欧盟、美国、日本、中国、东盟、非洲国家、金砖国家（含中国）和世界其他地区］，并将各国的经济划分为 6 大部门（分别为农业部门与矿业采掘、轻工业、重工业、电力、其他服务业 5 个非农业部门）。而对于碳关税税率和碳单位的选取，本书选取 20 美元/吨二氧化碳作为各情景的基准碳关税税率，约合 73.33 美元/吨（每吨碳等价物）。同时，本书根据征税国的不同，设定了四种碳关税情景，分别为：欧盟征收（EU_ 20）、美国征收（US_ 20）、日本征收（JP_ 20）和欧美日共同征收（All_ 20）情景。

（2）碳标签对引领消费而实现减排的影响机制。本书将采用问卷调查、深度访谈和实验观察等方法，对理论分析阶段建立的结构方程（SEM）概念模型进行实证检验，开展碳标签对消费者认知和消费行为的影响路径和作用机制的定量分析。这部分研究包括对消费者认知和行为两个方面：

一是采用问卷调查和深度访谈方法，探索碳标签对消费者认知的影响机制。方法是：根据经济发展水平与地域分布，选择具有代表性的6个城市展开调研。采取随机抽样的方法发放800—1000份问卷，配合对关键人物的深度访谈，以期探索我国不同地域、不同层次（不同性别、不同年龄段、不同学历、不同收入水平、不同消费水平）的消费者对低碳产品支付意愿的差异、对低碳产品潜在购买行为的差异以及对政府低碳产品补贴期望的差异。获取问卷数据后，采用SPSS 20.0对数据进行统计分析，以期发现碳标签对不同地域、不同层次消费者的消费行为的影响程度。

二是采用实验研究方法，探索碳标签对农产品消费者行为的影响机制。根据消费者的行为改变理论，消费者偏好对消费者行为有显著的正向影响，但消费者偏好并不等于消费者行为。消费者行为只有通过实验观察法才能获取有价值的数据。方法是：实验工作人员在实验现场为实验参与者发放20元采购基金，并提供加注不同类型碳标签的产品供参与者选购；参与者在完整填写调查问卷后随即进入情境实验环节，并且其可以实际获取所选购的全部产品；工作人员负责记录参与者的决策结果，匹配调查问卷与实验观察结果，并和参与者就决策心理过程进行访谈。获取问卷数据后，采用SPSS 20.0对数据进行统计分析，并采用AMOS 17.0的结构方程模型（SEM）对问卷数据进行定量分析和建模，试图发现碳标签对消费者低碳产品购买行为的影响路径和影响程度。

最后，基于上述理论探索和实证检验结论，提出中国政府应对碳关税国际环境的政策选择和碳标签认证的对策建议。

第四节　研究方法和技术路线

一　研究方法

本书综合运用国际上通行的最新研究方法和软件工具。具体研究方法如下：

（1）文献回顾。采取文献回顾方法，对国内外相关研究现状进行文献查阅和梳理；同时，对国际上相关的研究方法和软件工具进行分析和比较，以便改进本书的研究方法。

（2）可计算一般均衡模型。可计算一般均衡模型（Computable General Equilibrium，CGE 模型），是一种经典的计算经济学方法。根据系统包含的区域的数量，CGE 模型可以分为单区域 CGE 模型和多区域 CGE 模型。目前，该模型已被广泛用于碳税、碳关税等的经济影响模拟之中。鉴于国际多区域 CGE 模型能够详细刻画多边贸易关系，本书采用多区域一般均衡的"全球贸易分析模型"（GTAP），模拟研究碳关税对中国经济和农产品贸易以及产业结构变化的影响。

（3）问卷调查和访谈。首先依据本书的研究主题，结合对相关文献的回顾与梳理，设计调查方案、调查问卷与访谈提纲。然后就问卷与提纲在武汉市进行试调研。再根据试调研的结果反馈，修正调查方案、调查问卷与访谈提纲。最终，考虑经济发展水平并兼顾地域的均衡性，选择深圳、武汉、大庆、襄阳、许昌和谷城共计 6 个城市的超市与居民区，以随机抽样方式完成问卷调查和访谈。

（4）实验观察。为避免问卷调查对于行为意向与实际行为的混淆，本书采取情境实验的方式，模拟实际购买情境，以实验的形式观察消费者行为。实验参与者在完整填写调查问卷后随即进入情境实验环节，并且其可以实际获取所选购的全部产品；实验工作人员负责记录参与者的决策结果，匹配调查问卷与实验观察结果，并和参与者就决策心理过程进行访谈。

（5）单因素方差分析。单因素方差分析（one – way ANOVA）用于完全随机设计的多个样本均数间的比较，其统计推断是推断各样本所代表的各总体均数是否相等。本书运用 SPSS 20.0 统计分析软件，采取单因素方差分析中的 Dunnett's T3 检验方法对不同类型消费者低碳产品支付意愿的差异进行统计分析；同时，采取单因素方差分析的 SNK 检验方法，对不同类型消费者低碳产品潜在购买行为的差异进行统计分析；采取单因素方差分析的 Bonferroni 检验（方差齐性条件下）和 Dunnett's T3 检验（方差非齐性条件下）对不同类型消费者对政府低碳产品补贴期望的差异进行统计分析。

（6）Logistic 回归模型。回归分析是确定两种或两种以上变量间相互依赖的定量关系的一种统计分析方法。Logistic 回归模型是回归分析的一种，主要适用于因变量为二分变量的情形。为了研究贴有碳标签农产品支付意愿的人口影响因素，并明确其影响程度和显著性，本书以支付意愿的强弱为因变量，以人口变量为自变量，采用 Logistic 回归模型进行分析。

（7）独立样本 T 检验。独立样本 T 检验（Independent – Samples T Test）主要用于比较两个独立样本的平均数是否存在显著差异。本书拟运用 SPSS 20.0 中 Independent – Sample T Test 模块来对不同学历、不同收入、不同消费水平、不同性别和不同年龄的消费者群体分别进行显变量的检验，来辨明不同类型的消费者在各个显变量上是否存在显著差异。

（8）结构方程模型。结构方程模型（Structural Equation Modeling，SEM）是一种融合因素分析和路径分析的多元统计技术，它能够对多变量之间交互关系进行定量研究。本书拟采取 SPSS 20.0 中 AMOS 模块对样本总体进行结构方程模型的拟合分析，并运用多组比较分析技术，对不同类型的消费者，就学历、收入、消费额、性别、年龄 5 个维度分别进行维度内的对比分析。

二　技术路线

本书由理论探索和实证检验两大部分构成，且二者相互关联和交互验证。具体步骤是：第一，查阅国内外相关文献，设计本书的整体研究方案。第二，完成理论假设和调查问卷设计及其初步测试；同时，进行 CGE 建模。第三，进行实地问卷调查和深度访谈，并进行实验观察。第四，分析整理问卷、访谈和实验观察的数据资料，采用 SPSS 和 AMOS 软件进行相关分析和结构方程模型（SEM）检验；同时，开展本书的理论分析。第五，进行 CGE 模型的模拟和预测。第六，根据理论分析结果和实证检验结论，反过来对最初的理论假设和理论分析进行完善、补充和验证，以实现本书的全部研究目标。本书的研究框架和技术路线如图 1 - 2 所示。

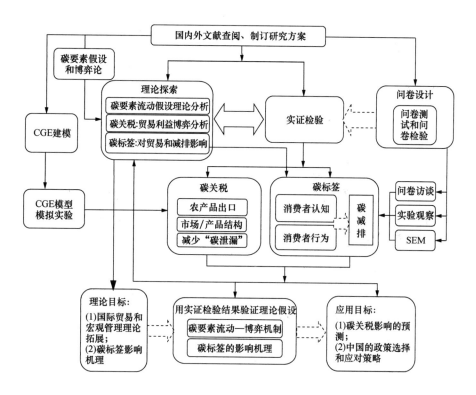

图 1 - 2　本书研究框架和技术路线

第二章　碳关税对农产品贸易和
减排影响的理论分析

第一节　基于碳要素流动假设的
国际贸易理论分析

随着世界经济的发展和国际贸易规模的扩大，人类日益繁忙的生产和消费活动需要燃烧大量的化石燃料，与此同时，也会排放出大量的二氧化碳（CO_2），温室气体的排放逐渐超出了自然环境的承受能力，引起全球气候变暖，甚至威胁到了人类的生存和发展。此外，收入和生活水平的提高使人们更加关心环境质量，强化了人们对环境问题的重视程度，使环境问题逐渐成为国际社会关注的焦点问题。在对待全球气候变暖这一关乎全人类生死存亡的问题上，各国政府不得不采用一切合理有效的措施来减少二氧化碳（CO_2）的排放量。对进口产品征收碳关税就是发达国家政府即将采取的碳减排措施之一。

从某种意义上来说，碳关税实际上是进口商品为在生产、加工、储藏、运输和销售等各个环节消耗化石能源后二氧化碳的排放量超过本国同类低碳产品排放量部分所支付的关税成本，本书称之为国际贸易中的碳要素。然而，在传统的国际贸易比较优势理论中，并未把碳要素作为一种有价值的要素和一种商品生产成本加以考虑。在这种理论的指导下，各国进行着广泛的国际贸易。本书认为，在全球碳减排的大背景下，这种传统的国际贸易比较优势理论将受到巨大挑战；碳要素的加入必将改变未来的世界贸易格局，各国贸易的资源禀赋和比较优势将会面临"重新洗牌"。因此，分析和构建基于碳要素成本的国际贸易比较优势新的理论模型，对于揭示全球气候变化和碳减排背景下各国出口产品比较优势的新变化，引领和培育发展中国家生产和出口低碳产品，进而实现全球碳减排和保护生态环境，都具有重要的理论和现实意义。

一　比较优势理论模型相关文献综述

传统的国际贸易比较优势理论包括李嘉图理论和要素禀赋理论。李嘉图理论是比较优势理论的基石，其理论的逻辑分析是比较优势理论的核心所在。要素禀赋理论是在李嘉图理论上的新发展，它把李嘉图理论向前推进了一大步，解释了形成比较成本差异的源泉所在，即分析了比较优势的来源问题。因此，本书认为要素禀赋理论的产生才标志着比较优势理论的形成。综观国内外研究现状，现有的对经典国际贸易比较优势理论模型的拓展研究主要包括以下6个方面研究成果：

（1）加入水要素的比较优势理论模型。孙克（2007）认为在虚拟水贸易中充分考虑水要素的比较优势，生产具有虚拟水要素比较优势的产品并出口，而进口比较劣势的产品，这样可以通过运用虚拟水贸易这一节水手段更加有效提高全球水资源的利用效率。刘哲等（2010）指出虽然通过进行虚拟水贸易在某种程度上确实对缓解部分水资源紧缺的贫水国家和地区大有裨益，但是在很多时候并不能适用于全部的国家和地区；仅仅从虚拟水角度提倡进口粮食是远远不够的，而应该把它与其他生产要素及影响因素一起考虑，进而来制定农产品国际贸易战略。刘波（2009）分析认为：虚拟水要素被纳入生产要素禀赋之中，将其作为与土地、劳动和资本等要素并列的一个要素禀赋参与到农产品贸易比较优势的衡量之中，在理论上是对要素禀赋理论的进一步充实和完善，同时可以起到促使一国或地区在农产品生产分工与贸易选择时充分考虑到水资源的作用，从而避免片面追求扩大对外贸易而大量输出本国虚拟水要素禀赋较差的农产品。田贵良（2008）运用比较优势理论分析各情形中的生产和消费选择，从而论证虚拟水战略的实施环境及缺水地区如何正确运用虚拟水战略以增加自己的收益。马超等（2011）认为，应将虚拟水贸易理论引入我国农产品贸易体系，按照虚拟水要素的比较优势制定国际农产品贸易的相关政策，以改变目前虚拟水对外依赖程度较高和农产品贸易结构单一的格局，努力实现我国农产品贸易结构优化及贸易伙伴多元化。Allan J. A.（1998）在论述国际贸易在全球范围内传输虚拟水中的作用时，提到国际贸易使虚拟水从水资源量具有比较优势的国家流向水资源相对缺乏的国家。Wichelns D.（2001）认为虚拟水在比较优势理论的应用只是特别强调了水资源而已。

（2）附加环境要素的比较优势理论模型。王玉婧（2010）认为：在资源环境要素约束下，比较优势理论和要素禀赋理论受到了挑战。如果将环境要素和环境成本融入传统的国际贸易理论中，可能发生比较优势的逆转。张云（2005）通过在李嘉图模型中将环境成本用追加的劳动投入来衡量，得出"环保技术及环境成本的引入"将修正传统的比较优势格局。在赫克歇尔—俄林模型中附加环境变量，也即假定环境作为一种生产要素而起作用，则所形成的比较优势将建立在包含环境资源真实价格的基础之上。曹慧平等（2011）通过在传统的赫克歇尔—俄林模型中引入环境要素变量，从理论上论证了环境要素丰裕的国家，即实行宽松环境规制的国家在污染密集型产品的生产和出口上具有比较优势；相反，环境要素相对稀缺的国家，即环境规制严格的国家在清洁产品的生产和出口上具有比较优势。同时采用扩展的引力模型，验证了该结论的正确性。Xing Y. 等（1996）认为：环境要素禀赋反映了一国环境资源供给的丰缺状况，具有更多环境资源的国家具有比较优势，可生产更多污染密集型产品并出口。Siebert H.（1974）指出，一国如果环境禀赋丰裕，会出口高污染含量产品，相对价格差取决于环境稀缺和丰裕程度，因此环境要素以环境禀赋的形式决定比较优势的形成。

（3）基于可持续要素的比较优势理论模型。杨青龙（2012）提出"可持续性"是塑造比较优势的一种新要素，代际成本作为耗费"可持续性"要素的机会成本，是比较优势的成本基础之一。通过逻辑推演，从时间维度拓展了比较优势的外延及其成本基础。

（4）基于外部性要素的比较优势理论模型。曹华等（2005）认为，国际贸易过程中产生的外部性可能会使原有的要素禀赋发生变化，如果不考虑该影响，那么得出的要素禀赋就不能反映现实，是一种"伪要素禀赋"。如果继续以"伪要素禀赋"为依据发展我国的对外贸易产业，其结果只会牺牲本国的效用及一部分要素的价值。

（5）加入知识要素的比较优势理论模型。陈丹宇（2003）通过对 H－O 贸易理论进行修正，忽视的知识要素被纳入比较优势理论的分析框架体系内，从而使 H－O 贸易理论动态化，变得更符合实际情况，同时更能够用于解释国际贸易过程中产生的新问题和新现象。对于一个国家来讲，知识要素实际上是参与国际分工的决定性力量，是我们在国际贸易中取得比较优势的关键因素之一。

（6）引入组织资本的比较优势拓展。樊增强等（2006）认为，在对外贸易中发达国家对发展中国家比较优势的来源除了物质资本、人力资本之外，还包括组织资本这一更抽象的高级生产要素。发展中国家要实现比较优势的动态转化，也应注重组织资本的积累。

文献回顾表明，国内外关于国际贸易比较优势理论模型的拓展研究由来已久。但迄今为止，尚未见任何研究文献从附加碳要素角度分析和构建基于碳要素的比较优势新理论模型。因此，本书采用理论推演和对比分析方法，以李嘉图理论和 H－O 理论模型为基础，对加入碳要素后各国固有比较优势的新变化以及是如何产生变化的情况开展理论分析和探讨。

二　加入碳要素的国际贸易比较优势理论分析

1. 传统的李嘉图理论

一个国家进行对外贸易，是为了充分运用比较优势。这是英国古典经济学家大卫·李嘉图明确揭示的国际贸易动因理论。李嘉图认为，一个国家即使是在生产成本上没有绝对优势，但只要与其他国家相比较，在生产成本上具有相对优势，就可以通过生产其相对成本较低的商品来用于交换别国生产的相对成本较低的商品，并因此获得比较利益。国际分工和国际交换活动应该根据各国的自然优势和后天获得的优势来进行。贸易活动中的比较优势既是指更大的绝对优势，也是指较小的绝对劣势。为了更多地增加国民财富，一国应该专业化生产和出口那些本国具有比较优势的商品，进口那些本国具有比较劣势、外国具有比较优势的商品。

在古典政治经济学的框架下和劳动价值论的基础之上，我们以李嘉图理论的例子①来说明这个理论：假定英国和葡萄牙两国同时生产酒和毛呢的生产成本不同。英国生产毛呢需要100人劳动1年，生产酒需要120人劳动1年；而葡萄牙生产同量的毛呢和酒分别需要90人劳动1年和80人劳动1年，如表2-1所示。英国在酒和毛呢的生产上绝对成本都高于葡萄牙，但是这两种产品的相对成本则不同。如果葡萄牙专门生产相对成本低的酒，而英国专门生产相对成本低的毛呢，只要各自投入专业化生产前的劳动量就可以满足原有水平的消费。显然，这对贸易的双方都是有利的。以英国和葡萄牙的2×2×1模型为例，其理论推导如表2-1所示。

表2-1　　考虑劳动要素成本下毛呢和酒的国际分工和交换

国家		毛呢产量（单位）	所需劳动人数（人/年）	酒产量（单位）	所需劳动人数（人/年）
分工前	英国	1	100	1	120
	葡萄牙	1	90	1	80
	合计	2	190	2	200
分工后	英国	2.2	220	0	0
	葡萄牙	0	0	2.125	170
	合计	2.2	220	2.125	170
国际交换	英国	1.2		1	
	葡萄牙	1		1.125	

由上述可知，经过国际分工以后，英国只生产毛呢，可以生产2.2单位，葡萄牙只生产酒，可以生产2.125单位。两国经过国际贸

---

① 本例引自李嘉图《政治经济及赋税原理》，商务印书馆1962年版，第114页。

易后，英国可以获得 1.2 单位毛呢和 1 单位酒；而葡萄牙可以获得 1 单位毛呢和 1.125 单位酒，这样两国都获得了比较利益。毛呢和酒的出口国分别是英国和葡萄牙。

李嘉图比较成本理论的问世，标志着国际贸易学说总体系的建立。美国当代著名经济学家萨缪尔森称之为"国际贸易不可动摇的基础"。比较成本理论作为反映国际贸易领域客观存在的经济运行的一般原则和规律的学说，具有很高的科学价值和现实意义。尽管如此，李嘉图理论仍有很大的局限性。比如，李嘉图理论把多变的经济情况抽象成静态的、凝固的状态，而忽略了动态因素。一个国家当前的比较优势可能变成以后的比较劣势；当前的比较劣势也有可能变成以后的比较优势。

2. 考虑碳要素的李嘉图理论拓展

随着社会经济的发展和人们环保意识的提高，无论是出于保护环境还是保护本国贸易，越来越多的国家宣布将对高碳进口产品征收碳关税。碳要素需要作为一种重要的生产要素被考虑进来，这样才能反映不久的将来国际贸易的现实。分析和构建考虑碳要素成本后的比较优势理论就显得十分必要。

为了更好地进行比较，我们仍然以李嘉图用英国和葡萄牙都生产毛呢和酒的著名例子来探讨分析碳要素以后的比较优势理论。英国是最早进行工业革命的国家，有着得天独厚的技术优势，在技术革新、新技术的研发及运用方面较传统的技术条件相对落后的葡萄牙要先进得多。所以，生产同样单位的产品，其消耗的化石燃料要少得多，进而排放的二氧化碳（CO_2）也相对较少。在考虑碳要素成本的情况下，无论是生产毛呢还是生产酒，其生产成本均要低一些。而葡萄牙则正好相反，考虑碳要素的成本条件下，其生产成本均比较高。

本书假定把原例中的劳动力成本替换为碳要素成本，英国生产酒和毛呢的碳要素绝对成本都低于葡萄牙，但是这两种产品的碳要素相对成本则不同。如果葡萄牙专门生产成本相对低的毛呢，而英国专门生产成本相对低的酒，只要各自投入专业化生产前的碳要素成本就可以满足原有的消费水平。显然，这对贸易的双方都是有利的。其理论推导如表2-2所示。

表2-2　考虑碳要素成本的英国酒和葡萄牙毛呢国际分工和交换

国家		毛呢产量（单位）	所需碳要素成本（元/年）	酒产量（单位）	所需碳要素成本（元/年）
分工前	英国	1	90	1	80
	葡萄牙	1	100	1	120
	合计	2	190	2	200
分工后	英国	0	0	2.125	170
	葡萄牙	2.2	220	0	0
	合计	2.2	220	2.125	170
国际交换	英国	1		1.125	
	葡萄牙	1.2		1	

经过国际分工以后，英国只生产酒，可以生产2.125单位。葡萄牙只生产毛呢，可以生产2.2单位；两国经过国际贸易以后，英国可以获得1.125单位的酒和1单位的毛呢；而葡萄牙可以获得1.2单位的毛呢和1单位的酒，这样两国都获得了比较利益。毛呢与酒的出口国分别是葡萄牙和英国。

由此可见，在考虑碳要素成本的时候，这两个国家的对外贸易的方向就发生了逆转。

三　加入碳要素的国际贸易要素禀赋理论分析

李嘉图的比较成本理论是单一生产要素的理论，因而推断，产生比较成本差异的原因是各国生产要素生产率的差异。但是，如果假定各国生产要素的生产率相同，即单一要素的效率都一样，那么，产生比较成本差异的原因又是什么呢？对于这一问题，H-O理论给出了解释。

1. 传统的 H-O 理论分析

一个国家进行国际贸易，是为了充分利用本国所拥有的充裕资源。这是瑞典经济学家赫克歇尔和他的学生俄林所揭示的国际贸易动因理论。H－O 理论认为，一个国家应利用它相对充裕的生产要素（资本、劳动力、土地等）从事商品生产，因为这种充裕生产要素的相对价格比较低，运用其生产出的商品的相对成本比较低，通过国际贸易，可以从国外换取更多的由相对稀缺生产要素生产的商品，弥补本国生产要素的不足。由此可见，H－O 定理可以归纳为：资源丰缺程度决定资源相对价格的优势。所谓生产要素禀赋，指的是生产要素供给状况不同的产品需要不同的生产要素配置，一个国家的生产优势或国际竞争力是由其相对要素充裕度决定的。劳动充裕型的国家，其生产比较优势在于制造劳动密集型产品；资本充裕型的国家，其生产比较优势在于制造资本密集型产品。简言之，一国"进口那些含有较大比例生产要素昂贵的商品，而出口那些含有较大比例生产要素便宜的商品"。① 下面，我们举例说明要素禀赋理论模型的原理。②

假设日本和澳大利亚使用劳动和土地两种要素，生产小麦和纺织品两种商品。两国生产小麦和纺织品的生产技术即两种产品的要素投入比例相同。日本劳动力相对丰富，因而劳动力价格相对便宜；澳大利亚土地相对丰富，因而土地价格相对便宜。要素的差异决定了两国在小麦和纺织品生产上的比较成本差异（如表 2－3 所示）。

表 2－3　　　　　　　　要素比例、要素价格与比较成本

国家	产品	要素比例		要素价格		成本 $P = W \cdot WP + L \cdot LP$
		劳动（W）	土地（L）	劳动（WP）	土地（LP）	
日本	小麦	0.4	0.6	10（日元）	15（日元）	P = 13（日元）
	纺织品	0.8	0.2	10（日元）	15（日元）	P = 11（日元）
澳大利亚	小麦	0.4	0.6	30（澳元）	20（澳元）	P = 24（澳元）
	纺织品	0.8	0.2	30（澳元）	20（澳元）	P = 28（澳元）

注：要素禀赋理论认为，决定两国生产与贸易模式的基础仍然是生产成本方面的比较优势，而这一比较优势是由要素配置差异而不是由生产技术差异决定的。

---

① 伯尔蒂尔·俄林：《地区间贸易和国际贸易》，商务印书馆 1986 年版，第 23 页。

② 本例引自范家骧《国际贸易理论》，人民出版社 1985 年版，第 25 页。

要素比例代表了不同生产要素在生产成本中的比重，比重大说明在这一要素上具有比较优势。我们仍然按照上述对李嘉图理论的推导过程来对比较成本理论进行推导，以进一步探究考虑生产成本下的日本和澳大利亚的产品生产与交换情况。其理论推理如表2-4所示。

表2-4　　　　　　　考虑生产成本的日本纺织品和
澳大利亚小麦的国际分工和交换

国家		小麦产量（单位）	所需生产成本	纺织品产量（单位）	所需生产成本
分工前	日本	1	13（日元）	1	11（日元）
	澳大利亚	1	24（澳元）	1	28（澳元）
	合计	2	/	2	/
分工后	日本	0	0	2.18	24（日元）
	澳大利亚	2.17	52（澳元）	0	0
	合计	2.17	52（澳元）	2.18	24（日元）
国际交换	日本	1		1.18	
	澳大利亚	1.17		1	

从表2-4我们不难看出：

（1）日本生产1单位小麦的成本是13日元，生产1单位纺织品的成本是11日元，其成本合计是24日元。

（2）澳大利亚生产1单位小麦的成本是24澳元，生产1单位纺织品的成本是28澳元，其成本合计是52澳元。

（3）在不考虑汇率因素的情况下，经过国际分工后，假如日本只生产纺织品，可生产2.18单位的纺织品。假如澳大利亚只生产小麦，可生产2.17单位的小麦。

（4）两国经过国际贸易，日本可以用1单位的纺织品去换澳大利亚1单位的小麦，这样获得的结果是1.18单位的纺织品和1单位的小麦，通过国际贸易比先前多获得了0.18单位的纺织品。澳大利亚也可以通过交换获得 1.17 单位的小麦和 1 单位的纺织品，通过国际贸易比先前多获得了 0.17 单位的小麦。

因此，根据要素禀赋造成的比较成本差异，日本和澳大利亚的分工格局应该是：日本生产纺织品并向澳大利亚出口，澳大利亚生产小麦并向日本出口。

2. 基于碳要素的 H-O 理论拓展

随着社会经济的迅速发展和人们对环境质量要求的提高，过去被人们长期所忽略的与环境保护相关的一些隐藏在商品中的成本被人们发掘出来，碳要素的成本就是其中的一种。所以，在重新考虑要素禀赋理论时，除了原有的要素需要考虑之外，碳要素也应该作为一种重要的生产要素加以考虑进来，这样才能更好地反映未来国际贸易的真实情况。通过对加入碳要素后的 H-O 理论和原有的 H-O 理论的比较，进一步弄清楚附加碳要素的 H-O 理论的深刻变化。

下面我们仍然以日本和澳大利亚生产小麦和纺织品的 2×2×2 模型为例，同时我们加入碳要素来对比分析其结果的变化。

假设日本和澳大利亚使用劳动、土地和碳这三种要素，生产小麦和纺织品两种商品。两国生产小麦和纺织品的生产技术相同，即三种要素的投入比例相同。

由于日本是一个人口多、面积狭小的岛国，其土地稀缺，因而劳动力价格相对便宜，土地价格相对昂贵。同时，日本是一个自然资源相对贫乏的国家，需要最大效率地利用其自然资源，日本又是一个环境保护政策严苛的国家，国家对高耗能产品征收很高的碳税。所以，其碳要素价格相对较高。澳大利亚土地相对丰富，因而土地价格相对便宜，劳动力价格相对较高。澳大利亚自然资源丰富，对能源征税相对较低，所以碳要素价格较低。又因为纺织品生产加工的工序较多，所以需要耗费大量的化石燃料；同时，纺织品的大工业机械化生产产生的碳排放量也较大。所以，我们假定小麦生产过程中投入的碳要素比例较小，纺织品生产过程中投入的碳要素比例较大。

要素的差异决定了两国在小麦和纺织品生产上的比较成本差异。通过加入碳要素来考察其生产成本的变化情况（见表 2-5）。

表 2-5　　　　　　　　　　要素比例、要素价格与比较成本

国家	产品	要素比例			要素价格			成本 P = W·WP + L·LP + C·CP
		劳动 (W)	土地 (L)	碳要素 (C)	劳动 (WP)	土地 (LP)	碳要素 (CP)	
日本	小麦	0.3	0.6	0.1	10（日元）	15（日元）	20（日元）	P = 14（日元）
	纺织品	0.5	0.1	0.4	10（日元）	15（日元）	20（日元）	P = 14.5（日元）
澳大利亚	小麦	0.3	0.6	0.1	30（澳元）	20（澳元）	10（澳元）	P = 22（澳元）
	纺织品	0.5	0.1	0.4	30（澳元）	20（澳元）	10（澳元）	P = 21（澳元）

我们沿用李嘉图理论计算方式来分析考虑碳要素成本下的纺织品和小麦交换（如表 2-6 所示）。

表 2-6　　考虑碳要素成本下的纺织品和小麦的国际分工和交换

国家		小麦产量 （单位）	所需生产 成本	纺织品产量 （单位）	所需生产 成本
分工前	日本	1	14（日元）	1	14.5（日元）
	澳大利亚	1	22（澳元）	1	21（澳元）
	合计	2	/	2	/
分工后	日本	2.04	28.5（日元）	0	0
	澳大利亚	0	0	2.05	43（澳元）
	合计	2.04	28.5（日元）	2.05	43（澳元）
国际交换	日本	1.04		1	
	澳大利亚	1		1.05	

通过计算我们可以得到如下结果：

（1）日本生产 1 单位纺织品的成本是 14.5 日元，生产 1 单位小麦的成本是 14 日元，其成本合计是 28.5 日元。

（2）澳大利亚生产 1 单位纺织品的成本是 21 澳元，生产 1 单位小麦的成本是 22 澳元，其成本合计是 43 澳元。

（3）在不考虑汇率因素的情况下，国际分工以后，假如日本只生

产小麦，可生产 2.04 单位的小麦。假如澳大利亚只生产纺织品，可生产 2.05 单位的纺织品。

（4）两国经过国际贸易，日本可以用 1 单位的小麦去换澳大利亚 1 单位的纺织品，这样获得的结果是 1.04 单位的小麦和 1 单位的纺织品，通过国际贸易比先前多获得了 0.04 单位的小麦。澳大利亚也可以通过交换获得 1 单位的小麦和 1.05 单位的纺织品，通过国际贸易比先前多获得了 0.05 单位的纺织品。

因此，根据要素禀赋造成的比较成本差异，日本和澳大利亚的分工格局应该是：日本生产小麦并向澳大利亚出口，澳大利亚生产纺织品并向日本出口。这样一来，加入碳要素以后的两国贸易格局就发生了重大改变。

四　基于国际贸易理论的分析结论

通过以上分析，我们得出以下结论：

（1）加入碳要素后原李嘉图理论模型的内涵将会发生改变。李嘉图的比较优势理论是以 $2 \times 2 \times 1$ 模型，即两个国家、两种产品和一种生产要素（通常是劳动）来进行研究的。研究表明，在沿用国际贸易李嘉图关于比较优势的经典案例的前提下的两个国家两种产品，通过将考察对象由劳动变为考察碳要素，得出原有的比较优势会变成比较劣势，原来的比较劣势反而成为比较优势。一国大量生产并出口其具有比较优势的产品，大量进口其具有比较劣势的产品。这样在充分考虑碳要素的前提下，国际贸易格局就发生了根本性的变化。

（2）考虑碳要素后原 H－O 理论模型的国别优势将发生逆转。赫克歇尔—俄林（H－O）的要素禀赋理论在进行比较优势理论分析时，往往采用的是 $2 \times 2 \times 2$ 模型来进行分析，即两个国家、两种产品和两种生产要素（通常是劳动和资本）。本书在借鉴前人经典案例、不改变前两种要素的情况下，将第三种要素——碳要素加入进来，采用与原先相同的分析策略来进行对比研究。研究表明，加入第三种要素以后原来的比较优势将发生变化，原来在生产这种产品上具有的比较优势反而变成了比较劣势。

（3）国际贸易比较优势理论模型应进行动态调整。本书分析表明：任何一种理论总是随着人类实践的发展而不断更新。实际上人类也是在不断地完善和丰富理论的过程中，通过用理论指导实践，从而不断推动人类自身的发展。在当今世界环境压力不断增加的背景下，传统生产要素的比较优势理论已显过时。它没有将碳要素作为一种生产要素加以分析，没有充分考虑环境压力下碳要素的成本问题，从而夸大或掩盖了一些国家真正的比较优势。只有将碳要素变量纳入比较优势理论，才能更好地解释和指导专业化的生产活动。

第二节　基于博弈论的碳关税多国贸易利益均衡分析

随着经济的快速发展，人类不合理的生产和社会活动对环境造成了巨大伤害，尤其表现在二氧化碳的大量排放致使全球气候变暖。国际能源署公布的数据显示，2011 年全球二氧化碳排放量为 316 亿吨，同比增加 3.2%，到 2030 年全球二氧化碳排放量将逾 400 亿吨。气候变化严重影响了人类生存环境和世界的可持续发展。因此，减少二氧化碳排放、发展低碳经济已成为全世界各国的普遍共识。近年来，国际金融危机的爆发，导致全球经济疲软，发达国家遭受重大损失，贸易保护主义有所抬头，碳关税便是在这种环境下应运而生的。碳关税，最早是由法国前总统希拉克提出的，旨在希望欧盟针对未遵守《京都议定书》的国家征收商品进口税，以避免在欧盟碳排放交易机制运行后，欧盟国家所生产的商品遭受不公平的竞争。碳关税的实质是为了防止碳泄漏对进口商品二氧化碳排放量超过本国同类商品的部分征收的一种二氧化碳排放关税。美国众议院于 2009 年 6 月 26 日通过了《美国清洁能源安全法案》。该法案提出，美国将从 2020 年起对中国、印度、巴西等尚未承担约束性碳减排义务的发展中国家进入美国的产品征收惩罚性关税——碳关税。这得到了法国、瑞典、芬兰、丹麦等欧盟成员国的积极支持。实际上，碳关税是发达国家以保护环境之名义实行的一种贸易保护政策，必将成为一种新型的绿色贸易壁垒。发达国家旨在通过对发展中国家的出口产品征收碳关税，增加发展中国家的出口成本，限制发展中国家对发达国家的出口，以保护本国的企业，提高其产品的国际竞争力。为此，发达国家和发展中国家之间必将在碳关税问题上展开持续博弈。中国农业是"高能耗、高物耗、高排放、高污染"的高碳农业。我国生产的农产品大部分是高碳产品。发达国家一旦开始征收碳关税，势必对我国这样一个农产品贸易大国造成严重的不利影响。因此，开展碳关税背景下中国农产品出口策略分析，推演中国应可能采取的最优策略，对我国规避或减轻碳关税可能带来的不利影响具有重要的现实意义。碳关税作为一种关税壁垒，发达国家与发展中国家在妥协与对抗博弈中，是否会最终对其采纳？面对复杂的碳关税博弈环境和对我国农产品出口贸易带来的潜在影响，中国应采取的最优策略是什么？本书试图通过理论分析回答这些问题。

一　分析方法

本书采用的主要研究方法包括进化博弈论、古诺模型、情景分析和蒙特卡洛模拟。

（1）进化博弈论。进化博弈论最初成功地运用在生物学领域，它是将博弈论分析与动态演化过程分析相结合起来的一种理论。随着经济学家把进化博弈论应用于经济学领域，它逐渐成为经典博弈的一个重要发展方向。进化博弈论的基本思想是博弈群体中的博弈方通过不断的模仿与改进过去自己和别人的最有利战略，并最终达到进化稳定策略（ESS）。当某个系统中的所有博弈方均采取的是进化稳定策略，那么采取别的策略的个体无法进入该系统，该系统达到稳定。

（2）古诺模型。古诺模型是由法国经济学家库尔诺于1838年提出的，用以考察一个行业中仅有两个生产厂商的所谓双头垄断市场的情况，研究两个厂商条件下的均衡产量问题。该模型假定：寡头市场仅有两个生产厂商，他们生产同质的产品；两个厂商都掌握市场需求情况，他们都面临共同的线性需求曲线；双方之间没有任何勾结行为，但相互间知道对方将如何行动，从而各自确定最优的产量来实现利润最大化。

（3）情景分析。情景分析法是假定某种现象或某种趋势将持续到未来的前提下，对预测对象可能出现的情况或引起的后果作出预测的方法。其基本观点是未来充满不确定性，但未来有部分内容是可以预测的。一般来说，不确定性由客观和主观因素构成：主观因素是指影响系统中本质上的不确定因素；客观因素是指人们缺乏对影响系统的了解。它通常对预测对象的未来发展作出种种设想或预计，是一种直观的定性预测方法。

（4）蒙特卡洛模拟。蒙特卡洛模拟法是试验数学的一个分支，它是一种随机仿真和统计试验方法，通常利用随机数学进行统计试验，将获得的统计特征值（如均值、概率等）作为待解问题的数值解，进而通过数值计算方法来求得近似结果。它可应用于随机变量服从任意分布、随机变量任意组合的可靠度计算，其方法简单、便于编制计算机程序，能够保证依概率收敛，计算精度随模拟次数的增加而提高。由于蒙特卡洛方法的理论基础是概率论中的基本定律——大数定律，因此，此方法的应用范围从原则上说没有任何限制。

二 发达国家和发展中国家之间的博弈分析

本书假定世界分为发达国家和发展中国家两个群体。发达国家有先进的技术，充足的资金，良好的体制，在世界贸易体系中占据着主导地位。发展中国家技术相对落后，资金较为短缺，体制不太健全，很大程度上需要发达国家的支持和贸易依赖。发达国家与发展中国家之间进行的是一种明显的非对称竞争。因此，它们之间的博弈是一种非对称博弈。在碳关税问题上，发达国家与发展中国家均有两种策略，即妥协和对抗。

本书设 U_1 代表发展中国家的贸易利益，U_2 代表发达国家的贸易利益；C_1 代表发展中国家失败所造成的损失，C_2 代表发达国家失败所造成的损失。当一方采取妥协策略，而另一方采取对抗策略时，采取对抗策略的一方得到利益，而采取妥协策略的一方将得不到任何利益。如果双方均采取妥协策略，那么它们均有一半的机会获得利益，而没有损失，即各自获得的利益为 $\dfrac{U_1}{2}$，$\dfrac{U_2}{2}$；当双方均采取对抗策略时，它们获胜和失败的概率均为 $\frac{1}{2}$，那么它们各自获得的利益为 $\frac{U_1 - C_1}{2}$，$\frac{U_2 - C_2}{2}$。其中，$C_1 > C_2 > U_2 > U_1 > 0$，（见表 2 - 7）。

表 2 - 7　　　　　　　　发达国家与发展中国家的支付矩阵

发达国家	发展中国家	
	妥协	对抗
妥协	$\frac{U_1}{2}$，$\frac{U_2}{2}$	0，U_2
对抗	U_1，0	$\frac{U_1 - C_1}{2}$，$\frac{U_2 - C_2}{2}$

假设发展中国家采取妥协策略的概率为 x，那么采取不征收碳关税策略的概率为 $1 - x$；发达国家采取妥协策略的概率为 y，那么采取对抗策略的概率为 $1 - y$。

那么，发展中国家采取征收碳关税策略所获得的收益为：$Q_1 = y \times \frac{U_1}{2} + (1 - y) \times 0$；采取对抗策略所获得的收益为：$Q_2 = y \times U_1 + (1 - y)\frac{U_1 - C_1}{2}$；那么，发展中国家可以获得的平均收益为：$\overline{Q} = x \times Q_1 + (1 - x) \times Q_2$；发展中国家采取妥协策略的复制动态方程为：$F(x) = \frac{\mathrm{d}x}{\mathrm{d}t} = x(Q_1 - \overline{Q}) = x(1 - x)\left[-\frac{U_1 y}{2} - \frac{(U_1 - C_1)}{2}(1 - y) \right]$。

发达国家采取妥协策略所获得的收益为：$Q_3 = x \times \frac{U_2}{2} + (1 - x) \times 0$；采取对抗策略所获得的收益为：$Q_4 = x \times U_2 + (1 - x) \times \frac{(U_2 - C_2)}{2}$；那么，发达国家可以获得的平均收益为：$\overline{Q} = y \times Q_3 + (1 - y) \times Q_4$；而发达国家采取妥协策略的复制动态方程为：$F(y) = \frac{\mathrm{d}y}{\mathrm{d}t} = y(Q_3 - \overline{Q'}) = x(1 - y)\left[-\frac{U_2 x}{2} - (1 - x)\frac{U_2 - C_2}{2} \right]$。

$F(x)$ 和 $F(y)$ 表述了该博弈的动态演化轨迹。令 $F(x) = 0$，可得 $x = 0$，$x = 1$ 和 $y = 1 - \dfrac{U_1}{C_1}$；令 $F(y) = 0$，可得 $x = 0$，$x = 1$ 和 $y = 1 - \dfrac{U_2}{C_2}$；那么在平面 $[(x, y) \mid 0 < 1, 0 < y < 1]$ 可以找出这个博弈的五个均衡点：$(0, 0)$，$(0, 1)$，$(1, 0)$，$(1, 1)$，$\left(1 - \dfrac{U_2}{C_2},\ 1 - \dfrac{U_1}{C_1}\right)$。

这些均衡点的局部稳定性可以通过该博弈相应的 Jacobian 矩阵的局部稳定性获得。通过对方程（1）和方程（2）求导，得到 Jacobian 矩阵：

$$
J = \begin{pmatrix} \dfrac{\partial F(x)}{\partial x} & \dfrac{\partial F(x)}{\partial y} \\[2mm] \dfrac{\partial F(y)}{\partial x} & \dfrac{\partial F(y)}{\partial y} \end{pmatrix}
$$

$$
= \begin{pmatrix} (1 - 2x)\left[-\dfrac{U_1 y}{2} - \dfrac{(U_1 - C_1)}{2}(1 - y) \right] & x(1 - x)\left(-\dfrac{C_1}{2} \right) \\[3mm] y(1 - y)\left(-\dfrac{C_2}{2} \right) & (1 - 2y) - \left[\dfrac{U_2 x}{2} - \dfrac{(U_2 - C_2)}{2}(1 - x) \right] \end{pmatrix}
$$

Jacobian 矩阵的行列为：

$$
\text{Det}(J) = (1 - 2x)\left[-\dfrac{U_1 y}{2} - \dfrac{(U_1 - C_1)}{2}(1 - y) \right](1 - 2y)
$$

$$
\left[-\dfrac{U_2 x}{2} - \dfrac{(U_2 - C_2)}{2}(1 - x) \right] - y(1 - y)
$$

$$
\left(-\dfrac{C_1}{2} \right) x(1 - x)\left(-\dfrac{C_2}{2} \right)
$$

Jacobian 矩阵的迹为：

$$
\text{Tr}(J) = (1 - 2x)\left[-\dfrac{U_1 y}{2} - \dfrac{(U_1 - C_1)}{2}(1 - y) \right]
$$

$$
+ (1 - 2y)\left[-\dfrac{U_2 x}{2} - \dfrac{(U_2 - C_2)}{2}(1 - x) \right]
$$

然后，根据 Jacobian 矩阵行列式和迹的符号判断五个均衡点是否局部稳定，结果见表 2 - 8。

表 2 - 8　　　　　　　　　局部稳定性分析

均衡点	Jacobian 矩阵的行列式	行列式 的符号	Jacobian 矩阵的迹	迹的 符号	局部 稳定性
$x=0$　$y=0$	$\dfrac{(U_1-C_1)(U_2-C_2)}{4}$	+	$\dfrac{(C_1-U_1)+(C_2-1)}{2}$	+	不稳定
$x=0$　$y=1$	$-\dfrac{U_1(U_2-C_2)}{4}$	+	$-\dfrac{U_1}{2}+\dfrac{U_2-C_2}{2}$	-	稳定
$x=1$　$y=0$	$-\dfrac{(U_1-C_1)U_2}{4}$	+	$\dfrac{U_1-C_1-U_2}{2}$	-	稳定
$x=1$　$y=1$	$\dfrac{U_1U_2}{4}$	+	$\dfrac{U_1+U_2}{2}$	+	不稳定
$x=1-\dfrac{U_2}{C_2}$　$y=1-\dfrac{U_1}{C_1}$	$-\left(1-\dfrac{U_2}{C_2}\right)\left(1-\dfrac{U_1}{C_1}\right)\dfrac{U_1U_2}{4}$	-	0		鞍点

　　基于上述局部稳定性分析，我们以 x 为横轴，y 为纵轴，做出了对应进化博弈的相位图（见图 2 - 1）。

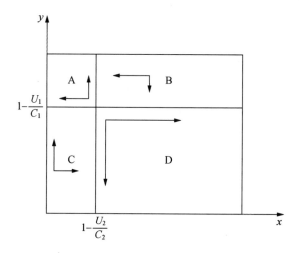

图 2 - 1　发达国家与发展中国家进化博弈的相位图

根据 Jacobian 矩阵行列式和迹的符号以及相应的相位图中的箭头不难看出：$x=0$，$y=1$ 和 $x=1$，$y=0$ 是进化稳定策略。当初始情况落在 A 区域时会收敛到进化稳定策略 $x=0$，$y=1$，即发展中国家采取对抗策略，发达国家采取妥协策略；当初始情况落在 D 区域时收敛到进化稳定策略 $x=1$，$y=0$，即发展中国家采取妥协策略，发达国家采取对抗策略。当初始情况落在 B 区域或者 C 区域时，它们会收敛 $x=1-\dfrac{U_2}{C_2}$，$y=1-\dfrac{U_1}{C_1}$，但它不是进化稳定策略，最后会收敛到 $x=0$，$y=1$ 或 $x=1$，$y=0$。

就碳关税而言，如果发展中国家损失比较大、获利比较小，而发达国家损失比较小、获利比较大时，A 区域面积变小，而 D 区域面积变大。初始情况落在 D 区域的可能性更大一些，最终收敛于进化稳定策略 $x=1$，$y=0$，即发展中国家采取妥协策略，发达国家采取对抗策略。由于发达国家在贸易上占有主导地位，而发展中国家处于劣势地位，往往发达国家采取强硬策略，而发展中国家采取妥协策略。这也就是说，在碳关税问题上，发展中国家很有可能对发达国家征收碳关税采取妥协策略，同意征收碳关税，而发达国家则会采取强硬态势，强行征收碳关税。

从全球来看，低碳经济获得充分重视，低碳环保产品越来越受到消费者的青睐。据统计，67% 的荷兰人、77% 的美国人和 83% 的法国人在购买消费品时更愿意优先考虑环保产品。由于征收碳关税可以将环境成本内部化，因此它将会受到很多国家民众的迎合。此外，欧美等发达国家身处严重的债务危机，碳关税的推行无疑可以提高本国产品的竞争力，削弱发展中国家产品的竞争力，从而减轻自身的负债压力。欧洲的瑞典、丹麦、意大利以及加拿大的不列颠和魁北克等发达国家或地区已在其国内或部分地区征收碳税。这表明，发达国家已经不断地推动碳关税的实施，由于发达国家和发展中国家在环境谈判上以及在贸易上的不平衡性，尽管发展中国家会反对发达国家征收碳关税，但发达国家已箭在弦上，征收碳关税只是个时间问题。2012 年 1 月 1 日起，欧盟宣布对所有飞经欧洲的飞机收取高昂的碳排放费用；

2012 年 7 月 1 日，澳大利亚政府宣布对每吨二氧化碳征收 23 澳元碳排放税，并积极为碳关税征收做准备，这些举措表明发达国家征收碳关税已势不可当。

我国作为最大的发展中国家，同样也是发展中国家中最大的农产品出口国。一旦碳关税全面实施，我国农产品出口贸易必将受到严重损失。如果以碳关税税率为 35 美元/吨碳进行估算，我国农产品出口的碳税负担约为 1.6 亿美元（以 2007 年贸易为基准），占贸易总额的 0.4%。因此，我国不可坐以待毙，应该积极采取对策以应对发达国家这种以环境保护为名义的贸易保护主义。

三　中国的应对策略及其比较

（一）中国的可选策略

高碳农产品是在传统农业生产模式下生产的农产品，它在生产过程中能源消耗较高，物质耗损较多，温室气体排放较多，对环境的污染较重。低碳农产品是指在原有无公害绿色农产品基础上，通过低碳技术应用、低碳种植、低碳加工、低碳运输和低碳销售等全过程低碳化，所生产和消费的碳排放当量低的农产品。我国出口农产品中谷物、食用油籽等土地密集型农产品所占比重较低，而以水产品、畜产品、蔬菜、水果等劳动密集型农产品为主。后者属于高碳农产品。因而，从我国的农产品出口的产品结构来看，未来我国农产品出口将会面临较大的碳关税压力。

本书认为，在碳关税的国际背景下，中国可选的策略中最主要的有三种：征收碳关税、对内征收碳税和开发低碳农业技术。碳关税本身带有贸易保护的性质，在贸易政策博弈中，各贸易国考虑到本国自身的利益，采用以牙还牙的贸易保护政策是常用之策。因此，对发达国家出口到我国的高碳农产品征收碳关税是应对发达国家开征碳关税的对策之一。发达国家在国内征收环境税，造成本国产品相对于未在国内征收环境税的国家而言缺乏竞争力，因此碳关税的提出是一种"铲平竞技场"的方式。由此可见，我国对内征收碳税是规避发达国家征收碳关税的另一种策略。我国的低碳农业技术远落后于发达国家，这是造成我国高碳农产品比例高的重要原因。因此，积极开发低碳农业技术也是我国有效应对发达国家征收碳关税的策略之一。本书将采用古诺模型分别从理论上分析上述三种策略下中国农产品生产企业可能的收益。

1. 征收碳关税

中国和美国分别是最大的发展中国家和发达国家，同样它们分别是发展中国家和发达国家中最大的农产品出口国。因此，为了分析的便利，本书假设世界只有两个国家，即中国和美国，而这两个国家均各有一个农产品生产企业，它们生产某一同类农产品。中国企业出口到美国的农产品量为 q_1，美国企业出口到中国的农产品量为 q_2，其中，中国企业出口农产品中高碳农产品所占比例为 λ_1，美国企业出口农产品中高碳农产品所占比例为 λ_2；c_1、c_2 分别为中国企业和美国企业的边际成本，并假定均无固定成本。t_1、t_2 分别是中国和美国的碳关税税率，均为从量税税率。$p = p(Q) = a - Q$ 为国际市场出清价格，其中 $Q = q_1 + q_2$。

在上述基本假设的基础上，当中国和美国均征收碳关税时，中国企业和美国企业的收益函数分别为：

$$\pi_1 = pq_1 - c_1 q_1 - t_2 \lambda_1 q_1$$

$$\pi_2 = pq_2 - c_2 q_1 - t_1 \lambda_2 q_2$$

中国企业和美国企业均是理性参与人，它们使收益最大化，那么：

$$\frac{\partial \pi_1}{\partial q_1} = 0, \ \frac{\partial \pi_2}{\partial q_2} = 0$$

即 $a - 2q_1 - q_2 - c_1 - t_2 \lambda_1 = 0$，$a - q_1 - 2q_2 - c_2 - t_1 \lambda_2 = 0$，联立两个方程得到：

$$q'_1 = \frac{a + c_2 + t_1 \lambda_2 - 2c_1 - 2t_2 \lambda_1}{3}, \ q'_2 = \frac{a + c_1 + t_2 \lambda_1 - 2c_2 - 2t_1 \lambda_2}{3}$$

q'_1、q'_2 分别为中国企业和美国企业的最优出口量，那么它们的最大收益分别为：

$$\pi'_1 = \frac{(a + c_2 + t_1 \lambda_2 - 2c_1 - 2t_2 \lambda_1)^2}{9}, \ \pi'_2 = \frac{(a + c_1 + t_2 \lambda_1 - 2c_2 - 2t_1 \lambda_2)^2}{9}$$

当碳关税成为一种关税壁垒时，中国和美国可能会由于追求自身利益最大化，均向对方出口的农产品征收碳关税，从而陷入"囚徒困境"。如果美国单边征收碳关税，那么中国农产品出口必将面临出口成本增加的威胁，这样中国农产品的国际竞争力下降，损害了我国农产品出口企业的利益，在这种情况下，中国是难以维持农产品自由贸易的。对出口到中国的美国的高碳农产品征收碳关税，这种以牙还牙的策略是贸易政策博弈中常用的一种策略，它可以为我国农产品出口企业营造公平的竞争环境，有助于保护我国农产品出口企业，提高本国企业的竞争力，实际上是一种贸易保护政策。

　　2. 对内征收碳税

　　我们沿用上述假定，只是在国内征收碳税，税率为 t，每单位产品补贴为 s。当中国对内征收碳税时，美国则不能再对中国产品征收碳关税，因为这属于重复征收，在国际贸易中是不允许的。那么，在中国对内征收碳税情况下，中国企业和美国企业的收益函数分别为：

$$\pi_1 = pq_1 - c_1q_1 - tq_1 + sq_1$$

$$\pi_2 = pq_2 - c_2q_2$$

　　使收益最大化，那么：$\dfrac{\partial \pi_1}{\partial q_1} = 0$，$\dfrac{\partial \pi_2}{\partial q_2} = 0$。即：

$$a - 2q_1 - q_2 - c_1 - t + s = 0$$

$$a - q_1 - 2q_2 - c_2 = 0$$

　　联立两个方程，解得：

$$\hat{q}_1^* = \frac{a - 2c_1 - 2t + 2s + c_2}{3}, \quad \hat{q}_2^* = \frac{a - 2c_2 + c_1 + t - s}{3}$$

　　那么，它们的最大收益分别为：

$$\hat{\pi}_1^* = \frac{(a - 2c_1 - 2t + 2s + c_2)^2}{9}, \quad \hat{\pi}_2^* = \frac{(a - 2c_2 + c_1 + t - s)^2}{9}$$

　　碳税是一种环境税，征收碳关税起到了庇古税的作用，对在农产品生产过程中对环境造成污染的企业征收与其造成的边际损害等值的环境税，将农业生产环境污染和生态破坏的社会成本内化到农产品生产成本和市场价格中去。政府可以将通过征收碳税取得的税收补贴给农产品生产企业，以弥补因为税收而提高的成本，同样可以起到保持农产品国际竞争力的作用，这种做法无异于把钱牢牢地掌握在自己手里，由自己支配，补贴给自己的企业，不至于将这部分钱由发达国家征收走，补贴它们自己的企业。

3. 开发低碳农业技术

中国与美国相比，低碳农业技术相对落后，导致高碳农产品较多，所以开发低碳农业技术显得尤为重要。本书假定：低碳农业技术的开发需要有大量的成本支出，那么中国农产品生产企业的边际成本就会增加，记为 Δc；同时由于大量的技术投入，中国农产品出口中高碳农产品比例下降，下降幅度为 $\Delta \lambda$；中国政府会对低碳农业技术开发给予一定的补贴，每单位产品补贴 s'；那么，当中国大力开发低碳农业技术而不征收碳关税，美国征收碳关税时，中国企业和美国企业的收益函数分别为：

$$\pi_1 = pq_1 - (c_1 + \Delta c)q_1 - t_2(\lambda_1 - \Delta \lambda)q_1 + s'q_1$$

$$\pi_2 = pq_2 - c_2 q_2$$

使收益最大化，那么：$\dfrac{\partial \pi_1}{\partial q_1} = 0$，$\dfrac{\partial \pi_2}{\partial q_2} = 0$。即：

$$a - 2q_1 - q_2 - (c_1 + \Delta c) - t_2(\lambda_1 - \Delta \lambda) + s' = 0$$

$$a - q_1 - 2q_2 - c_2 = 0$$

联立两个方程，解得：

$$\widetilde{q}_1^* = \frac{a - 2(c_1 + \Delta c) - 2t_2(\lambda_1 - \Delta \lambda) + 2s' + c_2}{3}$$

$$\widetilde{q}_2^* = \frac{a - 2c_2 + (c_1 + \Delta c) + t_2(\lambda_1 - \Delta \lambda) - s'}{3}$$

$\widetilde{q}_1^*$、$\widetilde{q}_2^*$ 分别为中国企业和美国企业的最优出口量，那么它们的最大收益分别为：

$$\widetilde{\pi}_1^* = \frac{[a - 2(c_1 + \Delta c) - 2t_2(\lambda_1 - \Delta \lambda) + 2s' + c_2]^2}{9}$$

$$\widetilde{\pi}_2^* = \frac{[a - 2c_2 + (c_1 + \Delta c) + t_2(\lambda_1 - \Delta \lambda) - s']^2}{9}$$

中国征收报复性碳关税虽然是应对美国征收碳关税策略的一种对策，但对于发展中国家的中国来说，它并不能从根本上解决我国与美国农产品贸易上的不平等地位，只有不断地开发低碳农业技术，有效地控制碳排放，生产出更多的低碳农产品，这样才有助于我国减少贸易摩擦，在与美国的农产品贸易往来上，不至于受制于人，使自己处于一定的优势地位。

（二）情景分析

由于中国与美国之间低碳农业技术以及低碳农业发展模式的差距，我们假定 $c_1 = 15$、$c_2 = 10$、$\lambda_1 = 0.6$、$\lambda_2 = 0.2$。对内征收碳关税时，政府对所得税收有更为自由的支配权。因此，我们假定对内征收碳税时政府补贴比例大于开发低碳农业技术时的政府补贴比例。根据模型参数不同取值，分别以三种不同的情景分析中国农产品生产企业的收益。其中 $a = 1000$，π'_1、$\hat{\pi}^*_1$、$\tilde{\pi}^*_1$ 分别为征收碳关税、对内征收碳税、开发低碳农业技术策略下中国农产品生产企业的收益。

1. 情景 1（基准情景）

假设美国的碳关税税率为 35 美元每单位进口产品。如果中国采取征收报复性碳关税策略，中国的碳关税税率也为 35 美元每单位进口产品。如果中国对内征收碳税，试图通过这种庇古税将企业的环境成本内部化，税率为 20 美元每单位产品，同时政府给予的补贴为 5 美元每单位产品。如果中国开发低碳农业技术，边际成本将增加，增加量为 15 美元，政府给予的补贴为 2.5 美元每单位产品，同时中国企业高碳农产品的比例下降为 20%。根据这些假设条件，我们分析得出不同策略下中国企业的收益分别为：

$$\pi'_1 = 99015.11 \quad \hat{\pi}^*_1 = 100277.78 \quad \tilde{\pi}^*_1 = 95481$$

可以看出此时 $\hat{\pi}^*_1$ 最大，即对内征收碳税是最优策略。

2. 情景 2（悲观情景）

该情景下美国征收额度较高的碳关税，中国如果征收碳关税，征收额度较低；如果中国对内征收碳税，税率较高，而政府给予农产品生产企业较少的政府补贴；如果中国开发低碳农业技术，农产品的边际成本将大幅增长，而政府给予的补贴却很少，同时中国高碳农产品的比例下降幅度很少。此种情景我们可以看作一种悲观情景。基于此，我们假定，$t_1 = 15$、$t_2 = 60$、$t = 30$、$s = 2$、$\Delta\lambda = 0.1$、$s' = 1$。那么，我们分析得出不同策略下中国企业的收益分别为：

$$\pi'_1 = 94249 \quad \hat{\pi}^*_1 = 94864 \quad \tilde{\pi}^*_1 = 86436$$

可以看出 $\hat{\pi}^*_1$ 仍然是最大的，即对内征收碳税仍然是最优策略。

3. 情景3（乐观情景）

该情景下美国征收碳关税的额度不高，中国如果征收碳关税，征收额度较高；如果中国对内征收碳税，征收额度不高，且政府给予农产品生产企业较高的政府补贴；如果中国开发低碳农业技术，农产品的边际成本并未大幅度提高，且政府给予较充足的补贴，同时高碳农产品的比例出现大幅度的降低。此种情景我们可以看作一种乐观情景。基于此，我们假定 $t_1 = 60$、$t_2 = 35$、$t = 10$、$s = 7$、$\Delta c = 5$，$\Delta \lambda = 0.3$，$s' = 3$。那么，我们分析得出不同策略下中国企业的收益分别为：

$$\pi'_1 = 100277.78 \quad \hat{\pi}^*_1 = 105\,408.44 \quad \tilde{\pi}^*_1 = 101336.11$$

由此看来，$\hat{\pi}^*_1$ 最大，即对内征收碳税仍然是最优策略。上述三种情景下各参数和收益见表2-9。

表2-9　　　　　　　　　情景分析的计算结果

	基准情景	悲观情景	乐观情景
c_1	15	15	15
c_2	10	10	10
λ_1	0.6	0.6	0.6
λ_2	0.2	0.2	0.2
t_1	35	15	60
t_2	35	60	35
t	20	30	10
s	5	2	7
Δc	15	20	5
s'	2.5	1	3
$\Delta \lambda$	0.2	0.1	0.3
π'_1	99015.11	94249	100277.78
$\hat{\pi}^*_1$	100277.78	94864	105408.44
$\tilde{\pi}^*_1$	95481	86436	101336.11

（三）蒙特卡洛模拟

在情景分析的基础上，本书进而采用蒙特卡洛模拟方法动态地解释和预测在各变量服从既定概率分布的前提下不同策略下中国农产品出口企业的收益。这样做的原因是：①各变量的未来变化趋势均有一定的不确定性，可将它们看作风险因素。②各变量与不同策略下中国农产品出口企业的收益之间存在函数关系，通过风险变量预测不同策略下中国农产品出口企业的收益是个风险分析过程。在进行蒙特卡洛模拟之前，对模型变量的分布假设很重要，它能对模型的预测结果产生重要影响，但分布设定又往往面临着缺乏大量文献支持的问题。一些变量已经有了较为深入的研究，而另一些变量目前很少甚至没有研究。本书对变量的分布假设是：①假设各变量均符合三角分布，取值范围的设定基于情景分析。②变量取值的选择首先基于文献，如无文献直接支持，则根据现有研究推算假定（见表 2 – 10）。

表 2 – 10　　　　　　　　各变量的取值及分布设定

变量	分布	最小值	最有可能值	最大值
t_1	三角分布	15	30	60
t_2	三角分布	15	35	60
t	三角分布	10	20	30
s	三角分布	2	5	7
Δc	三角分布	5	20	15
s'	三角分布	1	2.5	3
$\Delta \lambda$	三角分布	0.1	0.2	0.3

本书利用 VisualC＋＋软件，进行 1000000 万次模拟产生一系列的随机数据，得到三种策略下中国农产品生产企业收益的直方图（见图 2 – 2）。在三种策略下，中国农产品生产企业最有可能收益分别是 99015.11、100320.01、95721.89；同时，在三种策略下，中国农产品生产企业的平均收益分别为：99058.89、100129.92、96276.62。从模拟结果可以看出，对内征收碳税的策略下中国企业的收益最大。

四　基于博弈论的分析结论

基于上述分析，我们得出如下结论：

（1）发达国家征收碳关税将不可避免。从发达国家与发展中国家之间的演化博弈可以看出，D 区域面积较大，初始情况落在 D 区域的概率较大，即发达国家征收碳关税的可能性会很大。考虑到全球低碳经济的大趋势以及经济危机背景下，发达国家征收碳关税将不可避免。

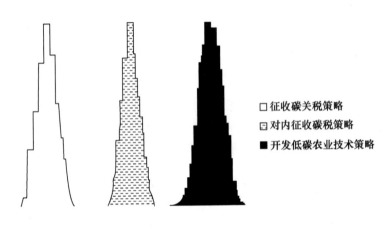

图 2-2　三种策略下中国企业收益的直方图

（2）中国应对碳关税可采用三种不同的策略。一是对出口到中国的高碳农产品征收报复性碳关税，以回击发达国家征收具有贸易保护性质的碳关税；二是对内征收碳税，以促使中国农产品生产企业考虑环境成本，避免发达国家向我国农产品征收碳关税；三是开发低碳农业技术，减少碳排放，使中国农产品生产企业生产出更多的低碳农产品，提高农产品竞争力。

（3）对内征收碳税是中国应对碳关税的最优策略。从情景分析和蒙特卡洛模拟结果来分析，对内征收碳税都是最优策略。我国在发达国家征收碳关税之前，率先对国内征收碳税，这种倒逼机制不仅能够使农产品生产企业着力低碳农业技术的研发，改进农产品生产工艺，还能够避免发达国家的碳关税征收。同时，这部分税收将留在国内，而不会被发达国家征收走用于补贴它们的企业。中国可以更为自由地支配这部分税收，将征收的碳税更充分地补贴给我国国内的企业，用于低碳技术的研发，真正做到取之于民、用之于民。

第三章　碳标签的国际实践和理论模型

第一节　碳标签的国际实践

一　代表性碳标签综述

自 2007 年以来，英国、法国、美国、日本和韩国等国家已经陆续建立或者委托专门的机构来推广碳标签项目，致力于通过碳足迹认证与碳标签授予，鼓励企业评估和披露其产品或服务在生命周期内的碳排放行为。本书就已经投入市场的碳标签名称、公共或者私有属性、所属国家、碳足迹计量标准、涵盖范围进行了统计，如表 3-1 所示。

表 3-1　　　　　　　　各国碳标签摘要

标签	组织	国家	计量标准	年份	范围
Carbon Reduction Label	公共非营利性组织 Carbon T+rust	英国	PAS 2050 & GHG Protocol	2007	产品、服务、供应链、组织
Carbon Label	公共非营利性组织 Carbon Trust	英国	PAS 2050 & GHG Protocol	未知	产品、服务、供应链、组织
Casino Carbon Index	经销商 Casino Group	法国	BP X30-323	2008	自有品牌的食品和饮料
Environmental Index	经销商 Casino Group	法国	BP X30-323	2010	自有品牌的食品和饮料
J'économise ma Planète(Bilan CO_2)	经销商 E. Leclerc	法国	BP X30-323	2008	食品

续表

标签	组织	国家	计量标准	年份	范围
SGS Carbon Footprint Mark SGS Carbon Reduction Mark SGS Carbon Neutrality Mark	第三方认证机构 SGS	法国	PAS 2050	2012	产品、服务、供应链、组织
Carbon Free ® Certified	私有非营利性组织 Carbonfund. org	美国	GHG Protocol & PAS 2050 & ISO 14044	2007	个体、产品、服务、活动、组织
Climate Conscious Carbon Label	私有非营利性组织 Climate Conservancy	美国	未知	2007	产品、服务
Green Index ®	制造商 Timberland	美国	自设算法	2007	公司全线户外产品
Carbon Counted Carbon Label	私有非营利性组织 Carbon Counted	加拿大	GHG Protocol & PAS 2050	2007	产品、服务
Approved by Climatop	私有非营利性组织 Climatop	瑞士	GHG Protocol & ISO 14040	2008	产品、服务
Carbon Zero	公共政府部门 Landcare Research	新西兰	ISO 14064 & GHG Protocol & PAS 2050	2008	个体、产品、服务、活动、组织
Assessed CO_2 Footprint	公共政府支持若干机构联合发起	德国	ISO 14040 & ISO 14044 & ISO 14064 & PAS 2050	2008	产品、服务、供应链
CFP Mark	公共政府部门 JEMAI	日本	ISO 14040 & ISO 14044 & TS Q0010	2008	产品、服务
CooL Label	公共非营利性组织 Eco – Product Institution	韩国	ISO 14040 & ISO 14044 & ISO 14064 & PAS 2050 & GHG Protocol	2009	产品、服务
Carbon Footprint Label	公共政府部门 TGO & METC	泰国	ISO 14040 & ISO 14044 & ISO 14064 & PAS 2050	2009	产品、服务
Carbon Reduction Label	公共政府部门 TGO & TEI	泰国	ISO 14040 & ISO 14044 & ISO 14064 & PAS 2050	2008	产品、服务

资料来源：笔者查阅相关资料整理所得。

1. 英国碳标签实践

全世界最早也是规模最大的碳标签方案即为英国 Carbon Trust 公司运作的 Carbon Reduction Label。该公司是英国政府建立的一个非营利性组织，旨在通过碳减排、能源节约战略以及商业化低碳技术，来促进企业、政府与公共组织发展低碳经济。Carbon Reduction Label 不仅展示产品的碳减排成就，而且展示企业的碳减排承诺。这枚标签主要需要包含五个设计元素，即足印、碳足迹数值、Carbon Trust 认证（reducing with the Carbon Trust）、碳减排承诺、碳标签网址（carbon‐label. com）。而该公司新近推出的另一种碳标签，即 Carbon Label，仅用于展示产品的碳减排成就，是否具有经过认证的碳足迹数值都可申请获得该标签，也不要求企业注明碳减排承诺。获取 Carbon Trust 公司推出的这两种碳标签均需要符合 PAS 2050 标准以及/或者 WRI 和 WBCSD 推出的 GHG Protocol 产品标准，同时还需符合足迹专家指南（Footprint Expert™ Guide）以及标准化良好行为（The Code of Good Practice）的要求。该公司每两年对获取上述两种碳标签资格的产品或服务进行一次审核，要求产品或服务的碳排量必须有所降低。目前，Carbon Reduction Label 已覆盖 B2B 和 B2C 的商业模式，在 21 个国家的 210 余个品牌的产品（如食品、服装和日用品等）上得以运用，同时加注该标签的产品年销售额已经达到 3.8 亿欧元。早在 2010 年，就已有 90% 的家庭购买了加注有该公司碳标签的低碳产品。

2. 法国碳标签实践

Casino Carbon Index 是法国 Casino Group 公司私有的碳标签。该公司建立于 1898 年，是法国著名食品零售商，其食品零售业务遍及南美、欧洲、东南亚以及印度洋地区。该公司于 2003 年起陆续推出创新型的环保策略，如对产品运输、电力消耗以及冷藏液体造成的碳排放进行审计，以及对大规模项目的碳足迹进行分析等，致力于减少温室气体排放。2008 年，该公司推出 Casino Carbon Index，旨在向消费者传递产品整个生命周期的环境影响信息。Casino Carbon Index 以绿叶为主要设计元素，其中标注每 100 克该产品所排放的二氧化碳数值，并告知消费者可查看包装背面以了解更多相关信息。包装背面提供的信息包含四个元素：Casino 的碳减排承诺、Casino 的碳足迹定义、Casino 产品的碳足迹等级刻度及数值、再循环能力指示（告知消费者如何正确分类，以最大化产品的再循环能力）。若产品的外包装过小，不足以加注 Casino Carbon Index 及其附加信息，则消费者可登录专门网站（www. produits – casino. fr）查询产品完整的碳影响评价报告。该公司是欧洲市场上率先推出自有碳标签的超市之一，这种带有首创意义的举措得到政府的高度认可，先后授予该公司 Entreprises et Environnement Prize 以及 Green Business Award 等。

2011 年，该公司与法国标准化机构（ADEME & AFNOR）合作推出 Environmental Index。在产品包装的正面，该标签以三片树叶为主要设计元素，标注每 100 克产品的环境影响较之于平均每个法国人日消耗食品总量环境影响的比例。该比例的计算包含三部分，即温室气体排放、水消耗与水污染。同时，该指标的计算严格按照 AFNOR（Association Française de Normalisation）的 BP X30 – 323 最佳实践指南与 ADEME/AFNOR 建议。在产品包装的背面，提供三方面信息：碳足迹定义、产品环境信息的网站（www. indice – environnemental. fr）、供扫描的产品环境信息二维码。截至 2011 年，已经有 84 个 Casino 产品，37 个 Monoprix 产品与 14 种国家品牌产品在外包装上运用了 Environmental Index 标签。

J'économise ma Planète（Bilan CO_2）是法国 E. Leclerc 公司于 2008 年推出的私有碳标签。该公司是著名的连锁自助零售商，在欧洲拥有 643 家门店，其中包括 76 家海外门店。Bilan CO_2 标签并不用于产品外包装，也并不标明单个产品的具体碳减排数值，仅标示产品大类的平均碳减排信息，显示在产品价签和收据上。目前，该标签已经被运用于 800 个产品大类，覆盖 380000 种产品。

SGS Carbon Footprint Mark、SGS Carbon Reduction Mark、SGS Carbon Neutrality Mark 是由法国 SGS 公司推出的三种碳标签。该公司旨在提供业界领先的检验、鉴定、测试和认证服务。SGS Carbon Footprint 标签标示产品已经接受 SGS 公司基于产品生命周期的温室气体排放量测量，这种测量基于国际可接受的标准开展，并将结果标注于标签之上；SGS Carbon Reduction 标签标示产品启动碳足迹计算后 12 个月不断的改进，产品的碳排量有所下降；SGS Carbon Neutrality 标签标示企业的碳排量显著下降，剩余的碳排量能够通过第三方认证的项目得到补偿。

3. 美国碳标签实践

Carbon Free ® Certified 是由美国 Carbonfund. org Foundation 推出的碳标签。该组织是一家致力于开展气候变化教育、碳补偿与碳减排以及相关公共拓展服务的非营利性组织，同时作为第三方中立组织提供碳减排、再生能源、能源效率以及森林重造等项目的认证服务。2007年，该组织推出的 Certified Carbon Free 标签是美国第一枚碳中立标签。申请该标签的企业需首先基于 Carbon Free ®产品碳足迹认证议定书（Product Certification Carbon Footprint Protocol）和一种领先的产品生命周期分析方法对产品进行生命周期分析，然后注册并获得 Carbon Free ®认证资格。同时，这种标签需要每年审核更新。其中，Carbon Free ®产品碳足迹认证议定书参照 GHG Protocol、PAS 2050 与 ISO 14044 标准制定。截至 2013 年，该标签已经广泛运用于电力、食物、家用器皿、办公用品、衣服以及建筑材料六个大类覆盖下的 112 种产品上。

Climate Conscious Carbon Label 是由美国 The Climate Conservancy 推出的碳标签。该组织是由斯坦福大学的科学家在 2006 年成立的非营利性组织，旨在解决消费者期望购买碳排量低的产品，但缺乏相关信息这一问题。该标签并不具体标明产品的减碳量，而是用三个等级，即铜、银、金来表示产品的减碳量等级。这个等级的计算是根据产品温室气体排放强度，用产品每美元的二氧化碳排放当量来表示。

Green Index ®是由美国 Timberland 公司推出的碳标签。该公司是以户外运动产品为主营业务的公司。Green Index ®于 2007 年推出，计算范围涵盖产品原料到最终产成品过程的温室气体排放。该指标设定的最低环境影响刻度为 0，最高环境影响刻度为 10，而环境影响的最终刻度值为气候影响（Climate Impact, kg CO_2e for shoe /10, score = 10 = 10）、化学品类（Chemicals, 0 uses = 0, 1 = 2.5, 2 = 5, 3 = 7.5,

4 = 10）和物料（Resources，wt of non – recycled，organic or renewable material/weight of shoe）的均值。早在 2008 年，该指标就被用于该公司的全线户外产品，并在 2012 年年底将该指标运用于该公司全部鞋款。

4. 加拿大碳标签实践

Carbon Counted Carbon Label 是由加拿大 Carbon Counted 推出的碳标签。该组织是非营利性组织，旨在帮助企业将减少温室气体排放的科学转化为简单碳测算技术。具体来说，该组织提供基于网络的经济高效的产品碳足迹第三方认证，能够为企业提供关于单位产品的实时碳排量和碳减排数据。Carbon Counted Carbon Label 遵循 GHG Protocol，ISO 14025 和 PAS 2050 标准，由 Carbon Counted 的顾问伙伴每年对已授标产品进行审核。

5. 瑞士碳标签实践

Approved by Climatop 是由瑞士 Climatop 推出的碳标签。该组织是非营利性组织，旨在减少温室气体排放，建立低碳社会。外部检查主体基于 GHG Protocol 和 ISO 14040 对产品展开的生命周期分析，若产品的温室气体排放量显著低于同类型的其他产品，则授予 Approved by Climatop 标签。该标签并不标示产品的减碳量数值或者碳排量低于同类产品的比例，加注该标签表示产品在其同类产品中碳排量显著较低，每次授予的该标签两年有效。2008 年该标签发布以来，已经有 59 种产品加注了该标签。

6. 新西兰碳标签实践

Carbon Zero 是由 Landcare Research 新西兰有限公司推出的碳标签。该组织是由新西兰政府领导的高级研究组织，Carbon Zero 项目基于该组织十余年来对气候变化、温室气体测量以及其后管理等方面的研究经验提出。获取该标签需要经过五个步骤：根据排放源准确测量碳足迹；管理和减少温室气体排放；减轻或者补偿剩余排放，不可避免的排放需要购买经过认真的高质量的碳信用；测量、管理和补偿步骤得到独立机构的证实；获得 Carbo NZero 认证。另外，该项目的认证范围涵盖组织、小企业、产品、服务、会议、事件、团队。标签不标明具体的减碳量数值，认证需要每年审核更新。

7. 德国碳标签实践

Assessed CO_2 Footprint 所属的 PCF（Product Carbon Footprint）Project 在德国政府的支持下，由 öko – Institut – Institute for Applied Ecology，Potsdam Institute for Climate Impact Research（PIK），以及 THEMA1 共同发起的，已经吸引 Deutsche Telekom、dm – drogerie markt、FRoSTA、Henkel、Krombacher、REWE Group、Tchibo、Tengelmann Corporate Group 和 Tetra Pak 共计九个公司参与其中。该项目旨在为企业提供评估和沟通产品碳足迹的经验，同时该项目也作为论坛来讨论为消费者提供气候变化影响信息的最佳方式。PCF Project 的产品碳足迹测量以 ISO 14040 与 ISO 14044 为基础，同时参考 PAS 2050 标准。当前，已接受碳足迹测量的产品大类包括床单、洗发水、电话、包装纸箱、运动背带和冷冻食品等。

8. 日本碳标签实践

日本于 2008 年启动碳足迹试点项目（CFP Pilot Project），旨在通过告知消费者所购买产品的碳排量信息，促进消费领域（家庭和办公室）温室气体排放量的减少。2012 年，试点项目结束，JEMAI（Japan Environmental Management Association for Industry）接管该项目并更名为碳足迹沟通项目（CFP Communication Program）。新的项目致力于帮助企业设置碳减排承诺；提供高可信度与高透明度的产品碳足迹环境标签；发布生态产品信息；建立利益相关者知识和经验共享项目。企业可向该项目申请 CFP – PCR 证书和 CFP 认证，第三方组织会对企业递交的相关材料进行审核，通过审核即可获取相关资质。产品的碳足迹测算结果会以 CFP 标签的形式发布在产品包装上或者相关网站上。CFP 标签包括碳排量数值、注册信息和附加信息等。

9. 韩国碳标签实践

韩国的生态标签（Eco – Labelling）体系涵盖三类标签：第一类 Eco – labelling（Type Ⅰ），表示生产者自愿采取措施降低生产过程和产品对环境的不利影响；第二类 Environmental Self – regulation System（Type Ⅱ），用于制造商、进口商、分销商与零售商在未经第三方独立机构认证的情况，宣称其产品的环境优越性；第三类 Environmental Declaration of Products System（Type Ⅲ），基于产品的生命周期计算产品的自然资源用量、污染物产生量及其对环境的危害度，其结果以数值标签的形式加注在产品上。

CooL（CO_2 Low）Label 是由韩国 Eco - Product Institution 推出的碳标签，属于该国环境标签体系的第三类标签。Eco - Product Institution 为非营利性组织，旨在通过生产与消费环保产品，促进社会的可持续发展。CooL（CO_2 Low）Label 又分为两种类型，通过碳足迹分析的企业可以获得第一种标签，即以数值的形式标示产品温室气体排放量的标签。在获得第一种标签后，企业可确定产品的碳减排目标。当企业达成既定的碳减排目标时，则可获得第二种标签，即标明企业的产品的确为低碳产品。碳足迹计算主要参照：ISO 14040/44、ISO 14025、ISO 14064、PAS 2050、韩国第三类环境声明标准（Korea EDP common standard）、GHG Protocol、IPCC 报告等。截至 2011 年，韩国的 Asiana Airlines、Samsung、Navien、Woongjin、LG Electronics、Livart、Amore Pacific、Pulmuone、Coca Cola、CheilJedang 等 88 家公司的 418 种产品已经获得第一种碳标签。

10. 泰国碳标签实践

Carbon Footprint Label 所属的 Carbon Footprint of Products 项目由泰国政府建立的专门负责减少温室气体排放的组织 TGO（Thailand Greenhouse Gas Management Organization）和 MTEC（National Metal and Materials Technology Center）共同发起，目标是增加碳足迹在泰国的应用以及提高泰国产品在国际市场的竞争力，同时支持泰国工业部门顺应泰国低碳发展的趋势。该项目目前已经建立碳足迹技术委员会，挑选试点企业，通过培训、讲座和研讨会等形式普及产品碳足迹知识，并通过问卷与定点访谈收集数据，分析产品碳足迹，组织结果宣传。同时，该项目还制定了产品碳足迹计算的国家指南。该项目于 2009 年开始运作，截至 2011 年，已有 68 个公司的 233 种产品通过碳足迹认证，产品范围涉及服装、纸张、食品、饮料、复印机和空调等。

Carbon Reduction Label 是由 TGO 和 TEI（Thailand Environment Institute）共同推出的碳标签，旨在通过市场机制将消费者纳入减少温室气体排放的进程中来，从而促使生产者增加低碳产品的生产。申请该标签要求满足如下三个条件之一：第一，基期后 12 月，产品生产过程（包括电力和能源消耗、废弃物处置环节等）的温室气体排放量减少 10% 以上。第二，产品生产须使用清洁电力，其他来源的电力不能超过总用电量的 5%；除设备启动和运输等特定环节外，不允许使用化石燃料；废弃物和废水的温室气体排放量为零。第三，产品的生产技术较之于同行业其他技术为碳排量密集度较低的技术。截至 2012 年年初，已经有 42 家公司的 163 种产品被授予该标签。

二　碳标签国际实践的经验与启示

碳标签推广的核心要素可归结为组织者、参与者、标签类型、认证标准、推广强度、覆盖范围五个方面（如表 3 - 2 所示）。

表 3 - 2　　　　　　　　　碳标签推广的核心要素

要素	选项
组织者	◇　政府部门 ◇　公共非营利性组织 ◇　私有非营利性组织 ◇　生产商 ◇　经销商
参与者	◇　生产商 ◇　经销商 ◇　消费者
标签类型	◇　碳标识标签 ◇　碳得分标签 ◇　碳等级标签
认证标准	◇　PAS 2050 ◇　GHG Protocol ◇　ISO 14040 / ISO 14044 / ISO 14064 ◇　BP X30 - 323 ◇　TS Q0010

要素	选项
推广强度	◇ 强制执行 ◇ 自愿执行
覆盖范围	◇ 产品 ◇ 服务 ◇ 供应链 ◇ 项目 ◇ 组织

资料来源：笔者总结归纳所得。

（一）碳标签推广的主体

碳标签推广的主体可分为项目的组织者与项目的参与者两个大类。综观正在市场运作中的碳标签项目，其组织者大多为五类主体，分别是政府部门、公共非营利性组织、私有非营利性组织、生产商和经销商；其参与者则包括生产商、经销商和消费者。

1. 生产商

生产商既可能是碳标签项目的组织者，也可能是碳标签项目的参与者。例如，美国著名的制鞋公司 Timberland，设立 Green Index ® 来衡量本公司鞋品的温室气体排放量，是碳标签项目的组织者。而韩国著名的电子产品制造公司 Samsung 接受了韩国 Eco – Product Institution 推出的碳标签认证，在其公司的产品上加注 CooL（CO₂ Low）Label，是碳标签项目的参与者。生产者组织或者参与碳标签项目的首要动因在于顺应低碳经济的发展趋势，在利益相关者中树立良好形象，并赢得各方支持：（1）政府支持，生产商的低碳行为响应了政府的低碳号召，不仅能够规避政策变动可能给生产商带来的风险，而且可能得到政府的政策优惠、资金支持或者荣誉授予；（2）投资者支持，生产商的低碳行为能够帮助其更好地履行社会责任，塑造积极的企业公民形象，从而获得投资者的认可和支持；（3）消费者支持，气候变化已然成为公众高度关注的热点问题，越来越多的消费者开始转向环境友好型消费，因而生产商的低碳行为一方面可以赢得环保消费者的青睐；另一方面也可以较之于竞争者差异化本企业的产品或者服务。

2. 经销商

经销商既可能是碳标签项目的组织者，也可能是碳标签项目的参与者。例如，法国大型连锁零售商 Casino Group 公司，自行设计并推出了 Casino Carbon Index，在其自有品牌上加注碳标签，并号召供货商为产品加注碳标签，是碳标签项目的组织者；英国大型连锁零售商 Tesco 采纳了 Carbon Trust 公司的 Carbon Reduction Label，在其所经销的产品上加注碳标签，是碳标签项目的参与者。与生产商类似，经销商组织或者参与碳标签项目的主要动因也在于顺应低碳经济的发展趋势，塑造积极正面的企业形象，以赢得政府、投资者和消费者等利益相关者的认可和支持。

3. 非营利性组织

非营利性组织是碳标签项目的重要组织者。现行的碳标签方案多数是由公共性质的非营利性组织或者私营性质的非营利性组织来推动的。例如，推出 Carbon Reduction Label 和 Carbon Label 的 Carbon Trust 公司是英国政府设立的非营利性组织；推出 Carbon Free® Certified 的 Carbonfund. org Foundation 是美国一家私营性质的非营利性组织；推出 Approved by Climatop 的 Climatop 是瑞士一家私营性质的非营利性组织。这些非营利性组织致力于协同政府部门、商业企业、研究机构以及其他专业组织，以碳足迹认证和碳标签授予为载体，来减少温室气体的排放，促进低碳经济的发展。其中，部分非营利性组织仅负责碳标签项目的推广，部分非营利性组织能够作为第三方独立机构来完成碳标签申请者的碳足迹认证工作，并定期对碳标签资格进行审核。

4. 消费者

消费者是碳标签项目的重要参与者。碳标签推广的重要意义之一，就是通过明确产品的碳排量信息或者碳减排信息，使消费者能够比较不同品牌或者不同产品的气候影响，从而作出气候友好型的购买决策，最终减少温室气体排放。同时，消费者对碳标签的响应与否响应程度，能够反作用于生产商与经销商，影响供应链中上游对碳标签采纳与否与采纳程度的决策。特别是在当前时期，众多国家的碳标签推广尚处于试点推广阶段，因而多数生产商和经销商还在观望本国消费者对碳标签的态度。此时消费者的反响，将直接影响碳标签方案能否由试点推广转为大规模推广的决策和进程。因此，广大消费者是碳标签项目的受众以及重要参与者。

5. 政府

政府是碳标签项目的重要组织者和监管者。目前正在运作中的很多碳标签项目都是由政府部门负责推广或者由政府建立的专门组织负责推广。例如，泰国 Carbon Footprint Label 所属的 Carbon Footprint of Products 项目由泰国政府建立的专门负责减少温室气体排放的组织 TGO 和 MTEC 共同发起；推出 Carbo NZero 的 Landcare Research 新西兰有限公司是由新西兰政府领导的高级研究组织。政府不仅可以是低碳经济发展策略（如碳标签项目）的制定者，而且能够运用行政手段强有力地推动低碳经济发展策略（如碳标签）的施行。与此同时，政府还扮演着市场监管者的角色。不断涌入市场的各类碳标签，已经在部分国家的市场上引发消费者的困惑甚至质疑，可能严重危及消费者对碳标签的信任度。期望保证碳标签的市场信誉及其预定效用的顺利实现，就需要政府对碳标签进行监管，并对推向市场的碳标签进行信誉的背书。

（二）碳标签的类型与比较

基于对各国碳标签实践的综述，可以发现，目前已经发布并投入实践的碳标签可以分为三种类型，即碳标识标签、碳得分标签和碳等级标签（如表 3 - 3 所示）。

碳标识标签是对整个生命周期内的碳排量低于某一既定标准的产品或服务所授予的一种低碳标识。这种类型的碳标签并不明确公布产品或服务的具体碳足迹评价结果，仅表示获得这一标识的产品或服务较之于未获得该标志的产品或服务，其碳足迹更小。碳标识的优点是便于消费者识别和理解；缺点是无法让消费者在已获得认证的产品或服务间比较碳排量上的优劣。采用碳标识形式的代表性标签有：法国

表 3 – 3 碳标签类型与比较

类型	特点	优点	缺点	示例
碳标识标签	以图形表示产品或服务碳排量低于某标准	便于消费者阅读、理解和接收标签所传递的信息	仅能区分有碳标识和没碳标识产品碳排量的高低	美国 Carbon Free® Certified、新西兰 Carbo NZero
碳得分标签	以数值表示产品或服务碳足迹评价的结果	便于消费者比较和区分不同产品、不同品牌碳排量	碳足迹评价流程较复杂；数据搜集难度大；成本较高	英国 Carbon Reduction Label、韩国 CooL（CO$_2$ Low）Label
碳等级标签	以刻度表示产品或服务碳足迹评价的结果	便于消费者比较同类产品、替代产品碳排量	需要获得行业内产品或服务碳足迹平均水平资料	法国 Casino Carbon Index、美国 Green Index®

资料来源：笔者根据各国碳标签实践总结所得。

SGS Carbon Footprint、SGS Carbon Reduction、SGS Carbon Neutrality；美国的 Carbon Free® Certified 和 Climate Conscious Label；瑞士的 Approved by Climatop；新西兰的 Carbo NZero；德国的 Assessed CO$_2$ Footprint；泰国的 Carbon Reduction Label。

　　碳得分标签是对产品或服务在整个生命周期内的碳足迹进行评价并公布具体计算结果的一种低碳标识。这种类型的碳标签会对产品或服务的碳足迹进行精确的评价或者测算，然后将结果以数值的形式标注在标签上。碳得分的优点是便于消费者比较不同产品或者不同品牌的碳排量高低；缺点是碳足迹精确评价的流程复杂，数据收集难度大，成本相对较高。采用碳得分形式的代表性标签有：英国的 Carbon Reduction Label 和 Carbon Label；法国的 J'économise ma Planète（Bilan CO$_2$）和 Environmental Index；加拿大的 CarbonCounted Carbon Label；日本的 CFP Mark；韩国的 CooL（CO$_2$ Low）Label；泰国的 Carbon Footprint Label。

　　碳等级标签是表示产品或服务在整个生命周期内碳排量刻度或等级的一种低碳标识。这种类型的碳标签会对产品或服务整个生命周期内的碳排量进行计算，然后与同行业平均水平比较，最终确定其碳排放在行业中所处的等级或刻度，并予以公布。碳等级的优点在于能为消费者提供同类产品与替代产品间的比较；缺点在于需要获取行业内碳足迹的平均水平，才能确定本企业产品或服务的等级或者刻度。采用碳等级形式的代表性标签有：法国的 Casino Carbon Index；美国的 Green Index Ⓡ。

（三）碳足迹认证的标准和范围

无论是碳标识标签、碳得分标签还是碳等级标签，都需要在不同精度上对产品或服务的碳足迹进行测量，这就涉及测量的标准和范围问题。

1. 碳足迹认证的标准

（1）自愿标准与强制标准。现行的碳足迹认证标准按照执行的强度，可分为自愿标准与强制标准。目前，大多数碳足迹认证标准为自愿标准，如英国的 PAS 2050 和国际标准化组织的 ISO 14040，ISO 14044、ISO 14064 以及即将发布的 ISO 14067 均为自愿标准。也有部分国家正致力于推出强制性碳足迹认证标准。例如，法国的"Grenelle 2"法案，就涉及强制性环保/碳标签的内容。

（2）公共标准与私有标准。现行的碳足迹认证标准按照颁布的机构，可分为公共标准与私有标准。由国际机构或者部分国家发行的，致力于在全球范围内推广的标准，为公共标准。如世界资源研究所（WRI）和世界可持续发展工商理事会（WBCSD）联合编制的"GHG Protocol：温室气体议定书"以及国际标准化组织发布的相关标准都是公共标准。由部分国家或国家内组织发行的，致力于在特定国家、特定供应链或者特定组织内推广的标准，为私有标准。如环保论坛2号法案（loi Grenelle 2）中的 BP X30 – 323 一般准则；日本基于 ISO 14044 编制的 TS Q0010：产品碳足迹评价与标识的一般原则。

2. 碳足迹认证的范围

（1）碳足迹认证的服务范围。正在运作的碳足迹认证服务中，以针对产品或服务的认证项目居多。例如，泰国 Carbon Footprint Label

所属的 Carbon Footprint of Products 项目，对饮食、服装和电气等多个产品品类进行了碳足迹认证；德国 Assessed CO_2 Footprint 所属的 PCF（Product Carbon Footprint）项目对饮食和日用品等多个产品品类进行了碳足迹认证。同时，部分碳足迹认证项目的服务范围涉及对供应链、项目或者组织的碳足迹认证。例如，英国 Carbon Trust 公司推出的碳足迹认证服务就包括组织碳足迹认证、供应链碳足迹认证、产品或服务的碳足迹认证。

（2）碳足迹认证的阶段范围。综观现行碳足迹测量，多涵盖产品或服务的全部生命周期，但也有部分测量范围仅限于部分生命周期阶段。覆盖产品或服务全部生命周期的碳标签有：英国 Carbon Trust 的 Carbon Reduction Label 和 Carbon Label；法国 SGS 公司的 SGS Carbon Footprint Mark、SGS Carbon Reduction Mark 和 SGS Carbon Neutrality Mark；韩国 Eco‐Product Institution 的 CooL（CO_2 Low）Label 等；仅仅涵盖产品生命周期内某个或者若干阶段性环节的碳标签有：法国 Casino Group 公司的 Casino Carbon Index，仅对运输、电力消耗和冷藏部分的碳足迹进行测度；美国 Timberland 公司的 Green Index®，仅对生产环节的碳足迹进行测度。一般来说，由政府、公立性或者私立性非营利性组织来推动的碳足迹项目多为对产品或服务整个生命周期范围的碳足迹测算；由生产商或者经销商推动的碳足迹项目多为对产品或服务生命周期内某个或者若干阶段性环节的碳足迹测算。

（四）碳标签推广存在的问题

1. 碳足迹测度标准多元化问题

目前碳足迹标准的实践具有积极的反响，但也面临着标准多元化带来的问题。Bolwig S.（2009）研究指出大多碳足迹的测度方案都是由私有顾问公司或者非营利性组织制定，还有少数是由公共组织、生产商或者经销商来制订。这些方案在尺度、产品覆盖面、温室气体排放评估和沟通方法、水平和方法的可验证性以及透明度等方面均存在很大差异。而造成这种多元化局面的原因可能在于目标不同、技术能力不同、外部支持的获得力不同、经济资源不同、国家不同、商业内容不同等。Dada A. 等（2009）研究认为碳足迹面临的挑战包括：

（1）方法的挑战，即如何划分供应链中各个主体的碳排量，哪些过程的排放需要纳入计量，哪些过程的排放不用纳入计量；（2）可测量性的挑战，即企业的信息系统需要能够有相应的技术来搜集和展现相关的数据，同时信息的搜集需要耗费大量资源；（3）平均与动态排放的挑战，即部分产品在某些阶段的碳排量变化显著，如何处理阶段的不均衡性问题。由此可见，碳足迹标准在实践中暴露的问题主要在于：标准间的差异化严重进而造成比较困难；碳足迹测度需要大量数据和测算，因而成本相对较高；以及计算结果的稳定性问题，即某些产品或者服务在不同时期的碳排量可能存在显著差异。

因此，本书认为，可利用中国碳标签推广尚处于起步阶段的契机，由政府组织完成中国碳足迹测度标准的顶层设计，规范碳足迹测度标准和碳足迹认证流程。这样不仅能够形成产品或服务间碳排量的可比性，同时可以减少数据采集和计算成本。

2. 碳标签推广规范性问题

已有的碳标签方案在实施中展现出积极的功效，包括提供了生产者与消费者之间的一种沟通渠道；提升利益相关者的信息充裕度和认知度；帮助生产者捕捉减少碳排放的关键环节以及帮助消费者在购买决策中比较产品碳排量等。但同时，碳标签方案的推广规范性问题及其危害也逐步暴露。具体体现为：配套法规规范不健全；碳标签种类繁多，传递的信息各异，消费者难以辨别比较；另外还存在一些概念模糊的宣传可能误导消费者。Alves E. 等（2008）指出非政府管制的标签有两种：一种是由第三方独立机构认证的产品标签，另一种是由企业自行加注的标签。这两种标签存在的问题是缺乏透明度，以及未能给消费者提供必要的基础概念。"自然"、"环境友好"和"绿色"这类模糊的和未经明确定义的概念难以引发消费者行为的改变。Janssen R. 等（2008）基于对欧洲碳标签实践的研究指出，碳标签推广实施的困难在于法律、管理以及经济架构条件的不确定性，因而碳标签的推广需要在相关法令完善的条件下开始施行。另外，对于碳标签的繁多推广举措造成高度的复杂性，同时诸多难以量化管理的措施也在一定程度上导致碳标签方案实施的艰难，因而需要对措施进行清晰的界定，也需要赋予这些措施一定的激励性以提升利益相关者对碳标签的兴趣。

因此，本书认为，政府需要在碳标签推广初期建立健全相关的法律法规和管理框架，明确碳足迹认证的官方审核机构，对碳标签的授予和推广活动进行严格的规范，防止碳标签的滥用、企业过度宣传甚至虚假宣传现象的发生，维护碳标签在消费者心中的形象和信度。

第二节 碳标签引领低碳消费行为的理论模型

本书基于 Jackson 和 Tim（2005）与王建明（2012）对社会心理学中行为改变理论的总结，以列表的形式对相关理论进行了归总（如表 3 - 4 所示），并对其中的重要理论与模型进行了详细阐述。

表 3 - 4　　　　　　　　　　行为改变理论

理 论	来 源	概 述
态度—行为—情境理论（Attitude - Behaviour - Context Theory）	Stern & Oskamp，1987；Stern，2000	行为是有机体及其环境的函数，或者说行为是个体态度变量与情境因素交互作用的产出
认知失调理论（Cognitive Dissonance Theory）	Festinger，1957	面对新情境，个体心理上将出现新认知与旧认知的冲突，此时其可能采用两种方式调适：对于新认知予以否认；或者寻求关于新认知的信息，提升其信度，从而取代旧认知
精细加工可能性模型（Elaboration Likelihood Model）	Petty & Cacioppo，1981	个体处理说服信息时存在两种不同的判断思考路径：中心路径与旁侧路径

续表

理 论	来 源	概 述
期望—价值理论（Expectancy – Value Theory）	Eccles, 1983; Wigfield & Eccles, 2000	个体完成任务的动机是由其对这一任务成功可能性的期待以及对这一任务所赋予的价值所决定的
场域理论（Field Theory）	Lewin, 1951	行为是由个体内在（遗传、能力、性格、价值观）与所生活的社会情境所决定的
人际行为理论（Theory of Interpersonal Behavior）	Triandis, 1977	个体行为是意向、习惯性反应和环境约束/条件的函数。其中意向又受到态度、社会因素与情感的影响
动机—能力—机会模型（Motivation – Ability – Opportunity Model）	Olander & Thogersen, 1995	信念评估、对行为的态度以及社会规范影响个体行为意向，意向影响行为，能力和机会是意向影响行为的调节变量
手段—目的链理论（Means – end Chain Theory）	Gutman, 1982; Olson & Reynolds, 1983	价值是决定消费者购买方式的主导性因素，产品或服务的属性会产生一定结果，进而产生一定的价值
规范激活理论（Norm Activation Theory）	Schwartz, 1977	四大情境因素（对需求的意识、情境责任感、效率和能力）以及两大个性特点激化因素（对结构的意识、对责任的否定）决定个体规范，进而决定行为
规范行为聚焦理论（Foucs Theory of Normative Conduct）	Cialdini, Kallgren & Reno, 1991	社会规范可分为指令式规范与描述式规范，两种规范在特定的情境中均可能对行为产生影响，影响的强度取决于个性与情境因素
启发式—系统式思考模型（Heuristic – Systematic Model）	Chaiken, 1980; Eagly & Chaiken, 1993	个体可能运用两个思考系统来处理说服信息："系统化"的思考过程与"启发式"的思考过程
理性选择理论（Rational Choice Theory）	Cornish & Clarke, 1986	理性行动者趋向于采取最优策略，以最小代价取得最大收益
自我差异理论（Self – Discrepancy Theory）	Higgins, 1987	理想自我与应该自我是引导现实自我的标准，当现实自我与标准存在差异时，个体就会产生减少差异的行为动机

续表

理　论	来　源	概　述
自我知觉理论 （Self - Perception Theory）	Bem， 1972	个体通过自己的行为和行为发生的情境来了解自己的态度、情感与内部状态
主观期望效用 （Subjective Excepted Utility）	Savage， 1954	决策方案的选择遵循主观期望效用最大化原则，主观期望效用是结果的效用与结果主观概率的函数
结构化理论 （Structure Theory）	Giddens，1984	社会结构不仅对个体的行动有制约作用，而且是行动得以进行的前提与中介，其使行动成为可能；行动既维持着结构，又改变着结构
计划行为理论 （Theory of Planned Behavior）	Ajzen，1991	行为意向影响实际行为，而行为意向又受到三个因素的影响，即行为态度、主观规范与知觉行为控制
合理行为理论 （Theory of Reasoned Action）	Fishbein & Ajzen， 1975；Ajzen & Fishbein，1980	个体的行为意向主要由个体对行为的态度以及主观规范决定，如果个体有意向产生某种行为，则其可能会采取真实的行动
价值—信念—规范理论 （Value - Belief - Norm Theory）	Stern et al.， 1999；Stern， 2000	五大因素构成的因果链引致行为，顺次为：个体价值、新环境范式、后果意识、责任归属与个人规范

资料来源：笔者根据相关文献整理所得。

一　说服效应理论

1. 说服效应的决定因素

Foxall、Goldsmith 和 Brown（1998）将说服界定为：为改变行为，利用交流来改变态度。说服理论认为，接收说服信息的受众会改变其态度，继而产生行为的改变。两大因素决定说服效应，即信息源与渠道，信息本身及其接收者。

（1）信息源与渠道。信息源可以是大众传媒或者是推销员等。信息源的特征主要包括可信度、魅力与能力。其中，可信度即为专业性、客观性与可靠性。信息源的可信度与态度的改变密切相关。在商业代言广告中，请牙科医生为牙膏代言广告，请肌肤光泽莹润的演员或者模特为化妆品代言广告，请权威教育专家为培训学校代言广告等现象屡见不鲜。这事实上就是在利用"专业形象、专家效应"来提升广告的可信度。虽然消费者往往对广告等信息源仍旧持怀疑态度，但利用信息源引起受众的注意，而不被受众知觉的选择性排除，也是至关重要的。

渠道是指信息从源头传递给其受众的方式。渠道包括正式渠道与非正式渠道，其中，正式渠道是指受营销人员或其他传播者控制的传播方式，如电视广告等；非正式渠道是指不受营销人员或其他传播者控制的传播方式，如熟人介绍等。相同的信息，会由于受众所熟悉或信赖的传播渠道不同，而对不同的受众产生不同的效果。因而，在设计渠道时，需要针对不同的受众采取针对性的传播渠道。同时，非正式渠道可能比正式渠道具备更强的影响力。消费者对于媒介所提供的信息具有较强的选择性，相对于广告等正式传播渠道，消费者更多地依赖与其密切相关的社会群体所传播的信息。

Foxall、Goldsmith 和 Brown（1998）认为消费者在一种理想的平衡中使用三种信息源与渠道，即由生产者控制的渠道、由消费者控制的渠道以及中立渠道（如表3－5所示）。

表3－5　　　　　　　　信息源与渠道类型比较

类　型	描　述	优　劣
由生产者控制的渠道	大众传媒、市场营销体系等	易得，但可能缺乏可信度
由消费者控制的渠道	口头传播等	可信度高，但难以稳定获得
中立渠道	第三方机构撰写的市场或者产品分析报告等	可信度较高，但获取成本较高

资料来源：笔者查阅相关资料整理所得。

（2）信息本身及其接收者。信息是市场营销人员对消费者所传递的内容，也是其认为可以改变消费者态度的特定内容。信息有诸多成分以及表征方式，最受关注的为恐惧诉求与幽默诉求，以及信息出现的顺序与频率。

恐惧信息是指如果消费者不选购某种产品或服务，则会产生不良后果。大量研究表明，恐惧诉求在说服信息接收者改变其态度上可能是行之有效的。例如，保健食品多注重宣扬如果身体缺乏某种维生素，则可能造成严重的健康隐患或者后果；保险公司多注重宣扬如果没有购买某种保险，则可能在意外出现时给家庭带来毁灭性的灾难等，这些都是在试图利用恐惧信息来改变信息接收者的态度。

幽默信息可吸引接收者的注意力，突破记忆选择性障碍，增进信息的记忆性与说服性。许多经典广告都是凭借其幽默的特性引起接收者注意，从而获得积极评价的。例如，冯巩与葛优主演的"双汇火腿肠"广告，充分利用消费者的幽默诉求，使双汇成为万千消费者熟悉和喜爱的产品；刘伟仪主演的"步步高无绳电话"广告，凭借其经典广告词"喂？小丽呀？"，广为流传，这些就是利用幽默信息来赢得信息接收者注意与偏爱。

信息出现的次序，即为使信息积极影响最大，信息所呈现的顺序。目前，对于以何种顺序展示信息，也就是说，最具说服力的信息是应该率先出现、居中出现还是置后出现，尚无一致的结论。但大量的研究表明，重复的说服性信息可提高消费者对信息的意识与态度改变的可能性。记忆的衰退率是显而易见的，接收者对于一次性的广告呈现无法长时间保留记忆。即便在接收者已经达到一定意识水平时，也需要通过重复来加深记忆。例如，家喻户晓的"脑白金"广告，其广告语"今年过节不收礼，收礼就收脑白金"让广大消费者记忆深刻，甚至能够脱口而出，这就是通过高频率的重复来达到的。

接收者即为信息源所锁定的目标客户群体。信息接收者往往呈现多元化的特征，也即存在教育水平、收入、已有态度的强度、性别和年龄等因素方面的差异，这可能影响接收者对信息的解释和反应。因此，市场营销人员必须针对特定的目标客户群体来专门制定符合群体特点的说服信息，以增强说服的效力。

2. 说明效应理论的模型

说服效应理论的两种主要模型为心理领域专家 Petty 和 Cacioppo 提出的"精细加工可能性模型"以及 Chaiken 与 Eagly 提出的"启发式—系统式思考模型"。

（1）精细加工可能性模型。心理领域专家 Petty 和 Cacioppo 在 20 世纪 80 年代提出的"精细加工可能性模型"（Elaboration Likelihood Model，ELM）认为，个体处理说服信息时存在两种不同的判断思考路径（如图 3 - 1 所示）。其一，中心路径。该路径是个体在整合信息的基础上进行逻辑思考与分析判断的一种路径，也是对信息进行精细化加工的路径。Petty 与 Cacioppo（1986）将信息的精细化加工界定为个体对包含说服目的的内容以及与事件关联的证据进行认真思考的过程。通常，对信息进行精细化加工需要付出时间与精力等方面的成本，因而使形成后态度的转变更为不易。其二，旁侧路径。该路径是个体基于边缘线索对信息做出立即接收或当即拒绝判断的一种路径。这种路径中个体往往对事件的关键证据或者本质特点未进行主动的分析与思考，其所接收到的信息可能仅为一条简单的线索，例如，非常抢眼的促销海报。此时，个体态度的改变并非取决于事件的关键或者本质特征，而是取决于一个或者某些非关键或者非本质的因素。显然，由于消费者决策所投入的成本有限，旁侧路径的说服效果在持久力上会弱于中心路径。

（2）启发式—系统式思考模型。Chaiken（1980）、Eagly 和 Chaiken（1993）提出的"启发式—系统式思考模型"（Heuristic - Systematic Model）认为人们可能运用两个思考系统来处理说服信息（如图 3 - 2 所示）。其一，"系统化"的思考过程。该过程中人们基于对信息的积极响应以及认知性分析来形成或者改变态度，需要更多的投入以及数据的驱动，有着相对明确的处理方式模块。其二，"启发式"的思考过程。该过程中人们基于启发式的线索刺激而形成或者改变态度，不需要过多的投入和较高的能力，而是更多地依赖模糊的规则与图示，例如，值得信赖的专家意见，大多数人的选择等。"启发式"的思考过程可能抑制"系统化"的思考过程，从而在决策判断中占据主导地位，但其最终还是要通过抑制"系统化"的思考过程来做出行为表现。也即无论是"启发式"过程进行信息处理还是"系统化"过程进行信息处理，最终的决策判断都是"系统化"过程来做出的。信息来源、长度等因素会决定系统的运行程度，两种思考过程交互影响决策判断。

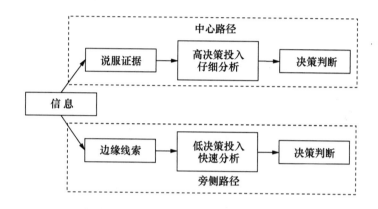

图 3-1 精细加工可能性模型的两种决策判断路径

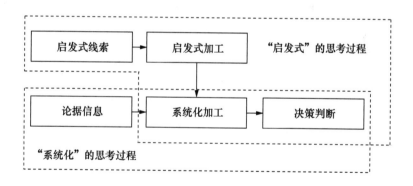

图 3-2 启发式—系统式思考模型的两种决策判断路径

二 合理行为理论

Ajzen 与 Fishbein（1975；1980）所提出的合理行为理论（Theory of Reasoned Action）认为，个体的行为意向主要由个体对行为的态度以及主观规范决定（如图 3-3 所示）。如果个体有意向产生某种行为，则其可能会采取真实的行动。Fishbein 和 Ajzen（1975）将"行为意向"界定为个体产生某种行为的意愿强度；认为"态度"是由对行为结果的主要信念以及对这种结果重要程度的估计所组成的；而"主观规范"则是对相关个体或者组织对期望的感知与符合这些期望意愿的组合。同时，Fishbein 和 Ajzen 指出在预测行为中，态度主观与规范可以有不同的权重。

图 3 – 3　合理行为理论模型

Miller（2005）也分别对合理行为理论的三要素进行定义，并举例说明。其认为"态度"是个体对特定行为信念的集合以及对这些信念评估的权衡。例如，你也许认为锻炼有益健康，锻炼使你看起来很不错，锻炼花费太多时间，锻炼使人不舒服等。所有这些信念能够被赋权，可能健康较之于时间和舒适度对你更重要。"主观规范"是个体所处的社会环境对其行为意向的影响。例如，你有个热衷运动的朋友不断鼓励你加入他们，但你的配偶却倾向于坐着的生活方式，并会嘲弄在外工作的人。这些人的信念，根据其意见对于你的重要性权重不同，会对你锻炼的行为意向产生影响。"行为意向"是个体对行为态度以及对行为主观规范的函数，被证明可预测实际行为。例如，你对运动的态度以及关于运动的主观规范，根据其权重，将会决定你对于运动或者不运动的意向，进而决定你的实际行为。

Hale、Householder 和 Greene（2002）用数学公式的形式对合理行为理论的各个要素进行了阐释。具体来说，合理行为理论中的"行为意向"可用如下数学公式来表示：

$$BI = (A_B)W_1 + (SN)W_2 \qquad\qquad (3-1)$$

其中，BI 表示行为意向，A_B 表示个体对行为的态度，SN 表示主观规范，W_i 表示经验导出的权重。

"态度"可以从两个向度来解释，分别为个体对行为结果的信念强度与对信念的评价，即：

$$A_B = \sum B_I E_I \qquad (3-2)$$

其中，A_B 表示个体对行为的态度，B_I 表示信念强度，E_I 表示信念评价。

"主观规范"也可以从两个向度来解释，分别为规范信念与依从动机，即：

$$SN = \sum b_j m_j \qquad (3-3)$$

其中，SN 表示主观规范，b_j 表示规范信念，m_j 表示依从动机。

三　人际行为理论

Triandis（1977）所提出的人际行为理论（Theory of Interpersonal Behavior）重视社会因素与情感因素在意向形成中的显著作用，并强调过往行为对当前行为有重要影响。与许多同类模型相似，人际行为理论认为意向是行为的直接诱因。但与此同时，人际行为理论设定习惯同样影响行为，并且意向与习惯对行为的影响都接受来自有利条件的调节作用（如图 3-4 所示）。

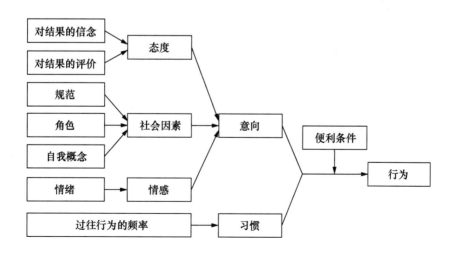

图 3-4　人际行为理论模型

"行为"是意向、习惯性反应和环境约束/条件的函数。其中"意向"又受到态度、社会因素与情感的影响。具体来说,"态度"是对结果的信念与对结果的评价。"社会因素"包括规范(即关于什么该做与什么不该做的社会规则)、角色(即某个组织中占据特定职位/地位的人所采取的被认为合适的系列行为)与自我概念(对于他/她自己的看法,对于他/她适合追求或者回避目标的感知,对于他/她是否采取某种行为的评估)。对决策或者决策情境的"情感"反应可能包含变化强度的积极与消极情感反应。情感对于决策在一定程度上属于无意识的投入,其被特定情境下的本能行为反应所支配。

四 计划行为理论

计划行为理论(Theory of Planned Behavior)由 Ajzen 和 Fishbein 所提出的合理行为理论演变发展而来。与其他认知决策制定的模型一样,该理论隐含的前提或者假设是个体能够借助既定信息进行理性的和系统的决策。虽然决策的制定被认为是诸多复杂因素共同作用的结果,但计划行为理论认为,影响决策制定的最重要因素就是个体的行为意向。

该理论将"行为意向"界定为个体采取既定行为的意愿或者倾向。Armitage 与 Conner(2001)的元分析表明,行为意向这一单独变量可以解释平均22%的行为变化。在计划行为理论模型中,行为意向影响实际行为,而行为意向又受到三个因素的影响,即行为态度、主观规范与知觉行为控制(如图3-5所示)。其中,"行为态度"是指个体对既定对象所表现出的持续性喜欢或不喜欢的预设立场,或者说是个体对既定行为正面或者负面的评价;"主观规范"是指个体在决定采取或者不采取既定行为时感受到的社会压力;"知觉行为控制"是指个体对既定行为可控程度的感知。因此,计划行为理论中的行为意向可用式(3-4)来表示。同时,知觉行为控制又被认为可通过行为意向间接影响实际行为,甚至可能对实际行为产生直接影响。

$$BI = (A_B)W_1 + (SN)W_2 + (PBC)W_3 \qquad (3-4)$$

其中,BI 表示行为意向,A_B 表示个体对行为的态度,SN 表示主观规范,PBC 表示知觉行为控制,W_i 表示经验导出的权重。

　　Ajzen（1991）认为"行为意向"与"主观规范"的数学公式与合理行为理论中态度与主观规范的公式〔分别见式（3-1）与式（3-2）〕一致。新增变量知觉行为控制则是控制信念与促进或者抑制行为绩效的特定控制因素的感知力的乘积，即：

$$PBC = \sum P_k C_k \qquad\qquad (3-5)$$

　　其中，PBC 表示知觉行为控制，P_k 表示对促进或者抑制行为绩效的特定控制因素的感知力，C_k 表示控制信念。

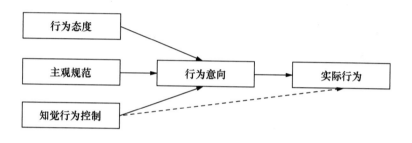

图3-5　计划行为理论模型

五　价值—信念—规范理论

　　Stern 等（1999）发展 Schwartz（1977）的道德规范理论，提出价值—信念—规范理论（Value - Belief - Norm Theory）。该理论融合价值理论（Value Theory）、规范激活理论（Norm - Activation Theory）以及新环境范式（New Environmental Paradigm）的观点，认为五大因素构成的因果链引致行为，顺次分别为：个体价值（特别是利他价值）、新环境范式、后果意识、责任归属与个人规范（如图3-6所示）。其中，"个体价值"是指个体对于自我、他人与生态的价值观，分为利己价值、利他价值与生态价值；"个体价值"影响"信念"，"信念"包括新环境范式（又称生态世界观）、后果意识与责任归属；进一步，"信念"影响"个人规范"，"个人规范"即个体采取亲环境行为的义务感；最后，"个人规范"引致"亲环境行为"；"亲环境行为"则包括四种类型，分别为激进行为（激进的环保运动或者抗议等）、公共领域非激进行为（积极的环保公民行动、支持或者接受公共政策等）、私人领域行为（购买符合环保原则的产品或者服务、重视使用与维护环保物品、废弃物回收再利用等）、组织行为（设计节能环保产品等）。

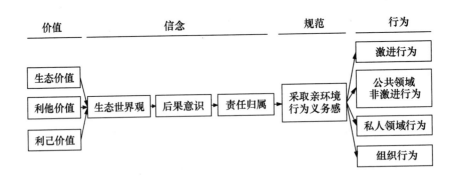

图 3-6　价值—信念—规范理论模型

六　态度—行为—情境理论

Stern 等（2000）提出的态度—行为—情境理论（Attitude - Behaviour - Context Model）假设行为是有机体及其环境的函数，或者说行为是个体领域态度变量与情境因素交互作用的产出。该理论中"态度"变量主要包含具体个体的信念、规范与价值，以及一般的采取某种行为的倾向。"情境"变量则主要包含物质激励、成本、体能、强制、习俗与法律、公共政策、人际影响（如社会规范）等。在某些情况下，"情境"变量也可能包含更为广泛的社会情境维度，比如对环境团体的忠诚或者受环境团体的影响。

态度的影响（如内部因素影响）和情境影响（如外部因素影响）之间的结构力度变化是态度—行为—情境理论的关键（如图 3-7 所示）。在情境影响较弱，甚至不存在时，态度与行为的关联较强；反之，在情境因素发挥最强的积极作用或者消极作用时，态度与行为之间实际上并无关联。例如，当废弃物回收的设施极为方便或者极为不便之时，人们是否会采取废弃物回收行为几乎与其对于废弃物回收的态度无关。

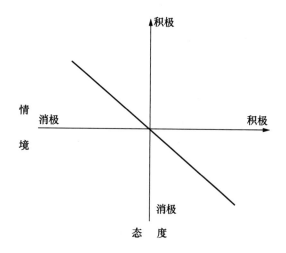

图 3 – 7　态度—行为—情境理论模型

第三节　行为改变理论的启示与运用

一　说服理论的启示与运用

说服理论认为：接收说服信息的受众会改变其态度，继而产生行为的改变。在低碳产品的推广之中，碳标签即为重要的说服信息。碳标签旨在与消费者沟通产品或者服务的碳排量信息，试图以这种环境标签的形式说服消费者选择碳排放量较低的产品或服务。

Hovland、Janis 和 Kelly（1953）在说服理论的重要著作《传播与说服》中特别强调信息来源的可信度与诉诸恐怖。首先，信息源的可信度与受众态度的改变密切相关。Hovland 等的实验表明，信息源的可信度越高，其说服效果越大；信息源可信度越低，其说服效果就越小。因此，消费者信任碳标签上加注的碳减排或者碳排量信息，是其产生态度乃至行为改变的必要条件。而为维护碳标签的可信度，碳标签的认证与授予就需要由具备公信力的第三方独立机构来完成。其次，恐惧诉求有助于说服信息接收者改变态度。Janis 等的实验表明，引起的恐惧感如果越强，就会增加改变态度的效果，因为它会产生激励作用，引起更多的注意和理解，接受传播建议的动机因而也会增加。因此，强化对高碳排量产品或者服务危害的宣传教育，以诉诸恐怖的方式帮助消费者认识到高碳排量对其自身与生存环境的不良威胁，可能说服消费者选择低碳产品或者服务。

Petty 在精细加工可能性模型中所提出的中心路径与旁侧路径，以及 Chaiken 与 Eagly 在启发式—系统式思考模型中所提出的系统式思考与启发式思考，均表明说服信息既可能通过正式的沟通渠道改变消费者态度，也可能通过非正式的沟通渠道改变消费者态度。因此，为避免碳标签信息被消费者知觉的选择性所排除，对于碳标签的宣传教育既要通过正式的沟通渠道（如宣传册等）传播，也要注重非正式沟通渠道（如口碑效益等）。

此外，信息接收者的特征，也即教育水平、收入、已有态度的强度、性别和年龄等因素方面的差异，都可能影响接收者对信息的解释和反应。因此，需要对不同特征的消费者群体展开精细化的研究，发掘各个群体在接收碳标签信息进而改变态度方面的异同，以制定针对性的措施，达到说服效果的最大化。

综上，说服理论对本书的启示以及在本书中的运用包括五个方面：

（1）碳标签是引导消费者选购低碳产品或服务的说服信息，其试图以这种环境标签的形式说服消费者选择碳排放量较低的产品或服务。

（2）碳标签的信度是其改变消费者态度乃至行为的必要条件，为维护碳标签的可信度，碳标签的认证与授予需要由具备公信力的第三方独立机构来完成。

（3）对高碳产品或服务的危害以诉诸恐怖的方式进行宣传教育，可能说服消费者选择低碳产品或者服务。

（4）为避免碳标签信息被消费者知觉的选择性所排除，碳标签的推广或者低碳产品与服务的推广要兼顾正式与非正式沟通渠道。

（5）需要对不同特征的消费者群体展开精细化的研究，发掘各个群体在接收碳标签信息进而改变态度方面的异同，以制定针对性的措施，达到说服效果的最大化。

二　合理行为理论、人际行为理论和计划行为理论的启示与运用

合理行为理论、人际行为理论与计划行为理论均认为，个体的行为意向对其实际行为产生显著影响。个体的实际行为测度困难，需要较长时间的观测或者较大样本的实验观察，才能保证测度的信度与效度。而相对于实际行为，对行为意向的测度则较为便利，可以通过访谈和问卷等形式来获取。因此，在诸多的研究中，都以对行为意向的测度来模糊替代实际行为。对于这种模糊替代，学界存在不同的声音。Armitage 与 Conner（2001）的元分析表明，行为意向这一单独变量可以解释平均22%的行为变化。但在不同领域的行为研究中，行为意向对实际行为变化的解释程度不尽相同，甚至显著或者不显著的结论也不尽一致。这就需要具体问题具体分析，如果同类领域的大多数研究已证实替代关系的可行性，则后续研究可采取模糊替代研究；反之，则不可行。国内外对于低碳行为的研究，目前尚处于起步阶段，未见相关的研究证明替代关系的可行性。因而，需要通过对实际行为的观测或者实验来对这一变量展开测度，并对行为意向与实际行为的关系进行分析。

同时，合理行为理论、人际行为理论与计划行为理论指出，个体的态度对其行为意向产生显著影响。具体来说，态度是指个体对行为结果的信念强度与对信念的评价。但值得注意的是，行为科学家们对于态度与行为意向的关系也存在分歧。Foxall（1998）就认为，态度与行为意向是包含关系，偏好或者态度包含信任因素、情感因素和行为意向因素三个方面。这种分歧存在的根本原因在于：合理行为理论、人际行为理论与计划行为理论提出的都是概念模型，由理论与经验的推导产生，对于概念模型中各个具体维度的实际测度缺乏指引与规范，从而造成维度之间界限的模糊与混淆。为明确维度间的差异，明确各个维度的测度指向，应避免采用态度与意向等易于混淆的潜变量命名方式，同时对于潜变量的内涵与差异进行明确界定。此外，合理行为理论与计划行为理论表示，主观规范，即个体所处的社会的规范信念与个体的依从动机，对其行为意向产生显著影响。人际行为理论将主观规范、角色与自我概念融合为社会因素，也指出其对于行为意向有显著影响。因此，研究碳标签如何引致消费者转向低碳消费行为，不仅需要考虑个体态度变量的影响，还需要考虑社会环境变量的影响。

与合理行为理论和计划行为理论不同，人际行为理论指出，行为意向并非影响实际行为的唯一因素，个体的习惯，即过往行为的频率，对其实际行为也存在显著影响。由于在中国碳标签及其可能引致的低碳消费行为尚未实际发生，难以获取过往行为频率的数据资料，因而可以采取类比的方式，选择测度相近行为的频率来作为替代。

综上，合理行为理论、人际行为理论与计划行为理论对本书的启示以及在本书中的运用包括五个方面：

（1）消费者的低碳消费意向可能对其实际低碳消费行为的产生存在显著影响。

（2）用个体的行为意向来模糊替代其实际行为，可能损失研究的信度与效度，因而需要区分行为意向与实际行为，通过对实际行为的观测或者实验来对这一变量展开测度。

（3）消费者对于碳标签与低碳产品的态度可能对其低碳产品消费意向存在显著意向。

（4）行为科学家对于态度与行为意向之间究竟是影响与被影响关系，还是包含关系存在分歧，因此最好避免采用态度与意向等易于混淆的潜变量命名方式，对潜变量的内涵与差异进行明确界定。

（5）消费者的习惯（过往行为的频率）对其实际低碳消费行为的产生也存在显著影响。

三　价值—信念—规范理论与态度—行为—情境理论的启示与运用

价值—信念—规范理论认为五大因素构成的因果链引致行为，顺次分别为：个体价值（特别是利他价值）、新环境范式、后果意识、责任归属与个人规范。显然，该理论是从个体内因出发来探讨个体特征（价值、信念与规范）对环境友好行为或者说亲环境行为的影响，其特点在于对个体内因所包含的各个维度进行了细致的阐释，并明确各个维度的因果关系。因此，在研究碳标签引致低碳消费行为的机理时，需要重点考虑消费者的个体内因对于亲环境行为的影响，如消费者利他价值（价值）、消费者对于碳标签的认知（信念）、消费者的环境意识（规范）等。

态度—行为—情境理论则在肯定价值—信念—规范理论的基础上，提出个体内因和社会外因都可能对行为产生影响。该理论认为，行为是个体领域态度变量（内因）与情境因素（外因）交互作用的产出，态度的影响和情境影响之间的结构力度变化是影响行为的关键。这与合理行为理论、人际行为理论与计划行为理论所指出的个体态度（内因）与主观规范（外因）共同作用于行为存在内在一致性。因此，在重点考虑消费者的个体内因（如环境意识、低碳认知）影响其亲环境行为的同时，也要兼顾外因（如宣传教育）对于其亲环境行为的潜在影响。

综上，价值—信念—规范理论与态度—行为—情境理论对本书的启示以及在本书中的运用包括两个方面：

（1）需要重点考虑消费者的个体内因对于亲环境行为的影响，如消费者利他价值（价值）、消费者对于碳标签的认知（信念）、消费者的环境意识（规范）等。

（2）在重点考虑消费者的个体内因（如环境意识、低碳认知）影响其亲环境行为的同时，也要兼顾外因（如宣传教育）对于其亲环境行为的潜在影响。

第四章 碳关税对中国农产品贸易影响的实证研究：GTAP模型

第一节 分析方法与数据来源

国内外碳关税对经济影响的定量研究，大多采用可计算一般均衡模拟技术来实现。可计算一般均衡模型（Computable General Equilibrium，CGE），是一种经典的计量经济学方法。根据系统包含的区域的数量，CGE模型可以分为单区域CGE模型和多区域CGE模型。CGE模型已被广泛用于碳税、碳关税等的经济影响模拟中。但目前大多数研究都基于单区域CGE模型。丛晓男（2012）系统分析了单区域CGE模型在碳关税模拟上存在的不足，认为多区域CGE模型能够有效弥补这些缺陷。Kuik O.与Hofkes M.（2010）基于多区域CGE模型研究了欧盟征收碳关税对其他经济体的影响，模拟发现碳关税减排效果温和，并不是一种十分有效的减排政策。Dong Y.与Walley J.（2009）构建了一个包含4区域的CGE模型，对美国与欧盟针对中国出口商品征收碳关税政策的影响进行了模拟。林伯强、李爱军（2011）借鉴并改进了Dong Y.与Walley J.的模型，增加了巴西、印度两个发展中国家，其模拟结果表明尽管碳关税降低了被征税国的排放量，但全球排放量难以大幅度减少。由于该CGE系统均仅有2个部门，从而使模型适用范围受到限制。鉴于国际多区域CGE模型能够详细刻画多边贸易关系，因此，本书将采用多区域一般均衡的"全球贸易分析模型"（GTAP），模拟研究碳关税对中国经济和农产品贸易以及产业结构变化的影响。

GTAP 模型基于新古典主义理论，其基本假设包括完全竞争、规模报酬不变和国产品与进口品的 Armington 替代。GTAP 模型采用宏观经济的全球闭合方式，而不是在各个区域层次上实现闭合，各区域间通过贸易进行关联。其求解采用对非线性方程线性化处理的方式来实现。GTAP 模型由美国普渡大学教授 Thomas W. H. 所领导的全球贸易分析计划（Global Trade Analysis Project，GTAP）开发而来，目前已被广泛应用于贸易政策的模拟分析和定量研究。GTAP 模型已经成为当前世界最流行、规模庞大的全球多区域 CGE，拥有完善的模型系统和基础数据，相较于其他多区域模型，GTAP 的模型更为完善。在 GTAP 模型架构中，首先建立可详细描述对每个国家（或地区）生产、消费、政府支出等行为的子模型，然后通过国际商品贸易之关系，将各子模型联结成一个多国多部门的一般均衡模型。在此模型架构中进行政策仿真时，可以同时探讨该政策对各国各部门生产、进出口、商品价格、要素供需、要素报酬、国内生产总值及社会福利水平变化等。

GTAP 具有非常完备的数据集，包含投入产出数据、双边贸易数据、贸易保护数据、能源数据等，是社会核算矩阵（SAM）的一个超集。GTAP 8.0 版数据库集成了 2007 年的数据，其规模已经达到 129 个国家或地区、57 个国民经济部门。由于 GTAP 在国际经济分析中的强大能力，被越来越多地用于国际贸易谈判等政策模拟分析中。该模型自 1992 年提出以来，已逐渐受到经济学家和政策模拟研究者的重视，基于该模型及其附带的庞大而完整的数据库，可进行各类有关国际贸易、环境保护、能源、气候变化、经济增长等问题的研究。

本书采用 GTAP 模型及其 2011 年发布的 GTAP 8.0 版数据库里最新数据，拟对欧盟、美国、日本分别或同时征收碳关税对世界经济和中国经济尤其是农产品贸易的影响进行模拟分析，从而为中国政府未雨绸缪采取相应的政策选择提供定量依据和政策建议，具有重要的现实意义。

第二节　GTAP 模拟的情景设定

GTAP 模型是由美国普渡大学开发的大型多区域 CGE 系统，被广泛用于国际贸易问题的研究。最新的 GTAP 8.0 版本，数据库里已包含了全球 129 个国家或地区、57 个国民经济部门的经济贸易和能源等数据。根据当前世界的基本经济格局，并考虑到研究需要，本书将世界划分为 8 个区域，分别是欧盟（EU）、美国（US）、日本（JPN）、中国（CHN）、东盟（ASE，即除文莱和缅甸以外的东盟 8 国）[①]、非洲国家（AFR，除南非以外的非洲国家）、金砖国家（BRICS，除中国以外的金砖国家即俄罗斯、印度、巴西和南非 4 国）和世界其他地区（XOW）。将各国的经济划分为 6 大部门，分别是农业部门（再细分为 20 个产品类别）和矿业采掘、轻工业、重工业、电力、其他服务业 5 个非农业部门（见表 4 - 1）。

表 4 - 1　　　　　　　　　　模型的部门划分

部　门	描　述
Agricultural sectors	农业部门
Pdr	Paddy rice 水稻
Wht	Wheat 小麦
Gro	Cereal grains nec 其他谷物
v_ f	Vegetables, fruit, nuts 蔬菜、水果和干果
Osd	Oil seeds 油籽
c_ b	Sugar cane, sugar beet 甘蔗和甜菜
Pfb	Plant - based fibers 植物纤维
Ocr	Crops nec 其他作物
Anl	Animal products 畜产品
Rmk	Raw milk 原奶

[①]　GTAP 8.0 中不含文莱和缅甸这两个国家的单独数据。

续表

部　门	描　述
Wol	Wool, silk - worm cocoons 羊毛和蚕茧
Frs	Forestry 林业
Fsh	Fishing 渔业
Sgr	Sugar 食糖
b_ t	Beverages and tobacco products 饮料和烟草产品
Mil	Dairy products 乳制品
Pcr	Processed rice 大米
Vol	Vegetable oils and fats 菜油和脂肪
Ofd	Food product nec 其他食品
Mnt	Meat products 肉制品
Non - agricultural sectors	非农业部门
Extraction 采掘	Mining and Extraction 矿业采掘
LightMnfc 轻工业	Light Manufacturing 轻工业
HeavyMnfc 重工业	Heavy Manufacturing 重工业
Electricity 电力	Utilities and Construction 公共事业和建设
Service 服务业	Transport and Communication 运输和通信

资料来源：笔者根据 GTAP 8.0 数据库和本书目标进行选取和划分。

对于碳关税税率的选取，目前学术界尚存在不同的认识（如表4-2所示）。从碳关税征收实践来看，法国已在 2009 年 11 月 24 日的欧盟成员国环境部长非正式会议上，提出碳关税税率为 17 欧元/吨二氧化碳。目前，美国的明尼苏达州已经立法通过对北达科他州输入的煤电征收 4—34 美元/吨二氧化碳的碳关税。综合考虑以上学者对碳关税的税率标准，本书选取 20 美元/吨二氧化碳作为各情景的碳关税税率，约合 73.33 美元/吨碳等价物。

从当前国际上碳关税实践和发展态势来看，发达国家相继提出要对来自不承担减排义务国家的高碳进口产品征收碳关税。而发展中国家的碳关税压力主要来自美国和欧盟，日本在低碳技术方面应具有较为明显的优势，因而不排除征收碳关税的可能。有鉴于此，我们根据

表 4-2   不同学者采用的碳关税税率

来源	研究采用的碳关税税率
鲍勤、汤铃等（2010）	MYM10-100 per ton Carbon equivalent 每吨碳等价物
谢来辉、陈迎（2010）	MYM10, 30 or 50 per ton CO_2 每吨二氧化碳
沈可挺、李钢（2010）	MYM30-60 per ton Carbon equivalent 每吨碳等价物
黄凌云、李星（2010）	MYM10-70 per ton Carbon equivalent 每吨碳等价物

资料来源：笔者根据不同的研究文献整理而得。

征税国的不同，设定了四种碳关税情景，分别为欧盟征收（EU_ 20）、美国征收（US_ 20）、日本征收（JP_ 20）和欧美日共同征收（All_ 20）情景。

第三节 碳关税的减排效果

通过征收碳关税，可以在一定程度上减缓全球的碳排放量。在GTAP 8.0 中，二氧化碳的排放主要来自生产过程和居民消费。碳关税的征收将改变产品的生产成本和市场价格，使各国产品在国际市场的价格发生变化，进而改变各国产品在国际市场上的市场份额，迫使生产者相应调整其产品的市场结构，降低能源密集型产品（高碳产品）的生产；同时刺激家庭消费者转向非能源密集产品（低碳产品）的消费，二者均能实现降低二氧化碳排放的目标。

从本书的模拟结果来看（见表4-3），各国碳排放对碳关税的反应不尽相同。受欧盟征收碳关税影响最大的是中国，碳排放总量将减少12.54 百万吨二氧化碳，约为世界各国二氧化碳总减排量的56%；其次是世界其他地区和金砖国家，分别减少排放4.95 百万吨二氧化碳和3.0 百万吨二氧化碳，反映出这些国家能源效率较低的特征，同时也表明这些国家与欧盟的贸易联系比较密切。美国征收碳关税以后，减排最显著的国家主要是中国和美国自身，分别减少排放14.09 百万吨二氧化碳和12.54 百万吨二氧化碳。中国减排较多，可能是由

于中国所生产的产品具有碳含量较高的特征以及中美之间重要的贸易
伙伴关系所致。与 EU_ 20 情景类似，中国的减排大部分来自高碳厂
商生产活动的减少。而美国的减排主要源于家庭，减少 6.69 百万吨
二氧化碳，反映出美国作为全球最大的产品进口国，能源密集型产品
主要依靠从其他国家进口，征收碳关税以后使其进口产品价格提高，
从而使其降低了对这些产品的进口和消费。与此同时，美国制造业定
位高端，低端的能源密集型中间产品依赖进口，当其征收碳关税以后
增加了进口中间产品的成本，对其自身的企业生产活动也产生了较大
的负面影响，厂商的减排也较为明显，为 5.85 百万吨二氧化碳。日
本征收碳关税以后，减排最大的是日本自身（3.48 百万吨二氧化
碳），其次是中国（1.73 百万吨二氧化碳）。可见，日本征收碳关税
增加了其自身的生产和消费成本，促使其降低了对高耗能产品的中间
使用和最终消费，厂商的减排量略高于家庭减排，分别为 2.11 百万
吨二氧化碳和 1.37 百万吨二氧化碳。但总体而言，由于日本在世界
市场所占份额不及美国和欧盟，因此，日本征收碳关税的减排效果逊
于欧盟和美国。

表 4 – 3 征收碳关税后的碳减排效果

单位：百万吨二氧化碳

	美国（US）	日本（JPN）	欧盟（EU）	中国（CHN）	东盟（ASE）	非洲（AFR）	金砖国家（BRICS）	其他地区（XOW）	全世界（World）
欧盟征收情景（EU_ 20 scenario）									
家庭	- 0.85	0.22	- 0.82	- 2.65	- 0.53	- 0.22	- 3.10	- 4.54	- 12.49
企业	0.21	- 0.21	0.18	- 9.89	0.75	- 0.61	0.09	- 0.41	- 9.88
其中农业部门减排	- 0.23	- 0.03	- 0.40	0.76	0.10	0.07	0.10	0.22	0.61
合计	- 0.64	0.01	- 0.64	- 12.54	0.22	- 0.84	- 3.00	- 4.95	- 22.37
美国征收情景（US_ 20 scenario）									
家庭	- 6.69	0.37	1.32	- 2.66	- 0.27	0.06	- 0.77	- 3.24	- 11.88
企业	- 5.85	- 0.17	0.70	- 11.43	- 0.02	- 0.20	- 0.09	1.81	- 15.25
其中农业部门减排	- 0.72	- 0.03	- 0.28	0.87	0.03	0.02	0.83	0.55	1.27
合计	- 12.54	0.20	2.02	- 14.09	- 0.29	- 0.14	- 0.86	- 1.43	- 27.13

续表

	美国 （US）	日本 （JPN）	欧盟 （EU）	中国 （CHN）	东盟 （ASE）	非洲 （AFR）	金砖国家 （BRICS）	其他地区 （XOW）	全世界 （World）
日本征收情景（JP_ 20 scenario）									
家庭	-0.03	-1.37	0.27	-1.03	-0.22	0.00	-0.16	-0.58	-3.12
企业	0.39	-2.11	0.38	-0.70	-0.19	0.03	0.12	1.36	-0.73
其中农业 部门减排	-0.15	0.18	-0.11	-0.08	0.00	0.00	-0.04	-0.09	-0.29
合计	0.36	-3.48	0.65	-1.73	-0.41	0.03	-0.03	0.78	-3.86
同时征收情景（All_ 20 scenario）									
家庭	-7.57	-0.79	0.77	-6.33	-1.02	-0.16	-4.03	-8.36	-27.50
企业	-5.26	-2.49	1.26	-22.02	0.54	-0.78	0.13	2.76	-25.86
其中农业 部门减排	-1.10	0.13	-0.79	1.55	0.14	0.09	0.88	0.68	1.58
合计	-12.83	-3.28	2.03	-28.36	-0.48	-0.94	-3.90	-5.60	-53.36

资料来源：笔者采用 GTAP 8.0 模拟求解计算而得。

从减排总量的部门构成情况来看，欧盟和日本征收碳关税主要刺激家庭消费者减少消费，尤其是高耗能产品的消费来实现减排。从表4-3 可以看出，在 EU_ 20 情景下，除日本以外的其他国家（包括欧盟在内）的家庭碳排放量都将下降，其中世界其他地区、金砖国家（不含中国）和中国的家庭消费碳排放下降最为明显，分别达到4.54百万吨二氧化碳、3.10 百万吨二氧化碳和2.65 百万吨二氧化碳。在JP_ 20 情景下，除欧盟和非洲国家以外的其他区域家庭消费碳排放量都将下降，但由于日本进出口量在国际市场上比重较低，因此，日本征收碳关税的减排幅度普遍低于 EU_ 20 情景。在美国征收碳关税的US_ 20 情景下，家庭减排效果较弱，欧盟、日本和非洲国家的家庭消费碳排放不降反升，家庭消费减排最大的国家变为美国、世界其他地区和中国，分别为6.69 百万吨二氧化碳、3.24 百万吨二氧化碳和2.66 百万吨二氧化碳。原因可能是由于欧盟和日本的家庭消费较为低碳，而美国的生活模式是以大量消费来自其他国家的高耗能产品来维系的，这种高碳生活方式受碳关税的影响较大。

在 EU_ 20 和 US_ 20 两种情景下，不论是美国还是欧盟征收碳关税都将对我国企业产生巨大冲击，由于我国能源利用效率较低和在国际产业分工中制造业大国的定位，碳关税导致成本增加将降低我国出口产品的价格优势，进而使我国企业的生产活动受到抑制。从表 4 - 3 可以看出，中国企业减排量是所有国家中最高的，反映出我国生产过程的能源效率较低，过度依赖能源投入，以及我国出口型经济增长模式对碳关税的反应较为敏感。在 JP_ 20 情景下，日本企业生产和家庭消费的减排量在所有区域中最高，是中国减排量的 2 倍。这与日本的岛国经济有关，尽管日本的进出口量在世界市场所占份额较小，但日本自身的经济在很大程度上依赖进出口，尤其是能源进口价格因碳关税提高以后增加了国内生产企业成本，在与他国产品竞争中处于劣势，故产出降低带来排放量下降。

从表 4 - 3 的企业减排中发现，农业部门的生产减排并不明显，尤其对中国、东盟、非洲、金砖国家和其他地区而言。在 EU_ 20 和 US_ 20 两种情景下，这些国家和地区农业部门的生产碳排放不降反升，只有美国、日本和欧盟的农业部门实现一定程度的减排。从比较优势的角度来说，上述落后国家和地区处于国际产业链的低端，其制造业的生产碳排放非常密集，相对而言农业部门的能源密集程度较低，当能源密集的制造业部门受到来自碳关税的负面影响后，大量生产要素将流向农业部门，增加农业部门的产出；而农业部门对能源的依赖在短期内不会有很大改善，农业部门产出增加势必带来该部门能源使用增加，进而导致这些国家农业部门的碳排放增加。而在 JP_ 20 情景下，多数国家农业部门都实现了一定的减排，这是由于日本征收碳关税对其他国家的进出口影响较小，生产要素从能源密集行业转出的趋势不明显，因此农业部门产出并未因替代效应增多；但是，日本农业部门的碳排放反而增加，说明当农产品进口价格因碳关税的征收而提高之后，日本国内的农业生产活跃，这一方面是为了保证农产品供应；另一方面也是由于依赖进口能源的非农业部门因碳关税受到抑制以后，要素向农业部门转移的结果。

对美国而言，其征收碳关税对其自身影响更为明显，其家庭减排量为所有国家之首，这将极大地促进美国生活模式向低碳的方向转变。同时，其他能源高效利用国家，如日本和欧盟在国际竞争中将因碳关税的税负较低而更具优势，也将刺激美国国内的企业进一步提高能效，降低能源使用。

总体来说，中国生产过程的能源密集型特征和美国高碳的奢侈生活模式都将因碳关税征收而向能源效率提高和绿色低碳方向转变。在美国、欧盟和日本共同征收碳关税的情景下，全球减排总量为53.36百万吨二氧化碳，其中家庭消费减排约27.50百万吨二氧化碳，企业生产减排约25.86百万吨二氧化碳；而农业部门排放量将增加约1.58百万吨二氧化碳。相对于2007年的全球排放量（26520百万吨二氧化碳），欧盟、美国和日本共同征收碳关税20美元/吨二氧化碳后，全球碳排放将降低约0.2%。其中，中国的减排贡献最大（占全球减排量的53.1%），其次为美国（占全球减排量的24%），而欧盟凭借其较高的能源效率和较大的区域内部市场，在全球所有国家因碳关税而减排时，其碳排放不降反升。

第四节　碳关税对全球宏观经济的影响

一　对全球 GDP 的影响

总体而言，开征碳关税对各国 GDP 的影响较小。欧盟单方面征收碳关税以后，除日本和欧盟以外，其他国家和地区的 GDP 出现了不同程度的降低（如表 4 - 4 所示）。其中，中国 GDP 下降最为显著（0.0236%），其次为金砖国家（0.0226%），其他国家和地区的下降幅度较小，均在0.003%以下。由于主要发达经济体的变动幅度并不大，因此对世界经济的影响并不显著，全球 GDP 仅出现0.0036%的降幅。

表4-4 征收碳关税的四种情景下世界各区域 GDP 的变化

单位:%

	美国 (US)	日本 (JPN)	欧盟 (EU)	中国 (CHN)	东盟 (ASE)	非洲 (AFR)	金砖国家 (BRICS)	其他地区 (XOW)	全世界 (World)
EU_ 20	-0.0000	0.0001	0.0005	-0.0236	-0.0021	-0.0030	-0.0226	-0.0026	-0.0036
US_ 20	-0.0008	0.0003	0.0013	-0.0283	-0.0011	0.0021	-0.0036	-0.0007	-0.0019
JP_ 20	0.0001	-0.0023	0.0004	-0.0094	-0.0023	0.0005	-0.0003	-0.0004	-0.0008
All_ 20	-0.0008	-0.0020	0.0022	-0.0613	-0.0056	-0.0005	-0.0266	-0.0037	-0.0063

资料来源:笔者采用 GTAP 8.0 模拟求解计算而得。

美国征收碳关税之后,日本、欧盟和非洲地区 GDP 略有提高,而受负面影响较大的地区仍是中国和金砖国家,两者 GDP 分别下降 0.0283% 和 0.0036%。美国自身的 GDP 反而略有下降(降幅为 0.0008%),这表明美国的宏观经济并未因其开征碳关税政策而受益。日本征收碳关税后,美国、欧盟和非洲地区的 GDP 出现小幅上扬,其他国家和地区 GDP 有下降的趋势,下降明显的国家是中国和东盟地区,表明其与日本的经济联系较为紧密。日本的 GDP 也同样出现类似幅度的下降,与美国类似,日本自身也不能从征收碳关税政策中获得宏观经济利益。

比较前三种情景,欧盟都是碳关税征收的受益者,而中国是最大的受害国。其中欧盟征收碳关税对世界经济的影响最大,其次为美国。当欧盟、美国和日本同时征收碳关税时,世界经济将下降 0.0063%。受负面影响最为严重的是中国、金砖国家和东盟地区,其 GDP 将分别下降 0.0613%、0.0266% 和 0.0056%。

二 对全球价格指数的影响

征收碳关税将提高征收国进口商品的价格,从而提高其国内的总体价格水平,输入通货膨胀。表4-5 显示:在 EU_ 20、US_ 20 和 JP_ 20 情景下,价格水平提高的国家均为碳关税征收国,而其他国家和地区价格水平相对降低。价格水平提高的程度欧盟最为明显,为 0.221%;其次为美国,价格水平提高 0.18%;日本的提价效应最小,为 0.106%。在 EU_ 20 和 US_ 20 情景下,中国的降价幅度最大,分

别下降 0.174% 和 0.161%；其次为金砖国家（降低 0.165% 和
0.087%）和东盟（下降 0.09% 和 0.065%），说明这些国家受到碳关
税冲击，商品出口难度加大，造成一定程度的积压，从而使商品价格
降低，进而带来国内价格下降的连锁反应；在 JP_ 20 情景下，中国
的降价幅度同样最高，下降 0.052%；东盟的价格水平下降程度
(0.019%)高于金砖国家(0.018%)，反映出这些国家与日本的经
济联系更为紧密。

表 4 - 5   征收碳关税的四种情景下世界各区域价格指数的变化

单位:%

	美国 (US)	日本 (JPN)	欧盟 (EU)	中国 (CHN)	东盟 (ASE)	非洲 (AFR)	金砖国家 (BRICS)	其他地区 (XOW)
EU_ 20	- 0.046	- 0.025	0.221	- 0.174	- 0.090	- 0.022	- 0.165	- 0.075
US_ 20	0.180	- 0.002	- 0.013	- 0.161	- 0.065	- 0.033	- 0.087	- 0.060
JP_ 20	- 0.003	0.106	- 0.001	- 0.052	- 0.019	- 0.007	- 0.018	- 0.008
All_ 20	0.131	0.078	0.207	- 0.388	- 0.175	- 0.063	- 0.270	- 0.144

资料来源：笔者采用 GTAP 8.0 模拟求解计算而得。

三　对全球贸易平衡和贸易条件的影响

碳关税作为一种边境调节税，通过改变各国出口产品的价格来调
整其在世界市场的结构，这势必对各国的贸易平衡产生影响。从表
4 - 6 可以看出，在 EU_ 20 情景下，中国、东盟、非洲、金砖国家和
世界其他地区由于欧盟征收碳关税净出口额减少，而美国、日本和欧
盟的净出口额增多。其中，中国的贸易顺差减少最大，为 1072 百万
美元；美国贸易逆差的降低最为明显，达到 1028 百万美元。

在 US_ 20 情景下，美国、中国和东盟的净出口额下降，而其他
国家和地区的净出口额增多。美国的贸易逆差进一步增加，净出口减
少 1035 百万美元，高于中国贸易顺差的减少（852 百万美元），因
此，美国征收碳关税将进一步加剧其贸易逆差状况。在此情景下，欧
盟的净出口获益最大，增加 1244 百万美元。在 JP_ 20 情景下，日
本、中国和东盟的净出口额降低，其他国家和地区净出口额提高。当

表4－6　　　征收碳关税四种情景下世界各区域贸易平衡的变化

单位：百万美元

	美国 （US）	日本 （JPN）	欧盟 （EU）	中国 （CHN）	东盟 （ASE）	非洲 （AFR）	金砖国家 （BRICS）	其他地区 （XOW）
EU_20	1028	202	866	−1072	−197	−8	−500	−317
US_20	−1035	310	1244	−852	−66	51	185	163
JP_20	212	−15	255	−488	−67	8	33	61
All_20	205	497	2365	−2412	−330	51	−283	−93

资料来源：笔者采用 GTAP 8.0 模拟求解计算而得。

欧盟、美国和日本同时征收碳关税时，中国的净出口额下降最为显著，达到 2412 百万美元；其次为东盟和金砖国家，世界其他地区下降幅度较小，而欧盟、日本和美国等发达国家及非洲的净出口额增加，其中欧盟的净出口额增加最明显，达到 2365 百万美元。在这些碳关税征收情景中，贸易平衡变化的幅度反映了这些国家与碳关税征收国之间的贸易联系紧密程度，其中非洲的贸易平衡受碳关税影响最小，其次为东盟。

从进出口价格的变化情况来看，各国的贸易条件（即出口价格与进口价格之比）也因征收碳关税而出现不同程度的变化（见表4－7）：中国、东盟、非洲、金砖国家和世界其他地区的贸易条件呈恶化趋势，表明这些不发达地区国家在国际市场的话语权较弱，当美国、欧盟或日本征收碳关税时，为了维持在海外市场的价格优势，只能选择降低出口价格。当欧盟、美国和日本同时征收碳关税时，中国的贸易条件恶化最为明显（0.324%），其他依次为金砖国家（0.248%）、世界其他地区（0.147%）、东盟（0.122%）和非洲（0.034%）。而三个征收碳关税的经济体——欧盟、美国和日本的贸易条件均出现不同程度的改善，美国的贸易条件改善最为明显（0.23%），其次是日本（0.183%）和欧盟（0.157%）。这表明，碳关税的征收国将成为贸易条件改善的最大受益者。

表4-7 征收碳关税四种情景下世界各区域贸易条件的变化

单位:%

	美国 (US)	日本 (JPN)	欧盟 (EU)	中国 (CHN)	东盟 (ASE)	非洲 (AFR)	金砖国家 (BRICS)	其他地区 (XOW)
EU_20	-0.028	0.003	0.150	-0.144	-0.065	-0.028	-0.164	-0.076
US_20	0.259	0.022	0.005	-0.133	-0.041	-0.003	-0.069	-0.063
JP_20	-0.001	0.159	0.002	-0.048	-0.016	-0.003	-0.016	-0.008
All_20	0.230	0.183	0.157	-0.324	-0.122	-0.034	-0.248	-0.147

资料来源:笔者采用 GTAP 8.0 模拟求解计算而得。

第五节 碳关税对农业部门的影响

一 我国农产品进出口额和总产量的变化

本部分我们重点分析征收碳关税对我国农产品出口额、进口额以及产量的影响(如表4-8所示)。

(1)农产品进口。在四种情景下,我国所有农产品进口额都因征收碳关税而下降。说明碳关税将提高国际市场农产品价格,抑制我国的进口需求,转而更多地依赖国内农产品供给。从表4-8中可以看到,在 EU_20 和 US_20 情景下,我国多数农产品产量都有所提高(渔业、饮料和烟草产量除外)。在 JP_20 情景下,我国有10类农产品的产量出现下降,分别是其他谷物、蔬菜水果和干果、甘蔗和甜菜、原奶、渔业、食糖、饮料和烟草产品、乳制品、大米、其他食品。在欧盟、美国和日本同时征收的情景下,也仅有渔业、饮料和烟草产品的产量下降,其他农产品的产量均不同程度地提高。总体而言,我国农产品进口总额在 EU_20、US_20 和 JP_20 情景下均呈下降趋势,且依次分别降低0.279%、0.277%和0.108%。相应的农产品总产量在 EU_20 和 US_20 情景下分别增加0.022%和0.024%,而在 JP_20 情景下降低0.001%。

(2)农产品出口。在 EU_20 情景下,有6类农产品的出口额下降,按负面影响从大到小的顺序分别为:羊毛和蚕茧(1.104%)、油籽（0.507%）、渔业（0.075%）、林业（0.071%）、蔬菜水果和干果（0.024%）、甘蔗和甜菜（0.021%），而其他多数农产品部门的出口额增加，如肉制品（0.773%）、原奶（0.529%）、小麦（0.435%）、水稻（0.426%）、菜油和脂肪（0.314%）。观察表4－9不难发现：欧盟征收碳关税后，除原奶和肉制品两类产品对欧盟出口比例提高外（分别提高0.098%和0.029%），我国农产品对欧盟的出口额均呈下降趋势。出口增多的产品主要流向了世界其他地区（XOW）、美国、日本和非洲地区。总体来说，欧盟征收碳关税对我国农产品出口是有利的，农产品出口总额将提高0.079%（见表4－8）。在US_20情景下，我国所有农产品出口都将增加。表4－10显示：尽管美国征收碳关税后，大部分农产品（原奶、肉制品、甘蔗和甜菜三类产品除外）对美国的出口份额都将下降，但是这些农产品出口将更多地流向日本、世界其他地区、非洲和东盟地区，使这些类别的农产品出口额表现为增加。其中，出口显著增加的部门主要有：水稻（1.037%）、肉制品（0.917%）、小麦（0.899%）、原奶（0.629%）、羊毛和蚕茧（0.5%）。同样，美国征收碳关税将有利于我国农产品出口，农产品出口总额将增加0.153%（见表4－8）。

在JP_20情景下，我国一部分农产品出口额增加，一部分农产品出口额减少（见表4－8）：出口额下降的农产品由大到小依次为：植物纤维（0.683%）、菜油和脂肪（0.218%）、其他食品（0.196%）、油籽（0.181%）、其他谷物（0.171%）、渔业（0.153%）、饮料和烟草产品（0.078%）、林业（0.064%）、蔬菜水果和干果（0.036%）、食糖（0.021%）。出口额增多的农产品主要有肉制品（0.398%）、水稻（0.3%）、原奶（0.292%）、小麦（0.241%）和乳制品（0.224%）等。表4－11模拟结果显示：日本征收碳关税后，我国对日本的水稻、原奶、肉制品出口增加，而其他农产品对日本出口普遍下降。我国农产品出口将转向美国、欧盟、非洲和世界其他地区。从总体上来看，日本征收碳关税对我国农产品出口将产生负面影响，农产品出口总额将下降0.1%（见表4－8）。

表 4-8　征收碳关税对中国农业部门出口、进口和产量的影响情况

单位：%

农业部门	欧盟情景（EU_20scenario）			美国情景（US_20scenario）			日本情景（JP_20scenario）			同时情景（All_20scenario）		
	出口	进口	产量	出口	进口	产量	出口	进口	产量	出口	进口	产量
水稻（Pdr）	0.426	-0.525	0.027	1.037	-0.561	0.029	0.300	-0.230	0.006	1.763	-1.316	0.062
小麦（Wht）	0.435	-0.460	0.046	0.899	-0.500	0.064	0.241	-0.186	0.016	1.575	-1.146	0.126
其他谷物（Gro）	0.029	-0.168	0.049	0.245	-0.150	0.063	-0.171	-0.062	-0.007	0.103	-0.380	0.104
蔬菜水果和干果（v_f）	-0.024	-0.224	0.010	0.085	-0.210	0.011	-0.036	-0.093	-0.006	0.025	-0.527	0.015
油籽（Osd）	-0.507	-0.079	0.053	0.264	-0.022	0.113	-0.181	-0.024	0.020	-0.425	-0.126	0.187
甘蔗和甜菜（c_b）	-0.021	-0.140	0.012	0.307	-0.120	0.012	0.146	-0.058	-0.001	0.432	-0.318	0.022
植物纤维（Pfb）	0.131	-0.053	0.177	0.398	-0.030	0.210	-0.683	-0.023	0.052	-0.154	-0.106	0.439
其他作物（Ocr）	0.143	-0.154	0.190	0.266	-0.124	0.238	0.004	-0.075	0.050	0.412	-0.353	0.477
畜产品（Anl）	0.143	-0.243	0.018	0.176	-0.240	0.018	0.066	-0.085	0.003	0.385	-0.569	0.039
原奶（Rmk）	0.529	-0.118	0.006	0.629	-0.068	0.001	0.292	-0.031	-0.001	1.450	-0.216	0.006
羊毛和蚕茧（Wol）	-1.104	-0.235	0.190	0.500	-0.177	0.247	0.150	-0.103	0.085	-0.454	-0.515	0.521
林业（Frs）	-0.071	-0.155	0.097	0.208	-0.164	0.105	-0.064	-0.062	0.032	0.073	-0.382	0.234

续表

农业部门	欧盟情景（EU_20scenario）			美国情景（US_20scenario）			日本情景（JP_20scenario）			同时情景（All_20scenario）		
	出口	进口	产量	出口	进口	产量	出口	进口	产量	出口	进口	产量
渔业（Fsh）	-0.075	-0.255	-0.007	0.044	-0.243	-0.006	-0.153	-0.114	-0.012	-0.183	-0.612	-0.026
食糖（Sgr）	0.058	-0.308	0.011	0.165	-0.303	0.011	-0.021	-0.129	-0.001	0.203	-0.740	0.022
饮料和烟草产品（b_t）	0.064	-0.246	-0.014	0.027	-0.212	-0.018	-0.078	-0.071	-0.007	0.013	-0.528	-0.039
乳制品（Mil）	0.089	-0.660	0.006	0.366	-0.564	0.001	0.224	-0.195	-0.001	0.679	-1.419	0.006
大米（Pcr）	0.151	-0.321	0.011	0.187	-0.305	0.011	0.119	-0.120	-0.002	0.457	-0.745	0.021
菜油和脂肪（Vol）	0.314	-0.331	0.042	0.443	-0.318	0.045	-0.218	-0.127	0.010	0.539	-0.776	0.096
其他食品（Ofd）	0.053	-0.299	0.015	0.046	-0.302	0.013	-0.196	-0.118	-0.017	-0.097	-0.719	0.011
肉制品（Mnt）	0.773	-0.555	0.062	0.917	-0.660	0.071	0.398	-0.199	0.021	2.088	-1.414	0.153
合计	0.079	-0.279	0.022	0.153	-0.277	0.024	-0.100	-0.108	-0.001	0.132	-0.665	0.045

资料来源：笔者采用 GTAP 8.0 模拟求解计算而得。

在美国、欧盟和日本同时征收碳关税的 All_ 20 情景下，我国 5 类农产品的出口额出现下降，降幅由大到小分别为：羊毛和蚕茧（0.454%）、油籽（0.425%）、渔业（0.183%）、植物纤维（0.154%）、其他食品（0.097%）。出口额增加的农产品类别主要有：肉制品（2.088%）、水稻（1.763%）、小麦（1.575%）、原奶（1.45%）、乳制品（0.679%）、菜油和脂肪（0.539%）、大米（0.457%）、甘蔗和甜菜（0.432%）、其他作物（0.412%）和畜产品（0.385%）（见表 4 - 8）。观察表 4 - 12 的模拟结果发现：我国农产品出口主要流向世界其他地区和东盟，其次是非洲和金砖国家。在此情景下，我国农产品出口总额将增加 0.132%（如表 4 - 8 所示），有利于我国农业部门的出口。

二　我国农产品出口市场结构的变化

如前所述，征收碳关税将使各国出口到征税国的产品价格提高，使其在征税国失去产品成本的比较优势，为了应对这一碳关税政策措施，各国的出口产品将会自动流向其他非征税国家或地区，由此带来各国出口商品市场结构的变化。出口产品份额增加表示出口产品更多地流向这些国家，份额减少意味着出口产品更少地流向这些国家。本部分我们主要分析我国农产品出口市场结构的变化情况。

在 EU_ 20 情景下（见表 4 - 9），我国农产品对欧盟的出口普遍下降（原奶和肉制品除外），我国农产品出口转而更多地流向其他国家市场。其中，水稻、其他谷物、蔬菜水果和干果、甘蔗和甜菜、其他作物、畜产品、食糖、饮料和烟草产品等的出口主要流向世界其他地区（XOW）；小麦、植物纤维等产品出口主要流向东盟（ASE）；大米、菜油和脂肪等产品的出口主要流向日本；林业产品的出口主要流向美国、日本和世界其他地区；羊毛和蚕茧、渔业、其他食品主要流向世界其他地区（XOW）、日本和美国；乳制品主要流向世界其他地区和非洲；油籽主要流向世界其他地区、日本和东盟地区。

在 US_ 20 情景下（见表 4 - 10），我国原奶、肉制品对美出口份额反而提高，其他农产品对美国出口的比重下降。水稻、蔬菜水果和干果、甘蔗和甜菜、渔业、食糖、饮料和烟草产品、乳制品等的出

表 4－9　　　　　　　　欧盟征收碳关税情景下中国农产品
向世界主要地区出口额的变化情况　　　单位：%

农产品类别	美国 (US)	日本 (JPN)	欧盟 (EU)	东盟 (ASE)	非洲 (AFR)	金砖国家 (BRICS)	其他地区 (XOW)
水稻（Pdr）	0.001	0.006	－0.086	－0.030	0.001	－0.002	0.111
小麦（Wht）	0.000	0.001	－0.009	0.016	0.003	0.000	－0.010
其他谷物（Gro）	0.000	0.006	－0.014	－0.006	0.000	0.000	0.015
蔬菜水果和干果（v_ f）	0.014	0.018	－0.084	－0.003	0.005	－0.001	0.050
油籽（Osd）	0.026	0.100	－0.481	0.043	0.020	0.021	0.270
甘蔗和甜菜（c_ b）	0.000	0.004	－0.138	0.019	0.000	0.008	0.107
植物纤维（Pfb）	0.000	0.011	－0.083	0.040	0.021	－0.007	0.018
其他作物（Ocr）	0.014	0.037	－0.171	0.021	0.021	－0.003	0.082
畜产品（Anl）	0.002	0.000	－0.022	－0.001	0.001	0.001	0.019
原奶（Rmk）	－0.022	0.000	0.098	0.000	0.000	0.000	－0.076
羊毛和蚕茧（Wol）	0.011	0.119	－0.291	0.001	0.007	0.008	0.145
林业（Frs）	0.061	0.063	－0.203	0.013	0.004	0.002	0.061
渔业（Fsh）	0.005	0.017	－0.038	0.001	0.001	0.000	0.013
食糖（Sgr）	0.010	0.012	－0.067	0.000	0.003	－0.007	0.050
饮料和烟草产品（b_ t）	0.014	0.019	－0.088	－0.001	0.003	0.001	0.053
乳制品（Mil）	0.061	0.022	－0.658	0.087	0.118	0.013	0.356
大米（Pcr）	0.005	0.023	－0.020	0.000	－0.002	－0.005	0.000
菜油和脂肪（Vol）	0.017	0.045	－0.071	－0.020	0.002	－0.002	0.029
其他食品（Ofd）	0.037	0.047	－0.166	0.008	0.011	0.007	0.057
肉制品（Mnt）	0.000	0.007	0.029	－0.013	0.002	－0.005	－0.020

资料来源：笔者采用 GTAP 8.0 模拟求解计算而得。

口主要流向世界其他地区（XOW）；小麦、其他谷物、植物纤维、菜油和脂肪等的出口主要流向日本；其他作物、羊毛和蚕茧、大米等的出口主要流向世界其他地区（XOW）和日本；畜产品的出口主要流向欧盟和世界其他地区；林业产品的出口主要流向日本和欧盟；油籽和其他食品的出口主要流向日本、欧盟和世界其他地区。

表 4－10　　　　　美国征收碳关税情景下中国农产品向世界
　　　　　　　　　主要地区出口额的变化情况　　　　　单位：%

农产品类别	美国（US）	日本（JPN）	欧盟（EU）	东盟（ASE）	非洲（AFR）	金砖国家（BRICS）	其他地区（XOW）
水稻（Pdr）	－ 0.051	－ 0.005	－ 0.006	－ 0.094	0.000	－ 0.001	0.156
小麦（Wht）	－ 0.004	0.004	0.000	0.002	0.000	0.000	－ 0.001
其他谷物（Gro）	－ 0.001	0.032	－ 0.001	－ 0.027	0.000	0.000	－ 0.002
蔬菜水果和干果（v_ f）	－ 0.096	0.022	0.024	0.000	0.002	0.004	0.043
油籽（Osd）	－ 0.102	0.026	0.020	0.006	0.003	0.000	0.046
甘蔗和甜菜（c_ b）	0.000	0.002	0.009	0.001	0.000	－ 0.025	0.013
植物纤维（Pfb）	－ 0.006	0.015	－ 0.001	0.022	－ 0.008	－ 0.018	－ 0.004
其他作物（Ocr）	－ 0.091	0.030	0.026	0.004	0.004	－ 0.003	0.030
畜产品（Anl）	－ 0.037	0.003	0.018	0.000	0.000	0.000	0.015
原奶（Rmk）	0.058	0.000	－ 0.007	0.000	0.000	0.000	－ 0.050
羊毛和蚕茧（Wol）	－ 0.001	0.005	－ 0.012	0.000	0.001	0.000	0.008
林业（Frs）	－ 0.131	0.058	0.056	0.002	0.001	－ 0.001	0.015
渔业（Fsh）	－ 0.031	0.008	0.006	0.000	0.000	0.001	0.015
食糖（Sgr）	－ 0.104	0.012	0.017	0.013	0.003	0.001	0.058
饮料和烟草产品（b_ t）	－ 0.075	0.019	0.013	0.002	0.002	0.001	0.038
乳制品（Mil）	－ 0.326	0.013	0.077	0.044	0.037	0.004	0.150
大米（Pcr）	－ 0.153	0.068	0.006	0.001	0.024	0.000	0.054
菜油和脂肪（Vol）	－ 0.070	0.049	0.007	－ 0.010	0.001	－ 0.001	0.024
其他食品（Ofd）	－ 0.219	0.070	0.061	0.012	0.006	0.008	0.062
肉制品（Mnt）	0.003	0.006	0.002	－ 0.010	－ 0.001	－ 0.003	0.003

资料来源：笔者采用 GTAP 8.0 模拟求解计算而得。

　　在 JP_ 20 情景下（见表 4－11），除肉制品和水稻略有增加以及原奶基本不变以外，我国农产品出口到日本市场的份额均有不同程度的降低。其中，畜产品、羊毛和蚕茧、林业等产品的出口主要流向欧盟；植物纤维主要流向东盟、世界其他地区（XOW）和非洲地区；其他食品主要流向欧盟、美国和世界其他地区（XOW）。而我国其他类别的农产品增加了对世界其他地区（XOW）的出口比例。

表4-11　　　　　　　日本征收碳关税情景下中国农产品向
世界主要地区出口额的变化情况　　　　　单位:%

农产品类别	美国（US）	日本（JPN）	欧盟（EU）	东盟（ASE）	非洲（AFR）	金砖国家（BRICS）	其他地区（XOW）
水稻（Pdr）	0.001	0.002	0.002	-0.023	0.000	0.000	0.017
小麦（Wht）	0.000	-0.025	0.000	0.010	0.000	0.000	0.015
其他谷物（Gro）	0.000	-0.170	0.002	0.030	0.000	0.001	0.137
蔬菜水果和干果（v_f）	0.010	-0.094	0.018	0.017	0.002	0.011	0.036
油籽（Osd）	0.011	-0.258	0.092	0.021	0.008	0.011	0.116
甘蔗和甜菜（c_b）	0.000	-0.001	0.003	-0.001	0.000	-0.006	0.005
植物纤维（Pfb）	0.001	-0.698	0.012	0.300	0.066	0.097	0.223
其他作物（Ocr）	0.017	-0.149	0.041	0.027	0.008	0.006	0.051
畜产品（Anl）	0.002	-0.017	0.010	0.000	0.000	0.000	0.005
原奶（Rmk）	0.002	0.000	0.001	0.000	0.000	0.000	-0.004
羊毛和蚕茧（Wol）	0.001	-0.111	0.094	0.000	0.001	0.001	0.014
林业（Frs）	0.029	-0.142	0.068	0.006	0.001	0.004	0.034
渔业（Fsh）	0.009	-0.131	0.010	0.004	0.001	0.004	0.103
食糖（Sgr）	0.009	-0.143	0.012	0.027	0.003	0.004	0.088
饮料和烟草产品（b_t）	0.009	-0.110	0.012	0.013	0.002	0.004	0.070
乳制品（Mil）	0.005	-0.052	0.017	0.001	0.006	0.001	0.023
大米（Pcr）	0.000	-0.003	0.001	0.000	-0.001	0.000	0.002
菜油和脂肪（Vol）	0.018	-0.260	0.030	0.050	0.003	0.005	0.154
其他食品（Ofd）	0.057	-0.236	0.063	0.019	0.008	0.015	0.073
肉制品（Mnt）	-0.001	0.033	0.000	-0.007	-0.001	-0.001	-0.022

资料来源：笔者采用GTAP 8.0模拟求解计算而得。

在欧盟、美国和日本同时征收碳关税的All_20情景下（见表4-12），小麦出口主要流向东盟地区，植物纤维主要流向东盟、世界其他地区和非洲地区，原奶主要流向欧盟和美国，大米主要流向日本、其他地区和非洲，肉制品主要流向日本和欧盟；我国其他类别的农产品更多地流向世界其他地区，表现为在该区域我国农产品出口市场中的份额增加。

表 4 - 12　　　　欧、美、日同时征收碳关税情景下中国农产
品向世界主要地区出口额的变化情况　　　　单位:%

农产品类别	美国 (US)	日本 (JPN)	欧盟 (EU)	东盟 (ASE)	非洲 (AFR)	金砖国家 (BRICS)	其他地区 (XOW)
水稻 (Pdr)	- 0.048	0.003	- 0.089	- 0.145	0.001	- 0.003	0.281
小麦 (Wht)	- 0.004	- 0.020	- 0.009	0.026	0.003	0.000	0.003
其他谷物 (Gro)	- 0.001	- 0.131	- 0.013	- 0.004	0.000	0.000	0.148
蔬菜水果和干果 (v_ f)	- 0.072	- 0.054	- 0.042	0.014	0.010	0.015	0.129
油籽 (Osd)	- 0.065	- 0.132	- 0.368	0.071	0.031	0.032	0.432
甘蔗和甜菜 (c_ b)	0.000	0.005	- 0.125	0.019	0.000	- 0.023	0.124
植物纤维 (Pfb)	- 0.005	- 0.667	- 0.072	0.360	0.079	0.071	0.235
其他作物 (Ocr)	- 0.061	- 0.081	- 0.104	0.051	0.033	0.000	0.161
畜产品 (Anl)	- 0.033	- 0.014	0.005	- 0.001	0.001	0.001	0.039
原奶 (Rmk)	0.037	0.000	0.091	0.000	0.000	0.000	- 0.128
羊毛和蚕茧 (Wol)	0.011	0.011	- 0.207	0.002	0.009	0.008	0.166
林业 (Frs)	- 0.042	- 0.020	- 0.079	0.021	0.006	0.004	0.110
渔业 (Fsh)	- 0.016	- 0.105	- 0.021	0.005	0.003	0.005	0.131
食糖 (Sgr)	- 0.086	- 0.118	- 0.038	0.040	0.009	- 0.002	0.195
饮料和烟草产品 (b_ t)	- 0.052	- 0.072	- 0.063	0.014	0.007	0.006	0.160
乳制品 (Mil)	- 0.258	- 0.017	- 0.560	0.131	0.160	0.018	0.525
大米 (Pcr)	- 0.146	0.088	- 0.013	0.000	0.021	- 0.006	0.056
菜油和脂肪 (Vol)	- 0.035	- 0.164	- 0.033	0.018	0.006	0.002	0.205
其他食品 (Ofd)	- 0.125	- 0.118	- 0.043	0.039	0.025	0.030	0.192
肉制品 (Mnt)	0.002	0.045	0.031	- 0.030	0.000	- 0.008	- 0.039

资料来源：笔者采用 GTAP 8.0 模拟求解计算而得。

三 世界农产品出口市场结构的变化

在 EU_ 20 情景下（见表 4 - 13），世界农产品出口市场总体呈萎缩趋势。除肉制品、饮料和烟草产品和其他食品的出口份额有所提高以外（分别提高 0.0357%、0.0565% 和 0.0156%），各国主要农产品的世界出口总额均将下降。各国在农产品出口市场中所占的份额将发生一系列变化，主要表现为：美国、日本、欧盟、金砖国家和世界其他国家的出口份额下降较为显著，中国、东盟和非洲地区上涨的现象较为明显。

其中，美国的农产品除植物纤维、油籽、林业、其他作物、羊毛和蚕茧、乳制品等在国际出口市场的份额有所提高（< 0.0176%）以外，其他农产品的出口份额均呈下降趋势（< 0.028%）。日本除小麦、羊毛和蚕茧略有上升外，其他农产品均略有下降或保持稳定。欧盟的畜产品、原奶、食糖、饮料和烟草产品、乳制品、菜油和脂肪、其他食品、肉制品等出口份额呈下降趋势，降幅在 0.1074%—0.0018%，其他农产品出口的份额均上升，涨幅介于 0.1691%—0.0064%。中国大部分农产品出口份额将会提高（< 0.0431%），出口份额略有降低的农产品只有羊毛和蚕茧、油籽和渔业，降幅小于 0.0805%。东盟地区有 7 类农产品出口份额下降，分别为其他谷物、蔬菜水果和干果、甘蔗和甜菜、渔业、食糖、饮料和烟草产品、大米，降幅在 0.013% 以内，其他农产品出口份额提高。非洲地区总体出口份额将会提高，只有小麦、甘蔗和甜菜、原奶、食糖、大米 5 类农产品在世界市场的出口份额下降。金砖国家大部分农产品出口份额将会提高，但有 8 类农产品的出口份额出现下降趋势，包括水稻、小麦、其他谷物、蔬菜水果和干果、油籽、甘蔗和甜菜、其他作物、林业产品。而世界其他地区农产品出口份额总体上呈现下降趋势，份额提高的只有水稻、其他作物、林业、饮料和烟草产品、乳制品、菜油和脂肪、其他食品、肉制品等。

在 US_ 20 情景下（见表 4 - 14），各国农产品出口到世界市场的总额都呈下降趋势。从各地区在世界市场的出口份额来看，美国下降最严重，其次为欧盟和世界其他地区，日本虽然下降的产品较多，但变动幅度很小。中国、金砖国家、东盟和非洲地区多数农产品的出口份额提高。

表4-13　欧盟征收碳关税情景下主要经济体农产品出口占世界农产品市场份额的变化情况

单位:%

农产品类别	美国(US)	日本(JPN)	欧盟(EU)	中国(CHN)	东盟(ASE)	非洲(AFR)	金砖国家(BRICS)	其他地区(XOW)	占世界出口比例
水稻(Pdr)	-0.0128	-0.0001	0.1448	0.0431	0.1271	0.0085	-0.3684	0.0577	-0.2224
小麦(Wht)	-0.0269	0.0001	0.1691	0.0103	0.0000	-0.0011	-0.1287	-0.0229	-0.1907
其他谷物(Gro)	-0.0145	0.0000	0.0545	0.0033	-0.0003	0.0014	-0.0148	-0.0296	-0.0662
蔬菜水果和干果(v_f)	-0.0128	-0.0002	0.0623	0.0002	-0.0023	0.0155	-0.0091	-0.0535	-0.0284
油籽(Osd)	0.0158	0.0000	0.0606	-0.0071	0.0012	0.0010	-0.0529	-0.0187	-0.1757
甘蔗和甜菜(c_b)	0.0002	0.0000	0.1560	0.0001	-0.0004	-0.0042	-0.0799	-0.0716	-0.0441
植物纤维(Pfb)	0.0176	0.0000	0.0065	0.0003	0.0020	0.0248	0.0645	-0.1156	-0.1329
其他作物(Ocr)	0.0079	-0.0001	0.0386	0.0092	0.0278	0.0748	-0.1977	0.0394	-0.1428
畜产品(Anl)	-0.0041	-0.0003	-0.0018	0.0093	0.0014	0.0010	0.0034	-0.0088	-0.0186
原奶(Rmk)	0.0000	0.0000	-0.0228	0.0000	0.0001	-0.0029	0.1445	-0.1188	-0.0433
羊毛和蚕茧(Wol)	0.0070	0.0003	0.0184	-0.0805	0.0009	0.0024	0.0649	-0.0134	-0.2624
林业(Frs)	0.0119	0.0000	0.0549	0.0007	0.0020	0.0128	-0.0882	0.0059	-0.1472

续表

农产品类别	美国 (US)	日本 (JPN)	欧盟 (EU)	中国 (CHN)	东盟 (ASE)	非洲 (AFR)	金砖国家 (BRICS)	其他地区 (XOW)	占世界出口 比例
渔业 (Fsh)	-0.0213	-0.0035	0.1587	-0.0011	-0.0109	0.0081	0.0019	-0.1318	-0.0519
食糖 (Sgr)	-0.0070	-0.0002	-0.0251	0.0003	-0.0119	-0.0006	0.0616	-0.0171	-0.0297
饮料和烟草产品 (b_t)	-0.0024	-0.0004	-0.0064	0.0001	-0.0023	0.0002	0.0044	0.0067	0.0565
乳制品 (Mil)	0.0013	-0.0001	-0.0809	0.0004	0.0030	0.0007	0.0097	0.0658	-0.0038
大米 (Pcr)	-0.0124	-0.0006	0.0101	0.0066	-0.0128	-0.0010	0.0223	-0.0122	-0.0784
菜油和脂肪 (Vol)	-0.0102	0.0000	-0.0490	0.0038	0.0098	0.0067	0.0307	0.0082	-0.0934
其他食品 (Ofd)	-0.0108	-0.0014	-0.0107	0.0028	0.0005	0.0065	0.0100	0.0031	0.0156
肉制品 (Mnt)	-0.0277	0.0000	-0.1074	0.0150	0.0067	0.0009	0.0748	0.0379	0.0357

资料来源：笔者采用 GTAP 8.0 模拟求解计算而得。

表 4-14　美国征收碳关税情景下主要经济体农产品出口占世界农产品市场份额的变化情况

单位：%

农产品类别	美国（US）	日本（JPN）	欧盟（EU）	中国（CHN）	东盟（ASE）	非洲（AFR）	金砖国家（BRICS）	其他地区（XOW）	占世界出口比例
水稻（Pdr）	-0.2046	0.0002	-0.0044	0.0809	0.0253	0.0044	0.0216	0.0767	-0.1805
小麦（Wht）	-0.1524	0.0000	0.0271	0.0166	0.0000	0.0002	0.0556	0.0527	-0.1086
其他谷物（Gro）	-0.0288	0.0000	0.0048	0.0099	0.0000	0.0013	0.0138	-0.0010	-0.0375
蔬菜水果和干果（v_f）	-0.0262	0.0000	0.0119	0.0079	0.0017	0.0027	0.0005	0.0015	-0.0815
油籽（Osd）	-0.0801	0.0000	-0.0008	0.0070	0.0007	0.0023	0.0441	0.0268	-0.0643
甘蔗和甜菜（c_b）	-0.0020	0.0000	-0.0025	0.0008	0.0020	0.0181	-0.0213	0.0048	-0.0617
植物纤维（Pfb）	-0.1100	0.0001	0.0026	0.0005	0.0005	0.0176	0.0522	0.0752	-0.0752
其他作物（Ocr）	-0.0329	-0.0003	-0.0117	0.0112	0.0175	0.0180	-0.0400	0.0383	-0.0809
畜产品（Anl）	-0.0331	0.0001	0.0123	0.0145	0.0030	0.0016	0.0025	-0.0009	-0.0778
原奶（Rmk）	-0.0009	0.0000	-0.0073	0.0000	0.0000	-0.0011	0.0138	-0.0046	-0.0854
羊毛和蚕茧（Wol）	-0.0175	0.0000	-0.0415	0.0611	0.0002	0.0005	0.0231	-0.0259	-0.1398
林业（Frs）	-0.0408	-0.0001	0.0013	0.0026	0.0035	-0.0034	0.0184	0.0186	-0.0813

续表

农产品类别	美国 (US)	日本 (JPN)	欧盟 (EU)	中国 (CHN)	东盟 (ASE)	非洲 (AFR)	金砖国家 (BRICS)	其他地区 (XOW)	占世界 出口比例
渔业（Fsh）	-0.0137	-0.0011	0.0143	0.0063	-0.0035	0.0020	0.0027	-0.0071	-0.0809
食糖（Sgr）	-0.0111	-0.0001	-0.0112	0.0007	-0.0051	0.0009	0.0232	0.0028	-0.0633
饮料和烟草产品（b_t）	-0.0119	-0.0002	-0.0008	0.0007	-0.0009	0.0001	0.0021	0.0110	-0.0359
乳制品（Mil）	-0.0481	-0.0001	0.0128	0.0021	0.0019	0.0001	-0.0021	0.0335	-0.0640
大米（Pcr）	-0.0458	-0.0002	-0.0008	0.0076	0.0250	-0.0002	0.0065	0.0079	-0.0771
菜油脂肪（Vol）	-0.0507	-0.0001	-0.0009	0.0049	0.0094	0.0011	0.0248	0.0115	-0.0868
其他食品（Ofd）	-0.0385	-0.0003	0.0037	0.0073	0.0016	0.0016	0.0034	0.0213	-0.0521
肉制品（Mnt）	-0.1316	0.0001	-0.0027	0.0200	0.0052	0.0003	0.0469	0.0619	-0.0660

资料来源：笔者采用 GTAP 8.0 模拟求解计算而得。

其中，美国所有农产品的出口份额都呈下降趋势。日本大部分农产品出口份额都将下降或维持稳定，仅4类农产品的出口份额略有提高：水稻、植物纤维、畜产品、肉制品。欧盟有9类农产品出口份额有所提高，包括小麦、其他谷物、蔬菜水果和干果、植物纤维、畜产品、林业、渔业、乳制品、其他食品，其他农产品出口均呈下降趋势。中国所有农产品的出口份额均呈现小幅增加趋势。东盟地区农产品出口份额多呈增加趋势，仅有渔业、食糖、饮料和烟草产品3类产品的出口份额有所降低。非洲地区除原奶、林业、大米以外的农产品出口份额都将有所提高。金砖国家也只有3类农产品出口份额下降，它们是甘蔗和甜菜、其他作物、乳制品。世界其他地区出口份额降低的农产品类别有5个，包括其他谷物、畜产品、原奶、羊毛和蚕茧、渔业产品。

在JP_20情景下（见表4-15），各国农产品出口到世界市场的总额都将下降，但下降幅度低于US_20情景，源于日本的进出口总量低于美国，受日本征收碳关税的影响较小。总体来看，日本所有农产品出口份额均将下降，其次下降较多的有世界其他地区、欧盟、美国和中国等。

其中，世界其他地区除其他作物、林业、食糖、饮料和烟草产品、其他食品、肉制品6类农产品的出口有所提高以外，其他农产品出口份额均呈下降趋势或保持稳定。欧盟除蔬菜水果和干果、植物纤维、林业、渔业、饮料和烟草产品、乳制品、菜油和脂肪、其他食品、肉制品9类农产品的出口份额将有所提高以外，其余农产品出口份额均呈下降趋势。美国大部分农产品出口呈下降趋势，仅有6类农产品的出口份额提高，它们是：其他谷物、油籽、甘蔗和甜菜、植物纤维、其他作物、林业产品。中国多数农产品出口份额保持稳定或略有提高，也有8类农产品出口份额呈小幅下降趋势：其他谷物、蔬菜水果和干果、油籽、植物纤维、渔业、饮料和烟草产品、菜油和脂肪、其他食品。东盟地区农产品出口基本稳定并略有提高，仅有4类农产品出口份额下降，分别为渔业、食糖、饮料和烟草产品、乳制品。非洲地区除水稻、小麦、原奶、大米小幅下降以外，大多数农产品出口份额都将保持稳定或略有增加。同样，金砖国家各类农产品出口份额的变动幅度也较小，份额下降的仅有油籽、其他作物、林业、肉制品。

表4-15　　日本征收碳关税情景下主要经济体农产品出口占世界农产品市场份额的变化情况

单位:%

农产品类别	美国（US）	日本（JPN）	欧盟（EU）	中国（CHN）	东盟（ASE）	非洲（AFR）	金砖国家（BRICS）	其他地区（XOW）	占世界出口比例
水稻（Pdr）	-0.0176	-0.0002	-0.0084	0.0205	0.0024	-0.0005	0.0087	-0.0049	-0.0096
小麦（Wht）	-0.0071	-0.0005	-0.0033	0.0042	0.0000	-0.0001	0.0067	0.0000	-0.0129
其他谷物（Gro）	0.0088	0.0000	-0.0014	-0.0057	0.0000	0.0001	0.0014	-0.0032	-0.0096
蔬菜水果和干果（v_f）	-0.0013	-0.0004	0.0010	-0.0008	0.0007	0.0002	0.0004	0.0000	-0.0196
油籽（Osd）	0.0267	-0.0001	-0.0017	-0.0033	0.0002	0.0023	-0.0006	-0.0235	-0.0244
甘蔗和甜菜（c_b）	0.0004	-0.0001	-0.0036	0.0004	0.0007	0.0025	0.0022	-0.0025	-0.0113
植物纤维（Pfb）	0.0152	-0.0002	0.0003	-0.0007	0.0014	0.0022	0.0001	-0.0183	-0.0235
其他作物（Ocr）	0.0023	-0.0019	-0.0048	0.0012	0.0077	0.0048	-0.0172	0.0080	-0.0327
畜产品（Anl）	-0.0017	-0.0007	-0.0013	0.0047	0.0007	0.0000	0.0001	-0.0019	-0.0159
原奶（Rmk）	0.0000	0.0000	-0.0024	0.0000	0.0000	-0.0006	0.0155	-0.0125	-0.0124
羊毛和蚕茧（Wol）	-0.0003	-0.0001	-0.0168	0.0227	0.0001	0.0001	0.0059	-0.0117	-0.0880
林业（Frs）	0.0221	-0.0003	0.0115	0.0000	0.0063	0.0037	-0.0530	0.0097	-0.0671

续表

农产品类别	美国(US)	日本(JPN)	欧盟(EU)	中国(CHN)	东盟(ASE)	非洲(AFR)	金砖国家(BRICS)	其他地区(XOW)	占世界出口比例
渔业(Fsh)	-0.0006	-0.0041	0.0150	-0.0049	-0.0044	0.0019	0.0020	-0.0049	-0.0564
食糖(Sgr)	-0.0012	-0.0002	-0.0024	0.0000	-0.0030	0.0005	0.0049	0.0015	-0.0135
饮料和烟草产品(b_t)	-0.0013	-0.0008	0.0016	-0.0007	-0.0010	0.0001	0.0004	0.0017	-0.0114
乳制品(Mil)	-0.0015	-0.0003	0.0023	0.0012	-0.0017	0.0000	0.0010	-0.0010	-0.0155
大米(Pcr)	-0.0027	-0.0011	-0.0017	0.0038	0.0028	-0.0002	0.0019	-0.0028	-0.0133
菜油和脂肪(Vol)	-0.0068	-0.0013	0.0005	-0.0018	0.0089	0.0000	0.0019	-0.0015	-0.0267
其他食品(Ofd)	-0.0037	-0.0031	0.0083	-0.0124	0.0023	0.0015	0.0002	0.0070	-0.0301
肉制品(Mnt)	-0.0202	-0.0004	0.0057	0.0086	0.0006	0.0000	-0.0057	0.0115	-0.0228

资料来源：笔者采用 GTAP 8.0 模拟求解计算而得。

当欧盟、美国和日本同时征收碳关税时（见表4－16），各国出口到世界市场的农产品总额基本上呈现下降趋势（仅饮料和烟草产品除外）。在三个碳关税征收方中，只有欧盟在世界市场的份额下降较少，美国和日本几乎所有农产品的出口份额都将下降，其中美国的降幅远高于日本。而世界其他地区除水稻、小麦、其他作物、林业、饮料和烟草产品、乳制品、菜油和脂肪、其他食品、肉制品以外，其他农产品出口份额均下降。金砖国家大部分农产品出口份额有所提高，出口份额下降的有：水稻、小麦、蔬菜水果和干果、油籽、甘蔗和甜菜、其他作物、林业产品。非洲地区仅有3类农产品出口份额下降，即小麦、原奶、大米，其他农产品出口份额均有所提高。东盟地区大多数农产品出口份额将有所提高，仅其他谷物、渔业、食糖、饮料和烟草产品4类农产品出口份额下降。中国农产品的出口份额基本上呈上升趋势，仅油籽和其他食品除外。

总之，在发达国家碳关税政策的作用之下，我国大部分农产品在世界出口市场上的份额反而有所增加。主要原因在于相对于采掘业、重工业等高碳部门，农产品生产过程的碳排放强度相对较低，碳关税对我国高碳部门的产出形成负面影响，生产要素挤入农业部门，导致农产品产出和出口额都有所增加。

碳关税实际上对我国的产业结构形成了一定的影响。在碳关税的作用下，采掘业、重工业等碳排放强度高的部门受碳关税冲击较大，产出出现下降，从这些部门释放出来的生产要素进入农业部门及轻工业部门等碳排放强度相对较低的产业，导致这些部门的产出反而有所增加，这反映出碳关税对我国不同部门影响的复杂性，从一个长期均衡的角度来看，碳关税并不是对我国所有部门的产出都不利，在一个局部均衡下，农业部门在碳关税的冲击下是受损的，但在一般均衡环境下显然不是这样，在高碳部门受损的同时，农业部门的产出实际上是有所增长的。

表4-16　欧、美、日同时征收碳关税情景下主要经济体农产品出口占世界农产品市场份额的变化情况

单位：%

农产品类别	美国（US）	日本（JPN）	欧盟（EU）	中国（CHN）	东盟（ASE）	非洲（AFR）	金砖国家（BRICS）	其他地区（XOW）	占世界出口比例
水稻（Pdr）	-0.2357	-0.0001	0.1322	0.1448	0.1552	0.0126	-0.3387	0.1297	-0.4124
小麦（Wht）	-0.1867	-0.0004	0.1932	0.0312	0.0001	-0.0009	-0.0663	0.0299	-0.3122
其他谷物（Gro）	-0.0346	0.0000	0.0580	0.0076	-0.0003	0.0028	0.0003	-0.0339	-0.1133
蔬菜水果和干果（v_f）	-0.0403	-0.0006	0.0753	0.0073	0.0001	0.0184	-0.0082	-0.0520	-0.1295
油籽（Osd）	-0.0377	0.0000	0.0581	-0.0034	0.0021	0.0056	-0.0093	-0.0154	-0.2644
甘蔗和甜菜（c_b）	-0.0014	-0.0001	0.1500	0.0012	0.0023	0.0164	-0.0991	-0.0693	-0.1170
植物纤维（Pfb）	-0.0773	-0.0001	0.0094	0.0001	0.0039	0.0447	0.1169	-0.0976	-0.2316
其他作物（Ocr）	-0.0227	-0.0023	0.0221	0.0217	0.0531	0.0978	-0.2553	0.0858	-0.2564
畜产品（Anl）	-0.0389	-0.0009	0.0091	0.0285	0.0051	0.0027	0.0059	-0.0116	-0.1123
原奶（Rmk）	-0.0009	0.0000	-0.0325	0.0000	0.0001	-0.0047	0.1740	-0.1360	-0.1411
羊毛和蚕茧（Wol）	-0.0108	0.0001	-0.0401	0.0034	0.0013	0.0031	0.0942	-0.0512	-0.4902
林业（Frs）	-0.0068	-0.0005	0.0679	0.0033	0.0118	0.0131	-0.1230	0.0343	-0.2956

续表

农产品类别	美国 (US)	日本 (JPN)	欧盟 (EU)	中国 (CHN)	东盟 (ASE)	非洲 (AFR)	金砖国家 (BRICS)	其他地区 (XOW)	占世界出口比例
渔业 (Fsh)	-0.0356	-0.0088	0.1883	0.0003	-0.0188	0.0120	0.0066	-0.1440	-0.1892
食糖 (Sgr)	-0.0193	-0.0005	-0.0388	0.0010	-0.0200	0.0007	0.0897	-0.0129	-0.1066
饮料和烟草产品 (b_t)	-0.0155	-0.0013	-0.0057	0.0000	-0.0042	0.0004	0.0069	0.0193	0.0092
乳制品 (Mil)	-0.0483	-0.0006	-0.0659	0.0037	0.0032	0.0008	0.0086	0.0984	-0.0833
大米 (Pcr)	-0.0609	-0.0019	0.0075	0.0180	0.0150	-0.0014	0.0307	-0.0071	-0.1688
菜油和脂肪 (Vol)	-0.0678	-0.0014	-0.0495	0.0069	0.0282	0.0078	0.0574	0.0182	-0.2069
其他食品 (Ofd)	-0.0530	-0.0049	0.0013	-0.0023	0.0043	0.0095	0.0136	0.0313	-0.0666
肉制品 (Mnt)	-0.1796	-0.0004	-0.1045	0.0436	0.0124	0.0012	0.1160	0.1112	-0.0531

资料来源：笔者采用 GTAP 8.0 模拟求解计算而得。

第六节 研究结论

本书基于 GTAP 8.0 数据库及其全球多区域 CGE 模型，模拟分析了发达国家征收碳关税对宏观经济和环境的影响，重点分析了碳关税对我国农产品产出、出口及产业结构变动的影响，主要结论如下：

（1）碳关税将改变世界贸易的利益格局，征税国受益，中国等发展中国家受损。首先，征收碳关税后，征税的发达国家净出口增加，而中国等发展中国家的净出口普遍减少。其次，征收碳关税将有利于改善征税国的贸易条件，而使中国等发展中国家的贸易条件恶化。这表明，征税国将成为世界贸易格局变化的受益者，而以中国为首的发展中国家将是受损者。

（2）碳关税将使中国农产品产量和出口额呈小幅增加趋势而进口额呈下降趋势。模拟结果显示：在 All_20 情景下，中国农产品的产量和出口额分别增加 0.045% 和 0.132%，而进口额下降 0.665%。这是由于开征碳关税以后，中国的生产要素向碳排放强度相对较低的农业部门集聚，产生了产业替代效应，导致农产品产量和出口份额有所增加，同时碳关税提高了世界农产品价格，在一定程度上抑制了中国对农产品的进口需求。

（3）碳关税对中国出口农产品的市场结构产生影响，中国农产品在碳关税征收国的市场份额下降，转而更多地流向非征税国家和地区。这表明，欧、美、日开征碳关税以后，将对中国流向国际市场的出口农产品带来结构性的变化，在征税国市场份额减少的同时，在东盟、非洲、金砖国家和世界其他地区的市场份额将会增加。

第五章　消费者问卷调查
与情境实验

第一节　问卷与实验设计

一　调查问卷设计

本书的调查问卷共涉及五大模块，分别为"基本信息"、"消费偏好"、"环境意识"、"消费者认知"、"宣传教育"（如表 5 - 1 所示）。

具体来说，"基本信息"模块问题旨在了解消费者的个体特征，主要询问受访者的基本信息，包括年龄、性别、学历、收入、月消费额等；"消费偏好"模块问题旨在了解消费者对碳标签与低碳产品相关刺激的心理倾向性，主要询问受访者碳标签标注的低碳信息在消费者购买决策要素中的位次、对碳标签产品或者说低碳产品的支持度等；"环境意识"模块问题旨在了解消费者对基本环境术语和相关环境信息的理解，对社会系统与自然系统各自特征和相互影响的知识，以及采取环境友好行为的技能，主要询问受访者对节能家电补贴的理解程度、对全球变暖危害的正误判断能力等；"消费者认知"模块问题旨在了解消费者对外部碳标签与低碳产品相关信息刺激的接收与解释，主要询问受访者对低碳生活方式的理解程度、对高碳与低碳产品区别的理解程度等；"宣传教育"模块问题旨在了解社会环境因素对消费者决策的潜在影响，主要询问受访者对当前碳标签宣传教育效用的评分、参与碳标签宣传教育活动的意愿水平等。

表 5 - 1	问卷调查部分问题示例
问卷模块	代表性问题
基本信息	您的年龄段在：_____ A. 19 岁及以下；B. 20—29 岁；C. 30—39 岁；D. 40—49 岁；E. 50 岁及以上
消费偏好	在购买农产品的时候，您认为下列几方面特性中重要程度的顺序如何排位？（最重要的排在最前面，比如 C—E—B—A—D）。A. 绿色产品；B. 低碳产品；C. 产品价格；D. 产品包装；E. 产品品牌/生产厂商。您的排序为：_____
环境意识	您对目前政府实行的节能家电产品补贴了解多少？_____ A. 完全没听说过；B. 偶尔听说；C. 基本了解；D. 比较了解；E. 非常了解
消费者认知	下列关于食品碳标签（碳足迹）的说法哪些是正确的？_____ A. 将产品生产过程（而非全过程）的温室气体排放量在产品标签上用量化的指数标示出来；B. 食品碳标签就是通过一个简明的标识告知消费者商品所含碳足迹或二氧化碳减排量；C. 食品碳标签是向消费者传递商品碳足迹信息的标识；D. 食品碳标签通常包括每单位商品温室气体排放量、企业减排承诺、同类企业碳排放信息和减碳使用指南四部分；E. 食品碳标签是以每公斤商品二氧化碳的排放量来表示全部温室气体的排放
宣传教育	您是否愿意参与单位或社区组织的低碳宣传教育活动？_____ A. 非常不愿意；B. 比较不愿意；C. 随意；D. 比较愿意；E. 非常愿意

资料来源：笔者根据相关资料设计所得。

二 情境实验设计

为避免问卷调查对于行为意向与实际行为的混淆，本书采取情境实验的方式，模拟实际购买情境，以实验的形式观察消费者行为。实验参与者在完整填写调查问卷后随即进入情境实验环节，并且其可以实际获取所选购的全部产品；实验工作人员负责记录参与者的决策结果，匹配调查问卷与实验观察结果，并和参与者就决策心理过程进行访谈。

具体来说，实验形式如下：

（1）本实验按照国际碳标签模版，分别设计三枚碳标签——低碳标签（绿色）、中碳标签（黄色）和高碳标签（红色）。分别假定：贴绿色标签的产品为低碳产品，每千克该产品的碳排量为 0.2 克；贴黄色标签的产品为中碳产品，每千克该产品的碳排量为 0.4 克；贴红色标签的产品为高碳产品，每千克该产品的碳排量为 0.6 克。低碳产品标价最高，高碳产品标价最低，中碳产品标价介于两者之间。

（2）情境实验现场，发放给每位实验参与者 20 元人民币，用于选购实验团队提供的农产品（如牛奶、香蕉、鸡蛋以及方便面等）。

（3）限定每位实验参与者只能在既定的商品类别里选择（即若在一组实验中提供的产品有牛奶、香蕉与鸡蛋，实验参与者只能三选一）。同时，限定每位实验参与者至多选择四包产品（即在进行高碳、低碳和中碳产品组合决策的时候，所获得的产品数量不能超过四包）。余额部分，由价值不同的礼品补齐。

（4）选购完成后，实验参与者将所选产品交由现场工作人员核对，回答访谈问题并核定结算清单后，便可获赠选购的全部产品。

（5）情境实验与问卷调查数据采取配对样本采集，即每位受访者的问卷调查信息与情境实验信息一一对应。

情境实验环节主要获取三个变量数据来表征消费者行为，即低碳产品消费额占总体消费额的比例；消费者为购买低碳产品多支付的金额比例；所选购全部产品的总体碳排量。而购买决策后的访谈环节主要围绕参与者决策的心理过程与自我解释展开。

第二节　数据采集

本书在深圳、武汉、大庆、襄阳、许昌和谷城共计 6 个城市随机抽样进行问卷调查与情境实验。上述城市的选择充分考虑了经济区位与地理区位特征，以确保样本的代表性。经济区位方面，中国根据政治地位、经济实力、城市规模和区域辐射力将全部城市划分为一线城市、二线城市、三线城市和四线城市，因此，本书的样本覆盖一线城市至四线城市四个等级。例如，深圳为中国一线城市；武汉为中国二线城市；大庆为中国三线城市，谷城为中国四线城市。地理区位方面，根据城市所处的地理位置，可将中国全部城市划分为北部城市、中部城市和南部城市，因此，本书的样本覆盖北部到南部的三类城市。例如，深圳位于中国南部地区；武汉位于中国中部地区；大庆位于中国北部地区。

本书共计发放调查问卷950份，实际回收问卷876份，问卷回收率为92.21%。返回问卷的876位受访者参与情境实验，其中873位受访者的问卷和实验结果有效，有效率为99.66%。具体样本分布、发放与回收情况，如表5-2所示。

表5-2　　　　　　　　　调查问卷发放及回收情况

地域	发放问卷	回收问卷	问卷回收率（%）	有效问卷	有效回收率（%）
深圳	180	169	93.89	169	100.00
武汉	130	115	88.46	114	99.13
大庆	160	144	90.00	142	98.61
襄阳	160	147	91.88	147	100.00
许昌	160	154	96.25	154	100.00
谷城	160	147	91.88	147	100.00
合计（求和/均值）	950	876	92.21	873	99.66

资料来源：笔者根据样本数据整理所得。

问卷调查与情境实验现场如图5-1至图5-4所示。

图5-1　湖北省武汉市居民区调查现场

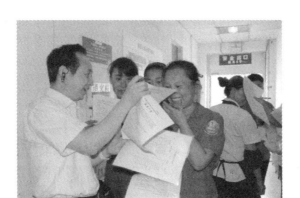

图5-2 黑龙江省大庆市超市调查现场

图5-3 深圳市超市调查现场

图5-4 湖北省襄阳市居民区调查现场

第三节 数据合理性

一 数据结构合理性

为研究本节量表的合理性，本节进行探索性因子分析。探索性因子分析（Exploratory Factor Analysis，EFA）就是用来找出多元观测变量本质结构，进而处理降维的技术。通常被用于确定影响显变量的因子个数，以及因子和显变量间的相关程度。

本节进行探索性因子分析的样本数据来源于对中国湖北省武汉市超市与居民区消费者的问卷调查与行为情境实验。本节在武汉地区共发放问卷130份，回收问卷115份，回收率为88.46%。返回问卷的115位受访者参与情境实验，其中114位受访者的问卷和实验结果有效，有效率为99.13%。

本节采用SPSS 20.0软件进行探索性因子分析。对武汉地区样本数据的探索性因子分析结果显示，显变量"已有产品环境标签辨识度"在分析结果中自成一个公因子，可视为干扰变量，故删除之。然后再次对样本数据进行探索性因子分析。分析过程采用主成分方法提取公因子以及正交旋转法旋转因子载荷矩阵，选择 KMO 检验和巴特利特球形检验来判断变量是否适合进行因子分析（如表 5－3 所示）。

表 5－3　　　　　　　　KMO 检验和巴特利特球形检验

检验指标		检验结果
Kaiser－Meyer－Olkin Measure of Sampling Adequacy.		0.891
Bartlett's Test of Sphericity	Approx. Chi－Square	1.516
	df	105
	Sig.	0.000

资料来源：笔者根据 SPSS 运算结果整理所得。

KMO 检验值为 0.891，依据 Kaiser 给出的标准，本书的前测样本数据非常适合于因子分析；巴特利特球形检验给出的相伴概率为

0.000，小于显著性水平 0.05，因此拒绝巴特利特球形检验的零假设，认为本书的前测样本数据适合于因子分析。正交旋转后的因子载荷如表 5 - 4 所示。

表 5 - 4　　　　　　　　　　正交旋转后的因子载荷矩阵

变量	公因子 1	公因子 2	公因子 3	公因子 4	公因子 5
选购全部产品的碳排量	0.849				
为低碳产品多支付的比例	0.836				
采购低碳产品的金额比例	0.819				
购买低碳产品的意愿		0.822			
对低碳产品价格的偏好		0.806			
低碳在消费者购买决策要素中的位次		0.721			
对低碳环保政策措施的关注度			0.943		
对高碳生活方式危害的意识度			0.893		
日常生活中采用低碳行为的意识度			0.891		
对低碳生活方式的认知度				0.794	
对低碳和高碳产品区别的认知度				0.730	
对碳标签的认知度				0.700	
主动宣传碳标签的意愿					0.767
对当前碳标签宣传教育效用的评价					0.664
参与碳标签宣传教育活动的意愿					0.653

资料来源：笔者根据 SPSS 运算结果整理所得。

全部 15 个显变量共计提取出 5 个公因子：公因子 1 所含的 3 个显变量均反映情境实验中观察到的消费者实际购买行为，因此本书将公因子 1 命名为"消费者行为"；公因子 2 所含的 3 个显变量均反映消费者对碳标签的态度，因此本书将公因子 2 命名为"消费者偏好"；公因子 3 所含的 3 个显变量均反映消费者与环境相关的知识和技能，因此本书将公因子 3 命名为"环境意识"；公因子 4 所含的 3 个显变量均反映消费者对碳标签和低碳产品的认知，因此本书将公因子 4 命名为"消费者认知"；公因子 5 所含的 3 个显变量均反映消费者对碳标签宣传教育的态度与评价，因此本书将公因子 5 命名为"宣传教育"。

二 数据分布合理性

本书分别从地域、性别、年龄、学历、月收入以及月农产品消费额度，共计6个维度识别受访对象的基本特征（如表5-5所示）。地域维度，样本调研所涉及的6个城市总分布大体均衡，频率分布在13%（武汉）—20%（深圳）。性别维度，女性样本频率（58.10%）高于男性样本频率（41.90%），与中国农产品采购以女性为主的传统一致。年龄维度，样本以逐渐成为农产品消费主力军的中青年为主，年龄为20—49岁的样本累计频率达到81.30%。学历维度，样本主要分布在高职高专（24.90%）与本科（33.10%），基本符合目前中国学历结构特征，即青年人学历以本科为主，中年人学历以高职高专为主。收入维度，月收入在5000元人民币以下的样本累计频率达到86.40%，与当前中国城镇居民人均可支配收入的统计数据大体相符。农产品消费额维度，月农产品消费额在1000—1999元人民币的消费群体频率为34.70%，这一分布符合对中国农产品消费现状的相关统计描述。总之，本书样本在不同消费者类型中的分布，可以表征目前中国农产品消费者的不同特性，具有较好的代表性。

表5-5　　　　　　样本在不同消费者类型中的分布情况

受访者特性		频数	频率
地域	深圳	169	19.36%
	武汉	114	13.06%
	大庆	142	16.27%
	襄阳	147	16.84%
	许昌	154	17.64%
	谷城	147	16.84%
性别	男性	366	41.90%
	女性	507	58.10%
年龄	19岁及以下	30	3.44%
	20—29岁	344	39.06%
	30—39岁	198	22.70%
	40—49岁	173	19.80%
	50岁及以上	131	15.00%

续表

受访者特性		频数	频率
学历	初中及以下	122	14.00%
	技校/中专/职高/高中	217	24.90%
	专科	146	16.70%
	本科	289	33.10%
	硕士及以上	99	11.30%
月收入	999 元及以下	167	19.10%
	1000—2999 元	399	45.70%
	3000—4999 元	189	21.60%
	5000—6999 元	73	8.40%
	7000 元及以上	45	5.20%
月农产品消费额	499 元及以下	49	5.60%
	500—999 元	388	44.40%
	1000—1999 元	303	34.70%
	2000—2999 元	79	9.00%
	3000 元及以上	54	6.20%

资料来源：笔者根据样本数据整理所得。

同时，本书运用 SPSS 20.0 软件对问卷调查与情境实验采集的样本数据进行描述统计，包括各个显变量的最大值、最小值、均值、标准差和偏度等，结果如表 5 - 6 所示。873 份有效问卷均为填写完整的问卷，在各个显变量上均未出现缺失值；调查对象在李克特五点量表的各个层次均有涉及，数据具有较好的代表性；多数指标的偏度接近 0，表明潜变量数据基本服从正态分布。

表 5 - 6 样本数据描述统计

指标变量	最大值	最小值	均值		标准差	偏度	
	统计量	统计量	统计量	标准误	统计量	统计量	标准误
低碳在消费者购买决策要素中的位次	1	5	2.74	0.040	1.195	0.099	0.083
购买低碳产品的意愿	1	5	2.98	0.027	0.807	- 0.050	0.083

续表

指标变量	最大值	最小值	均值		标准差	偏度	
	统计量	统计量	统计量	标准误	统计量	统计量	标准误
对低碳产品价格的偏好	1	5	1.83	0.029	0.850	0.897	0.083
对高碳生活方式危害的意识度	1	5	2.68	0.037	1.085	0.150	0.083
日常生活中采用低碳行为的意识度	1	5	2.68	0.040	1.188	0.221	0.083
对低碳环保政策措施的关注度	1	5	2.74	0.029	0.869	0.234	0.083
对碳标签的认知度	1	5	2.12	0.031	0.905	0.685	0.083
对低碳和高碳产品区别的认知度	1	5	2.45	0.028	0.837	0.357	0.083
对低碳生活方式的认知度	1	5	2.38	0.031	0.922	0.622	0.083
对当前碳标签宣传教育效用的评价	1	5	3.73	0.029	0.853	-0.646	0.083
参与碳标签宣传教育活动的意愿	1	5	3.57	0.029	0.847	-0.369	0.083
主动宣传碳标签的意愿	1	5	3.70	0.028	0.815	-0.651	0.083
采购低碳产品的金额比例	1	5	1.92	0.027	0.800	0.988	0.083
为低碳产品多支付的比例	1	5	1.98	0.027	0.798	0.579	0.083
选购全部产品的碳排量	1	5	1.92	0.027	0.802	0.997	0.083

资料来源：笔者根据 SPSS 运算结果整理所得。

第六章 低碳农产品的市场认可接纳度分析：基于消费者视角

第一节 消费者对低碳产品支付意愿的差异分析

本书运用 SPSS 统计分析软件，采取单因素方差分析（one - way ANOVA）中的 Dunnett's T3 检验方法对不同类型（不同地区、不同年龄段、不同学历层次、不同收入水平、不同消费水平、不同性别）消费者的低碳产品支付意愿的差异分别统计检验，以比较各样本组之间差异的显著性。然后，采用 Logistic 回归模型对影响购买贴有碳标签农产品意愿的人口变量进行回归分析。

一 不同地区消费者支付意愿的比较分析

首先对其进行方差齐性检验（如表6 - 1所示），结果表明样本不具有齐性方差，因此我们采用了 Dunnett's T3 检验方法对样本进行分析。分析表明：

表6 - 1　　　　　　　　不同地区的方差齐性检验

Levene 统计量	df1	df2	显著性
15. 269	5	867	0. 000

资料来源：笔者根据 SPSS 统计软件分析所得。

（1）不同地区消费者对低碳产品的支付意愿存在差异，其中谷城、襄阳与大庆、许昌、武汉、深圳之间具有显著差异。这可能因为谷城和襄阳经济水平比其他城市低，受到经济水平限制，这两个地区的消费者对贴有碳标签农产品的支付意愿并不强烈。

（2）各城市消费者对低碳标产品支付意愿的均值由高到低排名如下：武汉、大庆、许昌、深圳、襄阳、谷城。其中武汉、大庆、许昌、深圳差异较小，为支付意愿较强组；襄阳和谷城差异较小，为购买意愿较弱组。均值最低的是谷城，均值最高的是武汉，它们之间相差约0.85，武汉比谷城高出58.75%。武汉居首位可能是武汉作为"两型"（全国资源节约型和环境友好型）试验区城市，消费者的低碳意识比较高（见表6-2和表6-3）。

表6-2 　　　　　　　　　　不同地区的样本描述

地区	N	均值	标准差	标准误
大庆	142	2.15493	0.727336	0.061037
许昌	154	2.05844	0.596690	0.048083
武汉	114	2.28947	1.019489	0.095484
谷城	147	1.44218	0.498343	0.041103
襄阳	147	1.62585	0.684575	0.056463
深圳	169	2.02959	0.889262	0.068405
总数	873	1.92211	0.800447	0.027091

资料来源：笔者根据 SPSS 统计软件分析所得。

表6-3 　　　　　　　　　　不同地区的 Dunnett's T3 检验

(I)	(J)	均值差（I-J）	标准误	显著性
	许昌	0.096488	0.077701	0.972
	武汉	-0.134544	0.113325	0.981
大庆	谷城	0.712753 *	0.073586	0.000
	襄阳	0.529079 *	0.083148	0.000
	深圳	0.125344	0.091677	0.939

（I）	（J）	均值差（I - J）	标准误	显著性
许昌	大庆	- 0.096488	0.077701	0.972
	武汉	- 0.231032	0.106907	0.381
	谷城	0.616265 *	0.063256	0.000
	襄阳	0.432591 *	0.074162	0.000
	深圳	0.028856	0.083613	1.000
武汉	大庆	0.134544	0.113325	0.981
	许昌	0.231032	0.106907	0.381
	谷城	0.847297 *	0.103955	0.000
	襄阳	0.663623 *	0.110929	0.000
	深圳	0.259888	0.117458	0.342
谷城	大庆	- 0.712753 *	0.073586	0.000
	许昌	- 0.616265 *	0.063256	0.000
	武汉	- 0.847297 *	0.103955	0.000
	襄阳	- 0.183673	0.069839	0.126
	深圳	- 0.587409 *	0.079804	0.000
襄阳	大庆	- 0.529079 *	0.083148	0.000
	许昌	- 0.432591 *	0.074162	0.000
	武汉	- 0.663623 *	0.110929	0.000
	谷城	0.183673	0.069839	0.126
	深圳	- 0.403735 *	0.088698	0.000
深圳	大庆	- 0.125344	0.091677	0.939
	许昌	- 0.028856	0.083613	1.000
	武汉	- 0.259888	0.117458	0.342
	谷城	0.587409 *	0.079804	0.000
	襄阳	0.403735 *	0.088698	0.000

注：* 表示均值差的显著性水平为 0.05。

资料来源：笔者根据 SPSS 统计软件分析所得。

二　不同年龄段消费者支付意愿的比较分析

首先，对数据进行了方差齐性检验（见表 6 - 4），结果表明样本不具有齐性方差。因此我们采用 Dunnett's T3 检验对样本进行分析。

结果显示：各年龄段消费者对低碳产品支付意愿的均值由高到低排名如下：40—49 岁、20—29 岁、30—39 岁、50 岁及以上、19 岁及以下，均值最高（40—49 岁）比均值最低（19 岁及以下）高出 23.16%，其中 50 岁以上的消费者与 20—29 岁、30—39 岁、40—49 岁的消费者对低碳产品的支付意愿有显著差异，与 19 岁及以下消费者没有显著差异。这可能是因为 19 岁及以下的消费者经济能力不足，对价格相对较高的低碳农产品比较敏感；而 50 岁及以上的消费者对低碳农产品这种较"新鲜"产品存有戒备心理，缺乏一定的认知，所以较为保守（见表 6 - 5 和表 6 - 6）。

表 6 - 4　　　　　　　　　不同年龄段的方差齐性检验

Levene 统计量	df1	df2	显著性
5.578	4	868	0.000

资料来源：笔者根据 SPSS 统计软件分析所得。

表 6 - 5　　　　　　　　　不同年龄段的样本描述

年龄段	N	均值	标准差	标准误
19 岁及以下	30	1.63333	0.614948	0.112274
20—29 岁	341	1.97361	0.712829	0.038602
30—39 岁	198	1.95960	0.933518	0.066342
40—49 岁	173	2.01156	0.855818	0.065067
50 岁及以上	131	1.67939	0.704569	0.061559
总数	873	1.92211	0.800447	0.027091

资料来源：笔者根据 SPSS 统计软件分析所得。

表 6 - 6　　　　　　　　　不同年龄段的 Dunnett's T3 检验

(I)	(J)	均值差 (I - J)	标准误	显著性
19 岁及以下	20—29 岁	- 0.340274	0.118724	0.064
	30—39 岁	- 0.326263	0.130410	0.141
	40—49 岁	- 0.378227	0.129765	0.051
	50 岁及以上	- 0.046056	0.128042	1.000

续表

（I）	（J）	均值差（I－J）	标准误	显著性
20—29 岁	19 岁及以下	0. 340274	0. 118724	0. 064
	30—39 岁	0. 014011	0. 076755	1. 000
	40—49 岁	－ 0. 037954	0. 075656	1. 000
	50 岁及以上	0. 294218 *	0. 072661	0. 001
30—39 岁	19 岁及以下	0. 326263	0. 130410	0. 141
	20—29 岁	－ 0. 014011	0. 076755	1. 000
	40—49 岁	－ 0. 051965	0. 092924	1. 000
	50 岁及以上	0. 280207 *	0. 090503	0. 021
40—49 岁	19 岁及以下	0. 378227	0. 129765	0. 051
	20—29 岁	0. 037954	0. 075656	1. 000
	30—39 岁	0. 051965	0. 092924	1. 000
	50 岁及以上	0. 332171 *	0. 089572	0. 002
50 岁及以上	19 岁及以下	0. 046056	0. 128042	1. 000
	20—29 岁	－ 0. 294218 *	0. 072661	0. 001
	30—39 岁	－ 0. 280207 *	0. 090503	0. 021
	40—49 岁	－ 0. 332171 *	0. 089572	0. 002

注： * 表示均值差的显著性水平为 0.05。

资料来源：笔者根据 SPSS 统计软件分析所得。

三 不同学历消费者支付意愿的比较分析

首先对数据进行方差齐性检验（见表 6 - 7），结果表明样本不具有齐性方差。因此，我们采用 Dunnett's T3 检验对样本进行分析。结果显示：各学历层次消费者对低碳产品支付意愿的均值由高到低排名如下：硕士及以上、本科、专科、中专/职高/高中、初中及以下，均值最高（硕士及以上）比均值最低（初中及以下）高出 72.01%，说明不同学历消费者对低碳产品的支付意愿具有显著差异，且呈现出学历层次越高、支付意愿越强烈的趋势。原因可能是不同学历的消费者所具备的学识修养不同，学历层次较低的消费者可能对贴有碳标签农产品的价值缺乏一定的认知，且其自身经济条件相对较差，不足以承担这类农产品的消费；学历层次较高的消费者具有较好的知识储备，对贴有碳标签的农产品较为了解，且其拥有较强的经济能力，因此有较大的动力去消费这类农产品（见表6-8和表6-9）。

表6-7 不同学历层次的方差齐性检验

Levene 统计量	df1	df2	显著性
15.779	4	868	0.000

资料来源：笔者根据 SPSS 统计软件分析所得。

表6-8 不同学历层次的样本描述

学历层次	N	均值	标准差	标准误
初中及以下	122	1.57377	0.588007	0.053236
中专/职高/高中	217	1.71889	0.659168	0.044747
专科	146	1.82192	0.691674	0.057243
本科	289	2.00346	0.761478	0.044793
硕士及以上	99	2.70707	1.002573	0.100762
总数	873	1.92211	0.800447	0.027091

资料来源：笔者根据 SPSS 统计软件分析所得。

表6-9 不同学历层次的 Dunnett's T3 检验

（I）	（J）	均值差（I-J）	标准误	显著性
初中及以下	中专/职高/高中	-0.145124	0.069544	0.318
	专科	-0.248147 *	0.078172	0.017
	本科	-0.429690 *	0.069573	0.000
	硕士及以上	-1.133300 *	0.113961	0.000
中专/职高/高中	初中及以下	0.145124	0.069544	0.318
	专科	-0.103024	0.072658	0.816
	本科	-0.284566 *	0.063314	0.000
	硕士及以上	-0.988177 *	0.110251	0.000
专科	初中及以下	0.248147 *	0.078172	0.017
	中专/职高/高中	0.103024	0.072658	0.816
	本科	-0.181542	0.072686	0.122
	硕士及以上	-0.885153 *	0.115887	0.000

续表

（I）	（J）	均值差（I－J）	标准误	显著性
本科	初中及以下	0.429690 *	0.069573	0.000
	中专/职高/高中	0.284566 *	0.063314	0.000
	专科	0.181542	0.072686	0.122
	硕士及以上	－0.703610 *	0.110270	0.000
硕士及以上	初中及以下	1.133300 *	0.113961	0.000
	中专/职高/高中	0.988177 *	0.110251	0.000
	专科	0.885153 *	0.115887	0.000
	本科	0.703610 *	0.110270	0.000

注：＊表示均值差的显著性水平为0.05。

资料来源：笔者根据 SPSS 统计软件分析所得。

四　不同收入水平消费者支付意愿的比较分析

首先，对数据进行方差齐性检验（见表6－10），结果表明样本不具有齐性方差。因此，我们采用 Dunnett's T3 检验对样本进行分析。结果显示：

表6－10　　　　　　　不同收入水平的方差齐性检验

Levene 统计量	df1	df2	显著性
15.337	4	868	0.000

资料来源：笔者根据 SPSS 统计软件分析所得。

（1）各收入水平的消费者对低碳产品支付意愿的均值由低到高排名如下：999 元及以下、1000—2999 元、3000—4999 元、5000—6999 元、7000 元及以上，均值最高（7000 元及以上）比均值最低（999 元及以下）高出57.10%。

（2）999 元及以下和1000—2999 元的消费者对低碳产品的支付意愿上差异较小，为支付意愿较弱组，3000—4999 元、5000—6999 元、7000 元及以上的消费者支付意愿相差较小，为支付意愿较强组，两组之间存在显著差异，且呈现出随着收入水平的提高，支付意愿增强。从结果可以看出，以收入水平为研究视角，消费者在贴有碳标签的低碳产品的支付意愿上呈两极分化，2999元及以下和3000元及以上，前者代表着收入较低的消费群体，他们经济能力有限，对产品价格比较敏感，因此不愿为贴有碳标签的农产品埋单。后者代表着收入较高的消费群体，他们具有较好的经济基础，能够承担起价格相对较高的贴有碳标签的农产品（见表6－11和表6－12）。

表6－11 不同收入水平的样本描述

收入	N	均值	标准差	标准误
999元及以下	167	1.71157	0.549938	0.042555
1000—2999元	399	1.71178	0.664715	0.033277
3000—4999元	189	2.20106	0.845387	0.061493
5000—6999元	73	2.35616	0.948242	0.110983
7000元及以上	45	2.68889	1.104170	0.164600
总数	873	1.92211	0.800447	0.027091

资料来源：笔者根据SPSS统计软件分析所得。

表6－12 不同收入水平的Dunnett's T3检验

（I）	（J）	均值差（I－J）	标准误	显著性
999元及以下	1000—2999元	－0.000205	0.054022	1.000
	3000—4999元	－0.489483 *	0.074782	0.000
	5000—6999元	－0.644590 *	0.118862	0.000
	7000元及以上	－0.977314 *	0.170012	0.000
1000—2999元	999元及以下	0.000795	0.054022	1.000
	3000—4999元	－0.489279 *	0.069920	0.000
	5000—6999元	－0.644385 *	0.115865	0.000
	7000元及以上	－0.977109 *	0.167930	0.000
3000—4999元	999元及以下	0.489483 *	0.074782	0.000
	1000—2999元	0.489279 *	0.069920	0.000
	5000—6999元	－0.155106	0.126881	0.915
	7000元及以上	－0.487831	0.175711	0.070
5000—6999元	999元及以下	0.644590 *	0.118862	0.000
	1000—2999元	0.644385 *	0.115865	0.000
	3000—4999元	0.155106	0.126881	0.915
	7000元及以上	－0.332725	0.198521	0.628

续表

（I）	（J）	均值差（I－J）	标准误	显著性
7000 元及以上	999 元及以下	0.977314 *	0.170012	0.000
	1000—2999 元	0.977109 *	0.167930	0.000
	3000—4999 元	0.487831	0.175711	0.070
	5000—6999 元	0.332725	0.198521	0.628

注：＊表示均值差的显著性水平为 0.05。

资料来源：笔者根据 SPSS 统计软件分析所得。

五　不同月农产品消费水平消费者支付意愿的比较分析

首先，我们对数据进行方差齐性检验（见表 6－13），结果表明样本不具有齐性方差。因此，我们采用 Dunnett's T3 检验对样本进行分析。结果显示：不同家庭月农产品消费额消费者对低碳产品支付意愿的均值由低到高排名如下：499 元及以下、500—999 元、1000—1999 元、2000—2999 元、3000 元及以上，均值最高（3000 元及以上）比均值最低（499 元及以下）高出 55.72%，其中家庭月农产品消费额在 499 元及以下、500—999 元的消费者与 1000—1999 元、2000—2999 元、3000 元及以上的消费者对低碳产品的支付意愿具有显著差异。且随着月农产品消费额的增加，其支付意愿增强。从分析结果可以看出，三种不同的家庭月农产品消费额的消费者在贴有碳标签农产品的购买意愿上存在显著差异，月农产品消费额在 999 元及以下的消费者为低消费群体，每月用于农产品消费支出较少，所以对于价格较高的贴有碳标签的低碳产品支付就较少。月农产品消费额在 1000—2999 元的消费者为中间消费群体，每月用于农产品消费较适中，因此对贴有碳标签的低碳产品的支付意愿较为强烈。月农产品消费额在 3000 元及以上的消费者为高消费群体，每月在农产品消费上需要支出较多的费用，因此对贴有碳标签的低碳产品具有很强烈的支付意愿（见表 6－14 和表 6－15）。

表 6－13　　　　　　　　不同月消费额的方差齐性检验

Levene 统计量	df1	df2	显著性
8.519	4	868	0.000

资料来源：笔者根据 SPSS 统计软件分析所得。

表 6-14　　　　　不同月消费额的样本描述

家庭月农产品消费额	N	均值	标准差	标准误
499 元及以下	49	1.65306	0.596902	0.085272
500—999 元	388	1.77320	0.626795	0.031821
1000—1999 元	303	1.95710	0.858233	0.049304
2000—2999 元	79	2.24051	1.002755	0.112819
3000 元及以上	54	2.57407	0.923526	0.125676
总数	873	1.92211	0.800447	0.027091

资料来源：笔者根据 SPSS 统计软件分析所得。

表 6-15　　　　不同月消费额的 Dunnett's T3 检验

（I）	（J）	均值差（I-J）	标准误	显著性
499 元及以下	500—999 元	-0.120135	0.091016	0.868
	1000—1999 元	-0.304034*	0.098500	0.027
	2000—2999 元	-0.587445*	0.141419	0.001
	3000 元及以上	-0.921013*	0.151874	0.000
500—999 元	499 元及以下	0.120135	0.091016	0.868
	1000—1999 元	-0.183900*	0.058681	0.018
	2000—2999 元	-0.467310*	0.117220	0.001
	3000 元及以上	-0.800878*	0.129642	0.000
1000—1999 元	499 元及以下	0.304034*	0.098500	0.027
	500—999 元	0.183900*	0.058681	0.018
	2000—2999 元	-0.283411	0.123122	0.206
	3000 元及以上	-0.616978*	0.135001	0.000
2000—2999 元	499 元及以下	0.587445*	0.141419	0.001
	500—999 元	0.467310*	0.117220	0.001
	1000—1999 元	0.283411	0.123122	0.206
	3000 元及以上	-0.333568	0.168886	0.398
3000 元及以上	499 元及以下	0.921013*	0.151874	0.000
	500—999 元	0.800878*	0.129642	0.000
	1000—1999 元	0.616978*	0.135001	0.000
	2000—2999 元	0.333568	0.168886	0.398

注：*表示均值差的显著性水平为 0.05。

资料来源：笔者根据 SPSS 统计软件分析所得。

六　不同性别消费者支付意愿的比较分析

我们对该变量进行了独立样本检验，结果表明：男性均值为2.00546，女性均值为1.86193，二者相差7.71%，男性购买低碳产品的意愿高于女性，且具有显著差异。这可能是因为男性的责任意识明显比女性的责任意识强，男性同志更易于接受新生事物，并尝试消费（见表6－16和表6－17）。

表6－16　　　　　　　　　　不同性别组的统计量

	性别	N	均值	标准差	均值的标准误
选择贴有碳标签产品的花费比例	男	366	2.00546	0.866403	0.045288
	女	507	1.86193	0.744327	0.033057

资料来源：笔者根据 SPSS 统计软件分析所得。

表6－17　　　　　　　　　　不同性别组的独立样本检验

		方差方程的 Levene 检验		均值方程的 t 检验						
		F	Sig.	t	df	Sig.（双侧）	均值差值	标准误差值	差分的95%置信区间	
									下限	上限
选择贴有碳标签产品的花费比例	假设方差相等	0.385	0.535	2.623	871	0.009	0.143532	0.054719	0.036136	0.250927
	假设方差不相等			20.560	711.799	0.011	0.143532	0.056069	0.033451	0.253612

资料来源：笔者根据 SPSS 统计软件分析所得。

七　支付意愿的影响因素与回归分析

为了研究贴有碳标签农产品支付意愿的人口影响因素，进一步明确其影响程度和显著性，本书以支付意愿的强弱为因变量（支付意愿较强为1，支付意愿较弱为0），以人口变量为自变量，因变量（支付意愿）为二分变量，因此，我们采用 Haricmanm（1984）提出的 Logistic 回归模型，其基本形式为：

$$Pr = 1 / \{1 + e^{-(\beta_0 + \beta_1 x)}\}$$

其中：$Z = \beta_0 + \beta_1 \times （地区）+ \beta_2 \times （年龄段）+ \beta_3 \times （性别）+ \beta_4 \times$

（学历层次）$+\beta_5 \times$（月收入）$+\beta_6 \times$（月家庭农产品消费额）

其中，β_0 为常数项；β_1，…，β_6 为所求的回归系数；Z 为因变量，代表支付意愿。

根据模型计算结果，从回归系数和显著性水平可以看出："学历层次"和"月收入"对消费者低碳产品支付意愿强弱有重要影响。"学历层次"在 10% 水平上显著，系数为正，说明在其他条件不变的情形下，学历层次越高，越愿意支付购买低碳产品。"月收入"在 5% 水平上显著，系数为正，说明在其他条件不变的情形下，月收入越高，支付意愿越强烈。从回归系数和显著性来看，"月收入"对支付意愿的影响最大（见表 6 - 18）。

表 6 - 18　　　　　　　　　回归模型估计结果

	回归系数	标准误差	Wals	自由度	显著性水平
地区	-0.070	0.043	2.657	1	0.103
年龄段	-0.080	0.065	1.525	1	0.217
性别	0.119	0.148	0.644	1	0.422
学历层次	0.114	0.063	3.311	1	0.069 *
月收入	0.293	0.120	5.950	1	0.015 **
月家庭农产品消费额	0.126	0.130	0.940	1	0.332
常量	-0.675	0.451	2.236	1	0.135

注：** 和 * 分别表示在 5% 、10% 水平上差异显著。

资料来源：笔者根据 SPSS 统计软件分析所得。

八　支付意愿差异分析结论

通过上述分析研究，我们得到以下结论：

（1）不同类型的消费者对低碳产品的支付意愿具有显著差异。其中，学历层次、月收入水平、月家庭农产品消费额等人口变量在支付意愿上表现为正向变动，即随着学历层次、月收入水平、月家庭农产品消费额的提高，消费者的低碳产品支付意愿将随之增强。

（2）学历层次和月收入水平等人口变量对消费者低碳产品的支付意愿具有显著影响。其中，学历层次和月收入正向影响支付意愿，即在其他条件不变的情形下，学历层次越高，月收入越高，消费者对低碳产品的支付意愿越强烈。

第二节　消费者对政府低碳产品补贴期望的差异分析

本书运用 SPSS 20.0 统计分析软件，采取单因素方差分析（One-way ANOVA）、Bonferroni 检验、Dunnett's T3 检验，对全国 6 个城市的 873 名不同类型（不同地区、不同年龄段、不同学历层次、不同收入水平、不同性别）消费者"对政府低碳产品补贴的期望"等维度的差异进行了定量分析，以期揭示我国消费者对政府低碳产品补贴期望差异的内在规律。

一　不同收入水平消费者补贴期望的比较分析

我们对不同收入水平消费者"对政府低碳产品补贴的期望"进行了单因素方差分析，结果表明：

第一，高收入与低收入水平的消费者差异很大，高收入者与中等收入消费者差异不大，中等收入消费者与低收入消费者差距很大。为了便于分析，我们把月收入 7000 元及以上的消费者称为高收入者，月收入 3000—6999 元的消费者称为中等收入水平消费者，月收入 2999 元及以下的消费者称为低收入水平消费者。表 6-19 的检验结果显示：月收入 7000 元及以上的高收入者（3.00）与月收入 2999 元以下的低收入者（3.68 和 3.55）之间"对政府低碳产品补贴的期望"差距很大，最大相差比为 22.7%；高收入者（3.00）与中等收入消费者（3.24 和 3.26）差异不大，最大相差比仅为 8%；中等收入者对政府低碳产品补贴的期望（3.24 和 3.26）与低收入者对政府低碳产品补贴比例的期望（3.68 和 3.55）相差也很大，最大相差比为 13.5%。

国家统计局数据显示，2012 年我国城镇居民家庭人均可支配收入为 2047 元/月，可见大部分人还处于低收入水平。因此，我国要推行低碳产品消费尚待时日，由于我国居民收入水平差距较大，实施高收入群体带动低碳消费并对低收入群体消费者实施低碳补贴政策应该成为大势所趋。

第二，同一收入水平的消费者"对政府低碳产品补贴的期望"差异不明显。从表6-19可以看出，中等收入者中收入为5000—6999元的群体与3000—4999元的群体之间对政府低碳产品补贴的期望差距很小，相差比仅仅为0.62%；低收入者中收入为1000—2999元的群体与999元以下的群体之间对政府低碳产品补贴的期望差距也很小，相差比为3.6%，没有显著差异。这说明，对处于中等收入水平和低收入水平范围内的居民而言，补贴如果不达到一定的力度，并不能够大幅度提高他们购买低碳产品的意愿，如何使补贴突破收入水平的"瓶颈"，是一个值得研究的问题。

第三，不同收入水平的消费者"对政府低碳产品补贴的期望"存在显著差异。为了验证不同收入水平的消费者对政府低碳产品补贴期望的差异是否具有显著性，我们首先进行方差齐性检验，因为若方差不齐性则不能采用方差齐性的方法来检验。表6-19显示，方差齐性检验中，显著性大于0.05，这说明方差是齐性的，我们可以采用方差齐性的方法来检验。表6-19还显示，显著性0.000<0.05，表明不同收入水平的消费者差异是显著的。

表6-19 不同收入水平的消费者对政府低碳产品补贴期望的检验结果及排序

收入水平	N	均值	方差齐性检验显著性	方差分析显著性（组间）
999元及以下	167	3.68		
1000—2999元	399	3.55		
5000—6999元	73	3.26	0.065	0.000
3000—4999元	189	3.24		
7000元及以上	45	3.00		

资料来源：笔者根据问卷调查的样本数据统计分析所得。

为了弄清不同收入水平的消费者对政府补贴期望差别的具体情

况。我们进一步采用齐性方差检验中的 Bonferroni 检验，表 6 - 20 显示：月收入在 999 元及以下、1000—2999 元的消费者同月收入在 3000—4999 元、7000 元及以上的消费者存在显著差异，其他收入段的消费者有一定的差异，但未达到显著水平。

第四，消费者对政府低碳产品补贴的期望与其收入水平呈负相关关系。

月收入 7000 元及以上的消费者"对政府低碳产品补贴的期望"最小（3.00），月收入 999 元及以下的消费者最大（3.68）。政府对低碳产品进行补贴实际上相当于抵消了生产者生产低碳产品所支付的额外成本，对于低收入水平的消费者而言，收入水平越低，越希望政府部门给予更多的补贴。对于高收入者而言，其生活压力较小，所以对政府低碳产品补贴的期望也较低。对于中等收入者而言，其经济能力居于两者之间，所以对政府低碳产品补贴的期望也居中。

表 6 - 20　　　　不同收入水平的消费者对政府低碳

产品补贴期望的多重比较分析

因变量：对政府低碳产品补贴的期望 Bonferroni						
（I）月收入	（J）月收入	均值差（I－J）	标准误差	显著性	95% 置信区间	
					下限	上限
999 元及以下	1000—2999 元	0.128	0.095	1.000	－ 0.14	0.40
	3000—4999 元	0.433 *	0.110	0.001	0.12	0.74
	5000—6999 元	0.416 *	0.145	0.041	0.01	0.82
	7000 元及以上	0.677 *	0.173	0.001	0.19	1.16
1000—2999 元	999 元及以下	－ 0.128	0.095	1.000	－ 0.40	0.14
	3000—4999 元	0.305 *	0.091	0.008	0.05	0.56
	5000—6999 元	0.289	0.131	0.283	－ 0.08	0.66
	7000 元及以上	0.549 *	0.162	0.008	0.09	1.01
3000—4999 元	999 元及以下	－ 0.433 *	0.110	0.001	－ 0.74	－ 0.12
	1000—2999 元	－ 0.305 *	0.091	0.008	－ 0.56	－ 0.05
	5000—6999 元	－ 0.017	0.142	1.000	－ 0.42	0.38
	7000 元及以上	0.243	0.171	1.000	－ 0.24	0.73

续表

因变量：对政府低碳产品补贴的期望 Bonferroni						
(I) 月收入	(J) 月收入	均值差 (I－J)	标准误差	显著性	95% 置信区间	
					下限	上限
5000—6999 元	999 元及以下	－0.416*	0.145	0.041	－0.82	－0.01
	1000—2999 元	－0.289	0.131	0.283	－0.66	0.08
	3000—4999 元	0.017	0.142	1.000	－0.38	0.42
	7000 元及以上	0.260	0.196	1.000	－0.29	0.81
7000 元及以上	999 元及以下	－0.677*	0.173	0.001	－1.16	－0.19
	1000—2999 元	－0.549*	0.162	0.008	－1.01	－0.09
	3000—4999 元	－0.243	0.171	1.000	－0.73	0.24
	5000—6999 元	－0.260	0.196	1.000	－0.81	0.29

注：* 表示均值差的显著性水平为 0.05。

资料来源：笔者根据问卷调查的样本数据统计分析所得。

二 不同学历消费者补贴期望的比较分析

对不同学历层次消费者"对政府低碳产品补贴的期望"，我们也进行了单因素方差分析，结果显示：

第一，硕士及以上学历最低，中专/职高/高中学历的消费者最高。消费者的学历与"对政府低碳产品补贴的期望"之间呈负相关关系。由表 6-21 可以看出，硕士及以上学历的消费者（2.88）与中专/职高/高中学历消费者（3.54）"对政府低碳产品补贴的期望"最大相差比为 22.9%；同时，学历与"对政府低碳产品补贴的期望"之间大致呈负相关关系。政府对低碳产品进行补贴实际上相当于降低了低碳产品的价格，对于高学历的消费者而言，学历越高，一般收入水平也越高，生活压力也越小，所以对政府低碳产品补贴的期望就越低。对于低学历消费者而言则恰恰相反，希望得到政府更多的补贴。

第二，不同学历的消费者"对政府低碳产品补贴的期望"存在显著差异。为了检验不同学历的消费者对政府低碳产品补贴期望的差异是否具有显著性，我们首先进行了方差齐性检验。表 6-21 的检验结果显示：显著性大于 0.05，方差是齐性的，所以可以采用方差齐性的方法来检验。表6－21的结果还显示：不同学历的消费者"对政府低碳产品补贴的期望"的差异是显著的（$P < 0.05$）。

由此，为了进一步发现差异之所在，我们同样运用 Bonferroni 法进行了检验（结果见表6－22）。我们发现：硕士及以上与其他学历的消费者都存在显著差异。其他学历的消费者"对政府低碳产品补贴的期望"有一定差异，但是差异并不显著。

表6－21　　　　**不同学历的消费者对政府低碳产品**
补贴期望的检验结果及排序

学历	N	均值	方差齐性检验显著性	方差分析显著性（组间）
中专/职高/高中	217	3.54		
本科	289	3.53		
专科	146	3.52	0.065	0.000
初中及以下	122	3.50		
硕士及以上	99	2.88		

资料来源：笔者根据问卷调查的样本数据统计分析所得。

表6－22　　　　**不同学历的消费者对政府低碳产品**
补贴期望的多重比较分析

		因变量：对政府低碳产品补贴的期望 Bonferroni				
（I）学历	（J）学历	均值差（I－J）	标准误差	显著性	95% 置信区间	
					下限	上限
初中及以下	中专/职高/高中	-0.044	0.116	1.000	-0.37	0.28
	专科	-0.021	0.126	1.000	-0.38	0.33
	本科	-0.033	0.111	1.000	-0.35	0.28
	硕士及以上	0.621 *	0.139	0.000	0.23	1.01
中专/职高/高中	初中及以下	0.044	0.116	1.000	-0.28	0.37
	专科	0.023	0.110	1.000	-0.29	0.33
	本科	0.011	0.092	1.000	-0.25	0.27
	硕士及以上	0.665 *	0.125	0.000	0.31	1.02

续表

因变量：对政府低碳产品补贴的期望 Bonferroni						
（I）学历	（J）学历	均值差（I−J）	标准误差	显著性	95% 置信区间	
					下限	上限
专科	初中及以下	0.021	0.126	1.000	−0.33	0.38
	中专/职高/高中	−0.023	0.110	1.000	−0.33	0.29
	本科	−0.012	0.104	1.000	−0.31	0.28
	硕士及以上	0.642*	0.134	0.000	0.26	1.02
本科	初中及以下	0.033	0.111	1.000	−0.28	0.35
	中专/职高/高中	−0.011	0.092	1.000	−0.27	0.25
	专科	0.012	0.104	1.000	−0.28	0.31
	硕士及以上	0.654*	0.120	0.000	0.32	0.99
硕士及以上	初中及以下	−0.621*	0.139	0.000	−1.01	−0.23
	中专/职高/高中	−0.665*	0.125	0.000	−1.02	−0.31
	专科	−0.642*	0.134	0.000	−1.02	−0.26
	本科	−0.654*	0.120	0.000	−0.99	−0.32

注：＊表示均值差的显著性水平为 0.05。

资料来源：笔者根据问卷调查的样本数据统计分析所得。

三 不同年龄段消费者补贴期望的比较分析

不同年龄段消费者"对政府低碳产品补贴的期望"的单因素方差分析显示：

第一，中年消费者对政府低碳产品补贴的期望最低，青年群体最高。表 6−23 显示，期望最低的中年消费者（3.28）与期望最高的青年消费者（3.60）相差比为 9.76%，这说明我国处于这两个年龄段的消费者对政府低碳产品补贴期望的差距大。其中，中年消费者对政府低碳产品补贴的期望最低。这是因为中年群体工作稳定，收入水平较高。就 30—39 岁和 40—49 岁相比较而言，他们的期望类似。青年消费者期望最高，主要原因是：此年龄段消费者刚刚开始走向社会，往往工资水平低、生活压力大。产品消费的收入弹性较大，对政府低碳产品补贴的期望也就相应会高一些。

第二，不同年龄段的消费者对政府低碳产品补贴的期望存在显著差异。为了检验不同年龄段消费者"对政府低碳产品补贴的期望"的差异是否显著，我们先进行了方差齐性检验，表 6 - 23 检验结果显示：显著性 0.243 > 0.05，这表明方差是齐性的，所以可以采用方差齐性的方法来检验。表 6 - 23 的结果还显示，不同年龄段的消费者"对政府低碳产品补贴的期望"的差异是显著的（P < 0.05）。

表 6 - 23 　　　　不同年龄段的消费者对政府低碳产品补贴
期望的检验结果及排序

地区	N	均值	方差齐性检验显著性	方差分析显著性（组间）
19 岁及以下	30	3.47		
20—29 岁	341	3.60		
30—39 岁	198	3.28	0.243	0.001
40—49 岁	173	3.28		
50 岁及以上	131	3.57		

资料来源：笔者根据问卷调查的样本数据统计分析所得。

为了进一步弄清差异之所在，我们运用齐性检验的 Bonferroni 法进行了检验（见表 6 - 24）。结果显示：青年消费者（20—29 岁）与中年消费者（30—49 岁）之间对政府低碳产品补贴期望的差异是显著的。其他年龄段的消费者"对政府低碳产品补贴的期望"有一定差异，但差异不显著。各年龄段群体对政府低碳产品补贴的期望按照年龄从低到高呈"Z"字形排列。

表 6 - 24 　　　　不同年龄段的消费者对政府低碳产品补贴
期望的多重比较分析

因变量：对政府低碳产品补贴的期望 Bonferroni						
（I）年龄	（J）年龄	均值差（I - J）	标准误差	显著性	95% 置信区间	
					下限	上限
19 岁及以下	20—29 岁	- 0.135	0.198	1.000	- 0.69	0.42
	30—39 岁	0.189	0.203	1.000	- 0.38	0.76
	40—49 岁	0.189	0.205	1.000	- 0.39	0.77
	50 岁及以上	- 0.106	0.210	1.000	- 0.70	0.49

(I) 年龄	(J) 年龄	均值差 (I－J)	标准误差	显著性	95% 置信区间	
					下限	上限
20—29 岁	19 岁及以下	0.135	0.198	1.000	－0.42	0.69
	30—39 岁	0.323 *	0.093	0.005	0.06	0.58
	40—49 岁	0.324 *	0.097	0.009	0.05	0.60
	50 岁及以上	0.029	0.107	1.000	－0.27	0.33
30—39 岁	19 岁及以下	－0.189	0.203	1.000	－0.76	0.38
	20—29 岁	－0.323 *	0.093	0.005	－0.58	－0.06
	40—49 岁	0.000	0.108	1.000	－0.30	0.30
	50 岁及以上	－0.295	0.117	0.119	－0.62	0.03
40—49 岁	19 岁及以下	－0.189	0.205	1.000	－0.77	0.39
	20—29 岁	－0.324 *	0.097	0.009	－0.60	－0.05
	30—39 岁	0.000	0.108	1.000	－0.30	0.30
	50 岁及以上	－0.295	0.120	0.143	－0.63	0.04
50 岁及以上	19 岁及以下	0.106	0.210	1.000	－0.49	0.70
	20—29 岁	－0.029	0.107	1.000	－0.33	0.27
	30—39 岁	0.295	0.117	0.119	－0.03	0.62
	40—49 岁	0.295	0.120	0.143	－0.04	0.63

因变量: 对政府低碳产品补贴的期望 Bonferroni

注: * 表示均值差的显著性水平为 0.05。

资料来源: 笔者根据问卷调查的样本数据统计分析所得。

四 不同地区消费者补贴期望的比较分析

依据实地调研的 6 个地区，我们对不同地区消费者"对政府低碳产品补贴的期望"也进行了单因素方差分析，结果显示：

第一，不同地区消费者"对政府低碳产品补贴的期望"高低的排序与经济发展水平和两型社会建设密切相关。由表 6－25 可知，不同地区消费者"对政府低碳产品补贴的期望"的均值由大到小分别为：襄阳（3.59）、许昌（3.53）、深圳（3.49）、大庆（3.41）、谷城（3.37）、武汉（3.30），均值的最低值（武汉）与均值的最高值（襄阳）的差别比为8.8%。由此可见，我国不同地区消费者"对政府低碳产品补贴的期望"差距不大。武汉是课题组调查样本中经济发展水平仅次于深圳的大城市，经济发展水平较高，居民收入较高，而消费水平低于深圳，生活压力小。因而，武汉是6个城市消费者对政府低碳产品补贴期望最低的城市。这可能是由于作为全国"两型"（资源节约型和环境友好型）社会建设试验区之一，武汉居民的低碳观念较强，居民购买低碳产品的意识也比较强。

表6-25　　不同地区的消费者对政府低碳产品补贴期望的检验结果及排序

地区	N	均值	方差齐性检验显著性	方差分析显著性（组间）
襄阳	147	3.59		
许昌	154	3.53		
深圳	169	3.49		
大庆	142	3.41	0.022	0.216
谷城	147	3.37		
武汉	114	3.30		

资料来源：笔者根据问卷调查的样本数据统计分析所得。

第二，不同地区的消费者"对政府低碳产品补贴的期望"存在一定差异，但没有达到显著水平。我们进行了方差齐性检验，表6-25结果显示，显著性小于0.05，所以方差是非齐性的。从"单因素方差分析"（One-Way ANOVA）的结果来看，显著性为0.216，由于0.216 > 0.05，所以我们得出：不同地区的消费者之间对政府低碳产品补贴的期望差异不显著。为了进一步验证这个结论，我们进行了多重比较分析，由于方差是非齐性的，我们只能采用常用的非齐性检验中的Dunnett's T3检验（见表6-26）。

表 6 – 26　　　　　　　不同地区的消费者对政府低碳产品
补贴期望的多重比较分析

(I) 地区	(J) 地区	均值差 (I – J)	标准误差	显著性	95% 置信区间 下限	上限
		因变量：对政府低碳产品补贴的期望 Dunnett's T3				
大庆	许昌	– 0.118	0.112	0.994	– 0.45	0.21
	武汉	0.110	0.136	1.000	– 0.29	0.51
	谷城	0.034	0.121	1.000	– 0.32	0.39
	襄阳	– 0.183	0.114	0.815	– 0.52	0.15
	深圳	– 0.077	0.121	1.000	– 0.43	0.28
许昌	大庆	0.118	0.112	0.994	– 0.21	0.45
	武汉	0.228	0.132	0.735	– 0.16	0.62
	谷城	0.152	0.117	0.959	– 0.19	0.50
	襄阳	– 0.066	0.109	1.000	– 0.39	0.26
	深圳	0.041	0.117	1.000	– 0.30	0.38
武汉	大庆	– 0.110	0.136	1.000	– 0.51	0.29
	许昌	– 0.228	0.132	0.735	– 0.62	0.16
	谷城	– 0.076	0.140	1.000	– 0.49	0.34
	襄阳	– 0.294	0.134	0.356	– 0.69	0.10
	深圳	– 0.187	0.140	0.950	– 0.60	0.23
谷城	大庆	– 0.034	0.121	1.000	– 0.39	0.32
	许昌	– 0.152	0.117	0.959	– 0.50	0.19
	武汉	0.076	0.140	1.000	– 0.34	0.49
	襄阳	– 0.218	0.119	0.644	– 0.57	0.13
	深圳	– 0.111	0.126	0.999	– 0.48	0.26
襄阳	大庆	0.183	0.114	0.815	– 0.15	0.52
	许昌	0.066	0.109	1.000	– 0.26	0.39
	武汉	0.294	0.134	0.356	– 0.10	0.69
	谷城	0.218	0.119	0.644	– 0.13	0.57
	深圳	0.107	0.118	0.999	– 0.24	0.46
深圳	大庆	0.077	0.121	1.000	– 0.28	0.43
	许昌	– 0.041	0.117	1.000	– 0.38	0.30
	武汉	0.187	0.140	0.950	– 0.23	0.60
	谷城	0.111	0.126	0.999	– 0.26	0.48
	襄阳	– 0.107	0.118	0.999	– 0.46	0.24

资料来源：笔者根据问卷调查的样本数据统计分析所得。

研究结果表明：6个地区间各自之间不存在显著差异，即差距较小。这与前面的分析结果是相一致的，所以证明这个结论是十分准确的。

五　不同性别消费者补贴期望的比较分析

对不同性别的消费者"对政府低碳产品补贴的期望"进行的单因素方差分析，研究表明：

第一，男性消费者"对政府低碳产品补贴的期望"略高于女性消费者。由于性别只有男、女两种，组的数量小于三个，无法对不同性别消费者"对政府低碳产品补贴的期望"进行方差齐性检验，但是我们可以通过描述性统计进行分析（见表6－27），结果显示：男性消费者对政府低碳产品补贴的期望（3.47）略高于女性（3.45），但二者之间的差异非常小，仅相差0.58%。

第二，不同性别的消费者对政府低碳产品补贴的期望差异不显著。从表6－27不难看出，单因素方差分析的结果中，显著性为0.765，由于0.765＞0.05，可以得出结论：对政府低碳产品补贴的期望受性别的影响不显著，即男性和女性消费者对政府低碳产品补贴期望的差异很小。

表6－27　　　　　**不同性别的消费者对政府低碳产品补贴期望的检验结果及排序**

性别	N	均值	方差分析显著性（组间）
男	366	3.47	
女	507	3.45	0.765
总数	873	3.45	

资料来源：笔者根据问卷调查的样本数据统计分析所得。

六　补贴期望差异分析结论

通过以上统计分析，我们得出如下结论：

（1）不同类型消费者"对政府低碳产品补贴的期望"存在较大差距。对政府低碳产品补贴的期望在不同人口统计变量的相差比从高到低分别为：学历（22.9%）、月收入（22.7%）、年龄（9.76%）、地区（8.8%）、性别（0.58%）。消费者"对政府低碳产品补贴的期望"在各人口统计变量上的差距特征表明，经济发达地区的高学历、高收入、中年（30—49岁）消费者对政府低碳产品补贴的期望较低。

（2）学历和收入与"对政府低碳产品补贴的期望"呈负相关关系，且二者"对政府低碳产品补贴的期望"影响最大。研究表明：消费者学历越高，其对政府低碳产品补贴的期望就越低。研究生及以上学历与其他学历之间具有显著差异。其他学历之间也存在差距，但没有达到显著水平。低碳购买行为在学历间的差距比最大（22.9%），这说明学历对政府低碳产品补贴的期望具有最明显的作用。与学历特征类似，收入越高的消费者对政府低碳产品补贴的期望也越低；且以人均月收入低于3000元和高于7000元为界，具有显著差异。不同收入的消费者对政府低碳产品补贴的期望差别比也较大（22.7%），仅次于学历。就目前我国居民的收入水平而言，全面实施推行低碳产品的条件尚不成熟。

（3）不同年龄段的消费者"对政府低碳产品补贴的期望"存在显著差异。研究表明：青年消费者（20—29岁）与中年消费者（30—49岁）之间"对政府低碳产品补贴的期望"存在显著差异。其他年龄段的消费者"对政府低碳产品补贴的期望"有一定差异，但是差异并不显著。各年龄消费群体对政府低碳产品补贴的期望按照年龄从低到高呈"Z"字形排列。青年消费者期望最高，青少年和老年消费者次之，中年消费者对政府低碳产品补贴的期望要求最低。

（4）地区和性别特征"对政府低碳产品补贴的期望"的差异不显著。研究表明：不同地区的消费者"对政府低碳产品补贴的期望"差异不显著。虽然也存在差距，但没有达到显著水平。大体而言，大城市消费者"对政府低碳产品补贴的期望"低于小城市。消费者"对政府低碳产品补贴的期望"在不同性别维度的差异也不显著。男性消费者和女性消费者之间也存在差异，但同样没有达到显著水平。且男性消费者"对政府低碳产品补贴的期望"略高于女性消费者。

第三节　消费者低碳产品潜在购买
行为的差异分析

本书运用 SPSS 20.0 软件和单因素方差分析的 SNK 检验（也称之为 "Student's t-检验"）方法，对不同地区、不同年龄段、不同学历层次、不同收入水平、不同性别的消费者 "环境意识"、"对接受低碳教育的评价"、"对低碳产品的认知"、"对低碳产品的偏好"、"低碳购买行为" 分别进行了独立样本 SNK 检验，以比较各样本组之间均值差异的显著性。

一　不同地区消费者低碳产品潜在购买行为的比较分析

依据实地调研的 6 个地区，我们首先对不同地区消费者的 "低碳购买行为" 以及影响低碳购买行为的 4 个维度分别进行了 SNK 检验（如表 6 – 28 所示），结果显示：

表 6 – 28　　　　　　　不同地区消费者的检验结果及排序

维度	大庆	许昌	武汉	谷城	襄阳	深圳	标准差	相对百分比
环境意识	A_5(2.62)	A_3(2.75)	A_2(2.80)	A_1(2.81)	A_4(2.70)	A_6(2.55)	0.081	10.18%
对接受低碳教育的评价	A_1(3.77)	A_4(3.67)	A_2(3.76)	A_5(3.67)	A_3(3.70)	B(3.48)	0.048	8.33%
对低碳产品的认知	B_1(2.39)	B_3(2.26)	A(2.60)	B_4(2.23)	C(2.15)	B_2(2.34)	0.175	20.93%
对低碳产品的偏好	A_2(2.68)	B_1(2.43)	A_1(2.68)	B_3(2.29)	B_2(2.40)	A_3(2.65)	0.177	17.03%
低碳购买行为	A_2(2.19)	B_1(2.11)	A_1(2.30)	D(1.45)	C(1.62)	B_2(2.04)	0.378	58.62%

注：表中 A、B、C、D 分别代表学生 t 检验对样本的分组；A 代表最优组，D 代表最差组；下标 1、2、3、4、5、6 代表组内排序，1 代表组内最优，6 代表组内最低；依次类推，下同。

资料来源：笔者根据问卷调查和情景实验的样本数据统计分析所得。

第一，消费者"低碳购买行为"的地区间差异较大，且与"对低碳产品的偏好"和"对低碳产品的认知"的变化趋势基本相一致。SNK 检验对"环境意识"、"对接受低碳教育的评价"、"对低碳产品的认知"、"对低碳产品的偏好"和"低碳购买行为"分别进行了检验分组。从表 6 - 28 可以看出，6 个地区的各项评价指标都存在明显的差异。各城市消费者的"低碳购买行为"均值从高到低排名如下：武汉、大庆、许昌、深圳、襄阳、谷城。武汉作为"低碳购买行为"均值最高的一组，比谷城高出 58.62%（A、B、C 分别代表各个分组，且各分组的显著性差异达到 0.05 的显著性水平），各地区间"低碳购买行为"的标准差为 0.378，可见我国各城市之间消费者的低碳产品购买行为差距很大。由于谷城在所选样本城市中处于四线城市，城市居民中的农民相对较多，这也从侧面反映了我国城市居民和农村居民"低碳购买行为"的差距。此外，各地区消费者"对低碳产品的认知"和"对低碳产品的偏好"也存在较大的差异："对低碳产品的认知"方面，均值的最高值（武汉）与最低值（襄阳）的差别达到 20.93%，各地区消费者"对低碳产品的认知"标准差为 0.175；"对低碳产品的偏好"，均值最高值（武汉）与最低值（谷城）的差别达到 17.03%，各地区消费者"对低碳产品的偏好"的标准差为 0.177。这可能是因为武汉作为"两型"（全国资源节约型和环境友好型）试验区城市，低碳认知和偏好均处于首位。

第二，作为经济发达城市，深圳消费者"对接受低碳教育的评价"列居后位，且"环境意识"最低。与"低碳购买行为"、"对低碳产品的认知"和"对低碳产品的偏好"不同的是，深圳作为综合经济水平发达的沿海城市，"对接受低碳教育的评价"均值排在末位，且显著不同于其他 5 个城市。这或许是因为深圳作为改革开放以来快速发展起来的移民城市，政府十分注重实体经济的发展，对低碳经济的相关宣传教育不够深入。有趣的是，深圳居民的"环境意识"列居后位，远远落后于谷城。谷城县作为所选样本城市中经济相对靠后的代表性地区，却具有最高的"环境意识"，这值得我们深刻反思。

二　不同年龄段消费者低碳产品潜在购买行为的比较分析

我们对不同年龄段消费者的"低碳购买行为"以及影响"低碳购买行为"的4个维度分别进行了SNK检验（如表6-29所示），结果显示：

表6-29　　　　　　　　不同年龄段消费者的检验结果及排序

维度	19岁及以下	20—29岁	30—39岁	40—49岁	50岁及以上	标准差	相对百分比
环境意识	A_3(2.66)	A_5(2.63)	A_1(2.81)	A_2(2.76)	A_4(2.65)	0.081	6.84%
对接受低碳教育的评价	B_3(3.51)	B_2(3.58)	A_2(3.73)	A_1(3.79)	B_1(3.67)	0.112	7.98%
对低碳产品的认知	C_1(2.18)	B(2.31)	A_2(2.40)	A_1(2.47)	C_2(2.04)	0.171	21.08%
对低碳产品的偏好	A_5(2.32)	A_3(2.52)	A_4(2.56)	A_1(2.63)	A_4(2.35)	0.134	13.36%
低碳购买行为	B_2(1.67)	A_3(1.98)	A_2(2.00)	A_1(2.02)	B_1(1.70)	0.173	20.96%

注：因四舍五入，数据略有误差。

资料来源：笔者根据问卷调查和情景实验的样本数据统计分析所得。

第一，消费者"低碳购买行为"年龄段组间的差距小于地区间差异。从表6-29可以看出，"低碳购买行为"均值最大群体（40—49岁）和最小群体（19岁及以下）相差20.96%，这说明我国居民的"低碳购买行为"在不同年龄间的差距不是很大。年龄在20—49岁群体和其他年龄群体之间具有显著性差异（显著性水平达到0.05），且该群体内"低碳购买行为"均值按照年龄从高到低排列，说明中青年群体消费者具有较强的低碳消费行为。就40—49岁消费群体而言，除了"低碳购买行为"外，"对低碳产品的偏好"、"对低碳产品的认知"、"对接受低碳教育的评价"都居前列，30—39岁消费群体次之。

第二，青少年消费群体"对低碳产品的偏好"、"对低碳产品的认知"和"对接受低碳教育的评价"水平整体偏低。令人担忧的是，我国青少年消费群体（29岁及以下）的消费者"对低碳产品的偏好"、"对低碳产品的认知"、"对接受低碳教育的评价"水平都不及中老年消费者，甚至"对接受低碳教育的评价"变量的均值不及50岁及以上的长辈，而他们接受相关政策教育的频率和程度远远比20世纪60年代出生的老年消费者要高得多，这充分说明我国"80后"的青年消费者不关心国家政策，浮躁的社会文化环境对我国青少年的影响深远，这是值得我国政府和有关部门深刻反思的社会问题。

第三，青年群体（20—29岁）的"环境意识"最低。就"环境意识"方面同样突出地显示了20—29岁的消费者在环境意识方面的危机，按正常年龄来算，此阶段的消费者正接受或已经接受完高等教育，具有较高的文化素质和社会理想，应具有较强的"环境意识"，青年群体"环境意识"最低是值得我们关注并引起政府有关部门重视和反思的问题。

三 不同学历消费者低碳产品潜在购买行为的比较分析

我们对不同学历层次消费者的"低碳购买行为"以及影响低碳购买行为的4个变量维度分别进行了SNK检验（如表6-30所示），结果显示：

表6-30 不同学历消费者的检验结果及排序

维度	初中及以下	中专/高中	专科	本科	硕士及以上	标准差	相对百分比
环境意识	$B(2.40)$	$A_4(2.67)$	$A_3(2.76)$	$A_2(2.76)$	$A_1(2.95)$	0.199	22.92%
对接受低碳教育的评价	$B_3(3.58)$	$B_2(3.61)$	$B_4(3.53)$	$B_1(3.71)$	$A(3.98)$	0.179	12.75%
对低碳产品的认知	$D(1.93)$	$C_1(2.24)$	$C_2(2.16)$	$B(2.40)$	$A(2.95)$	0.385	53.85%
对低碳产品的偏好	$C(2.20)$	$B_3(2.43)$	$B_2(2.47)$	$B_1(2.60)$	$A(2.95)$	0.275	34.09%
低碳购买行为	$D(1.59)$	$C_2(1.74)$	$C_1(1.85)$	$B(2.03)$	$A(2.71)$	0.436	70.44%

注：因四舍五入，数据略有误差。

资料来源：笔者根据问卷调查和情景实验的样本数据统计分析所得。

第一，不同学历层次间的消费者"低碳购买行为"差异最大。从

表6-30不难看出，硕士及以上学历的消费者比初中及以下消费者"低碳购买行为"均值高出70.44%，且标准差为0.436，为各个组别的最大值。同时，学历"对低碳购买行为"、"对低碳产品的偏好"、"对低碳产品的认知"、"环境意识"的影响呈正相关关系；而"对接受低碳教育的评价"的影响却不尽相同：初高中（含中专）学历消费者"对接受低碳教育的评价"均值比专科学历消费者的均值要高，但是差别并不显著。整体而言，学历"对低碳购买行为"和其他相关变量的影响趋于一致。

第二，不同学历层次消费者"对低碳产品的认知"差距也比较大，但"对接受低碳教育的评价"差距并不明显。从表6-30可以看出，硕士及以上学历消费者"对低碳产品的认知"均值比初中及以下学历的消费者高出53.85%，不同学历层次在"对低碳产品的认知"维度上的标准差为0.385，这说明我国高学历群体的消费者高度关注国家低碳相关政策，"对低碳产品的认知"水平较高。同样值得思考的是，消费者"对接受低碳教育的评价"这一变量，除了硕士及以上学历的消费者，其他学历层次消费者之间不存在明显差异，最高学历消费者和最低学历消费者的差距只有12.75%，不同学历层次消费者"对接受低碳教育的评价"间的标准差为0.179。这似乎说明我国目前的教育体系不是特别注重素质教育和国家相关政策方面的引导。这也反映出我国居民对低碳产品及政策的认知主要是通过居民主观意识搜捕，这种现象也在不同年龄段得到印证。

第三，不同学历层次消费者的5个变量间的差距较大。综观学历的各项指标差距，学历层次是同类指标不同人口特征变量各项指标差距中最大的，这充分说明教育对消费者的"低碳购买行为"及其他4个维度的影响程度比其他因素更大。同时，就"环境意识"而言，各人口特征变量之间差距最大的也是学历，其均值最高和最低之间相差22.92%，标准差为0.199，这也再次印证了上述分析结果。

四　不同收入消费者低碳产品潜在购买行为的比较分析

对不同收入水平消费者的"低碳购买行为"以及影响低碳购买行为的4个变量维度分别进行了SNK检验（如表6-31所示），结果表明：

第一，"低碳购买行为"与收入水平呈正相关关系（最低收入组除外）。从表6-31可知，收入对"低碳购买行为"的影响比较大，"低碳购买行为"均值的最高组比最低组高出53.76%，组间标准差为0.405。采用SPSS 20.0进行的SNK检验结果，把不同收入消费者的"低碳购买行为"按照0.05的显著水平分成了3组：月收入7000元及以上的消费者为一组，月收入3000—6999元的消费者为一组，月收入2999元及以下的为一组。

表6-31   不同收入消费者的检验结果及排序

维度	999元及以下	1000—2999元	3000—4999元	5000—6999元	7000元及以上	标准差	相对百分比
环境意识	A_5(2.68)	A_3(2.69)	A_4(2.69)	A_1(2.79)	A_2(2.70)	0.047	4.25%
对接受低碳教育的评价	A_5(3.60)	A_4(3.64)	A_2(3.74)	A_3(3.70)	A_1(3.79)	0.074	5.12%
对低碳产品的认知	B_2(2.09)	B_1(2.20)	A_2(2.57)	A_3(2.53)	A_1(2.73)	0.266	30.62%
对低碳产品的偏好	C_2(2.27)	C_1(2.42)	B_2(2.71)	B_1(2.79)	A(3.01)	0.294	32.59%
低碳购买行为	C_1(1.74)	C_2(1.73)	B_2(2.23)	B_1(2.37)	A(2.66)	0.405	53.76%

注：因四舍五入，数据略有误差。

资料来源：笔者根据问卷调查和情景实验的样本数据统计分析所得。

月收入7000元及以上消费者"低碳购买行为"均值最大，月收入2999元及以下的消费者"低碳购买行为"均值最小。由于我国人民生活水平的提高，加之通货膨胀等因素，各地的最低生活支出都在每月1000元以上，月收入出现在999元以下的样本大多是在读大学生，没有经济来源，每月生活费不足1000元尚属正常，因此统计分析出现了月收入最低的消费群体的"低碳购买行为"略比收入较高群体稍高的情况。

第二，不同收入水平的消费者"对低碳产品的偏好"和"对低碳产品的认知"差异也较大。"对低碳产品的偏好"和"对低碳产品的认知"均值的最高和最低之间相差分别为 32.59% 和 30.62%，上述指标不同收入组间标准差相对组内其他指标也比较大，分别为 0.294 和 0.266，且与收入呈同方向变化关系。SNK 检验结果的组间分类显示：以月收入 3000 元为界，消费群体的低碳选购行为、对低碳产品的偏好和低碳认知具有显著差异。这反映出消费者月平均收入达到 3000 元及以上时，才会有兴趣和偏好选购低碳产品，从而成为潜在的低碳产品消费者。我国城镇居民家庭人均可支配收入为 2047 元/月，因而要推行低碳产品消费尚待时日。同时，由于我国居民收入水平差距较大，实施高收入群体带动低碳消费并对低收入群体消费者实施低碳补贴政策应该成为大势所趋。

第三，不同收入水平的消费者"对接受低碳教育的评价"和"环境意识"差异不明显。从表 6-31 可以看出，上述两项指标均值高低点的相对差在 5% 左右，不同收入层次标准差也相对较小（分别为 0.074 和 0.047），且各组之间没有显著差异，各指标均值大小和收入之间并不严格呈现同方向变化关系。这说明，提高收入或者增加补贴措施对提高居民的低碳意识效果不明显，也不能引起消费者对低碳政策的主动关注和学习。

五　不同性别消费者低碳产品潜在购买行为的比较分析

对不同性别消费者的"低碳购买行为"以及影响"低碳购买行为"的 4 个变量维度分别进行了 SNK 检验（见表 6-32），结果显示：不同性别的消费者在"低碳购买行为"、"对低碳产品的偏好"、"对低碳产品的认知"、"对接受低碳教育的评价" 4 个方面具有显著性差异。男性消费者除"对接受低碳教育的评价"外的其他 4 项指标均优于女性消费者。这可能是因为男性的责任意识明显比女性的责任意识强，男性同志更易于接受新生事物，并尝试消费，使之对低碳偏好较女性消费者高。进而显示男性消费者的"低碳购买行为"均值高于女性。

表 6 - 32　　　　　　　不同性别消费者的独立样本 T 检验结果

项目	男性			女性			t	Sig. 2 - tailed
	Mean	Std. Deviation	Std. Error Mean	Mean	Std. Deviation	Std. Error Mean		
环境意识	2.721	0.976	0.051	2.683	0.954	0.042	0.576	0.565
对接受低碳教育的评价	3.612	0.696	0.036	3.709	0.656	0.029	- 2.089	0.037
对低碳产品的认知	2.401	0.788	0.041	2.256	0.71	0.032	2.843	0.005
对低碳产品的偏好	2.584	0.804	0.042	2.467	0.749	0.033	2.183	0.029
低碳购买行为	2.014	0.831	0.043	1.89	0.738	0.033	2.281	0.023

资料来源：笔者根据问卷调查和情景实验的样本数据统计分析所得。

六　政府政策感知对低碳购买行为的调节作用

作为理性的消费者，"低碳购买行为"除了受自身"环境意识"、"对接受低碳教育的评价"、"对低碳产品的认知"和"对低碳产品的偏好"等因素影响外，客观的情境因素对低碳产品的购买也具有一定的影响。由于目前我国低碳经济发展水平与少数发达国家有较大差距，政府尚缺乏发展低碳经济相关的政策措施。为了分析我国政府相关政策及其实施效率对"低碳购买行为"的影响，本书运用回归分析方法研究了政策变量对行为变量的调节作用。

1. 问卷对政策变量的设计

本书的调查问卷中设置了 3 个问题用于测度被访者对政府干预政策的感知和期望，它们是：（1）政府在低碳农产品购买氛围形成中的作用；（2）政府对低碳农产品补贴的比例；（3）在中国推行低碳农产品标识的障碍。前两个问题的答案取值均为"1"表示政府参与程度很弱，"5"表示政府参与程度很强；第三个问题为多选题，课题组按照受访者选对的数目赋值。这三个问题作为问卷的一部分，由实验者一同做答。对调查问卷的数据进行处理后，因子分析结果显示政策变量与其他 15 个变量无相关性，故可以作为调节变量使用。

2. 对政策变量调节作用的验证

首先对三个问题（自变量）的分值之和求平均并标准化，对"低碳购买行为"指标（因变量）的分值之和求平均并标准化，对"对低碳产品的偏好"分值之和求平均并标准化；其次，对消费者"对政府低碳政策及其实施效率的感知"分值的标准化与标准化后的"对低碳产品的偏好"均值进行乘积；最后做回归分析（结果见表 6 – 33）。从表 6 – 33 可知，消费者"对政府低碳政策及其实施效率的感知"在"对低碳产品的偏好"和"低碳购买行为"之间存在显著的调节作用，即政府低碳政策越规范，"低碳购买行为"越强。

为了更清晰地描述政策强度对"低碳购买行为"的调节作用，本书采用了 Aiken L. S. 与 West S. G.（1991）所提出的方法，对原始数据按照政策强度的均值分别加减一个标准差，使原来的样本变为高政策强度和低政策强度，并分别做"对低碳产品的偏好"和"低碳购买行为"的回归方程。无论是高政策强度还是低政策强度，"对低碳产品的偏好"与"低碳购买行为"的相关系数均显著：$\beta_{高政策} = 0.931$，$p < 0.05$；$\beta_{低政策} = 0.518$，$p < 0.05$。低政策强度下的相关系数明显比高政策强度下的相关系数小，说明消费者"对政府低碳政策及其实施效率的感知"程度对"低碳购买行为"具有积极影响。

表 6 – 33　　消费者对政府低碳政策感知调节作用的回归分析

变量	低碳购买行为		
	$M1$　β_1	$M2$　β_2	$M3$　β_3
第一步（控制变量）			
地区	– 0.215	– 0.191	– 0.189
年龄	– 0.092	– 0.073	– 0.076
性别	0.005	0.006	0.005
学历	0.215	0.079	0.078
月收入	0.321	0.200	0.173
月农产品消费额	0.012	– 0.016	0.003
调整的 R^2	0.230		
F	44.533		

续表

变量	低碳购买行为		
	$M1 \quad \beta_1$	$M2 \quad \beta_2$	$M3 \quad \beta_3$
第二步（主效应）			
偏好		0.603	−0.001
政策		0.128	−0.266
调整的 R^2		0.601	
ΔR^2		0.371	
F		165.143	
第三步（调节效应）			
偏好×政策			0.818
调整的 R^2			0.617
ΔR^2			0.016
F			156.839

资料来源：笔者根据问卷调查和情景实验的样本数据统计分析所得。

七　潜在购买行为差异分析结论

通过上述分析研究，我们得到如下结论：

（1）不同类别消费者的"低碳购买行为"具有较大差距。①消费者的"低碳购买行为"在各人口统计变量上的差距特征表明，经济发达地区的高学历、高收入、中青年（30—49 岁）男性消费群体具有较强的低碳产品购买能力。②"低碳购买行为"在学历间的差距最大，这表明学历对提高"环境意识"以及消费者的"低碳购买行为"具有较明显的作用。"对低碳产品的偏好"、"对低碳产品的认知"、"对接受低碳教育的评价"和"环境意识"在学历间的差距也是各变量中最大的，特别是消费者的"环境意识"。③消费者的"低碳购买行为"与收入呈正相关关系；且以人均月收入 3000 元为界，消费者的"低碳购买行为"具有显著差异。就目前我国居民的收入水平而言，全面实施推行低碳产品的条件尚不成熟。

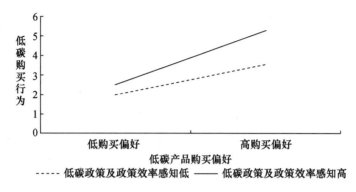

图6-1　消费者对低碳政策及政策实施效率感知的调节作用

（2）消费者的"低碳购买行为"与"对低碳产品的偏好"高度相关。对不同人口统计变量的所有消费者而言，与"低碳购买行为"相关程度最大的变量是消费者"对低碳产品的偏好"。为了验证这一结论，本书对消费者"对低碳产品的偏好"和"低碳购买行为"做了相关性分析，在 0.01 的水平下显著相关。

（3）消费者的"环境意识"值得关注。根据不同地区的分析发现：深圳居民的环境意识最低；不同年龄的分析显示，青少年群体的环境意识最低；不同学历的分析说明，提高学历对促进居民的"低碳购买行为"具有较为明显的作用；不同收入的分析表明，收入的提高对提高居民的环境意识效果并不明显。

（4）消费者的"低碳购买行为"受其对政府低碳政策感知度的影响。实证分析表明：消费者感知的政府在低碳农产品购买氛围形成过程中推动作用越强、政府补贴比例越高，消费者的"低碳购买行为"就越强；同时，建立具有公信力的碳足迹认证机构、加大对低碳标签的宣传力度对消费者的"低碳购买行为"也有正向的作用。

第七章　碳标签对低碳农产品消费行为影响的实证分析：基于结构方程（SEM）

第一节　概念模型与研究假设

本书假设，消费者对碳标签的认知影响消费者的购买偏好，进而影响消费者的购买行为。同时，消费者的环境意识、利益相关者就碳标签的宣传教育对消费者的碳标签认知、购买偏好以及购买行为分别产生影响。另外，利益相关者就碳标签的宣传教育对于消费者的环境意识产生影响（概念模型如图7-1所示）。

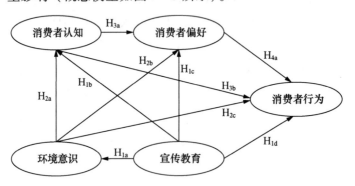

图7-1　概念模型

一　宣传教育维度研究假设

宣传教育与消费者的内部心理因素和消费者行为有密切的关联。Verbeke 等（1999）提出大众传媒对食肉健康问题的报道使消费者对鲜肉的风险认知、健康关注、态度以及行为都产生了巨大的负向影响。Wansink 等（2001）认为连续的教育能够保证消费者获得持续的信息，同时给予不感兴趣的客户不断学习的机会。Wang 等（2006）指出对产品或者服务的有效广告和宣传是整体市场沟通的有效工具。因此，本书假设"宣传教育"可能对消费者的"环境意识"、"消费者认知"、"消费者偏好"和"消费者行为"产生显著影响。

H_{1a}："宣传教育"可能对"环境意识"产生显著影响；

H_{1b}："宣传教育"可能对"消费者认知"产生显著影响；

H_{1c}："宣传教育"可能对"消费者偏好"产生显著影响；

H_{1d}："宣传教育"可能对"消费者行为"产生显著影响。

二　环境意识维度研究假设

消费者的认知、偏好和行为随着消费者的环境意识变化而改变。Schlegelmilch 等（1996）提出消费者的环境意识与消费者基于环境责任的购买行为高度相关。Vlosky 等（1999）发现消费者的环境意识与其对环境友好产品的支付意愿呈正相关关系。Lee（2011）研究认为对环境关心度较高的大学生更愿意花钱购买绿色产品；在保护能源和自然资源方面有较多努力和实践的大学生愿意花更多的钱来购买绿色产品。因此，本书假设消费者的"环境意识"可能对"消费者认知"、"消费者偏好"和"消费者行为"产生显著影响。

H_{2a}：消费者的"环境意识"可能对"消费者认知"产生显著影响；

H_{2b}：消费者的"环境意识"可能对"消费者偏好"产生显著影响；

H_{2c}：消费者的"环境意识"可能对"消费者行为"产生显著影响。

三　消费者认知维度研究假设

消费者对产品或者服务的认知对消费者的偏好和行为存在影响。Yiridoe（2005）指出消费者对有机产品真实特性的不确定性和对有机标签的怀疑态度可能阻碍消费者购买有机产品的行为。Vermeir 等（2006）认为对可持续性的关注、信息的确定性和信息接收的有效性等对消费者在可持续奶制品方面的认知有显著的积极效用，并顺次显著影响消费者的购买意愿。Ishak（2012）的研究表明消费者认知对消费者行为产生显著影响。因此，本书假设"消费者认知"可能对"消费者偏好"和"消费者行为"产生显著影响。

H_{3a}："消费者认知"可能对"消费者偏好"产生显著影响；

H_{3b}："消费者认知"可能对"消费者行为"产生显著影响。

四　消费者偏好维度研究假设

消费者偏好与消费者行为之间有积极的正向关联。李茜等（2009）指出消费者对绿色消费的态度和偏好对消费者的购买行为有显著影响。张根林（2009）认为产品的价格、消费者的环境意识与健康意识影响消费者对绿色产品的偏好，消费者偏好又顺次对其绿色产品的消费行为产生积极的正向影响。文启湘等（2011）发现激励和消费者偏好是鼓励消费者进行绿色消费的基石。因此，本书假设"消费者偏好"可能对"消费者行为"产生显著影响。

H_{4a}："消费者偏好"可能对"消费者行为"产生显著影响。

将上述假设汇总，如表 7-1 所示。

表 7-1　　　　　　　　　　　　研究假设

假设内容	对应路径
H_{1a}：宣传教育对消费者的环境意识有显著影响	宣传教育→环境意识
H_{1b}：宣传教育对消费者的认知具有显著影响	宣传教育→消费者认知
H_{1c}：宣传教育对消费者的偏好具有显著影响	宣传教育→消费者偏好
H_{1d}：宣传教育对消费者的行为具有显著影响	宣传教育→消费者行为
H_{2a}：环境意识对消费者的认知具有显著影响	环境意识→消费者认知
H_{2b}：环境意识对消费者的偏好具有显著影响	环境意识→消费者偏好
H_{2c}：环境意识对消费者的行为具有显著影响	环境意识→消费者行为
H_{3a}：消费者认知对消费者的偏好具有显著影响	消费者认知→消费者偏好
H_{3b}：消费者认知对消费者的行为具有显著影响	消费者认知→消费者行为
H_{4a}：消费者偏好对消费者的行为具有显著影响	消费者偏好→消费者行为

资料来源：笔者提出并整理所得。

据此，本书构建出"碳标签对低碳产品消费行为影响机制"的结构方程模型，如图7－2所示。

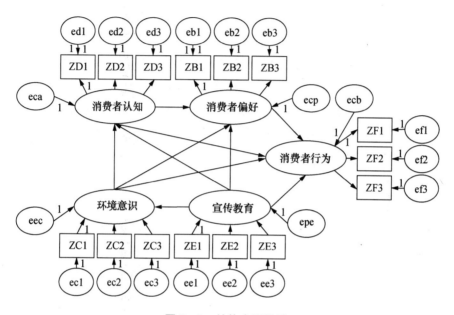

图7－2 结构方程模型

第二节 分析方法与样本数据

结构方程模型（Structural Equation Modeling，SEM）是一种统计建模技术，被广泛地运用于多个研究领域，如心理学、管理学、经济学和行为学等。它的建立是计量经济学、计量社会学与计量心理学等诸多学科融合的结晶。概括地讲，结构方程模型就是利用联立方程组求解，并允许各变量存在测量误差。结构方程模型含有两个基本模型，分别为测量模型（Measured Model）与结构模型（Structural Model）。其中，测量模型由潜变量与显变量组成，其是显变量的线性函数；结构模型显示变量之间的因果关系，又称因果模型、潜在变量模型或者线性结构关系。

基于两方面原因，本书选择结构方程模型对研究假设进行检验。

首先，结构方程模型可以反映潜变量与显变量之间的相互关系，而且可以反映潜变量之间的相互作用。这一特点完全符合本书将"宣传教育"、"环境意识"、"消费者认知"、"消费者偏好"和"消费者行为"整合在一个模型内研究的基本思路和要求。本书整合思想隐含的思路就是用结构性的方法，使变量间的关系能够体现碳标签对消费者行为产生影响的路径，而结构方程模型方法能够有效地探索这种路径。其次，本书的潜变量均是难以直接度量的，在现有的统计分析方法中，只有结构方程模型能够更好地表征潜变量所蕴含的信息，并且发掘潜变量间的关系。

对于"消费者偏好"、"环境意识"、"消费者认知"和"宣传教育"四个潜变量，本书选取问卷调查的方式进行测度；而对于"消费者行为"，本书引入情境实验方式进行测度。这是基于不发生实际支付情境下，消费者的问卷填写可能被道德感或其他类似要素主导，而使研究效度受损的考虑。共计873位被调查者的问卷调查与情境实验数据参与模型拟合（具体数据收集与分布情况，本书第五章已有阐述）。

第三节　测量模型检验与结构模型检验

一　测量模型检验

1. 测量模型信度检验

信度检验，即可靠性检验，用于测度指标变量的内部一致性。学界通常采用克隆巴赫系数（Cronbach α）对指标变量的内部一致性进行验证。克隆巴赫系数，又称内部一致性系数。其取值在 0 到 1 之间，值越大，则信度越高。一般而言，测度同一变量全部指标的克隆巴赫系数值超过 0.7，就被认为是合适的。

本书运用克隆巴赫系数对各个潜变量的内部结构进行一致性检验，结果如表 7-2 所示。各个潜变量的克隆巴赫系数均在 0.7 以上，呈现出较好的内部一致性，说明测量模型信度达到检验标准的要求。

表7-2   量表的内部一致性检验

指标变量	克隆巴赫系数
消费者偏好	0.746
环境意识	0.911
消费者认知	0.792
宣传教育	0.729
消费者行为	0.974

资料来源：笔者根据 SPSS 运算结果整理所得。

2. 测量模型效度检验

效度表示显变量能够度量所要衡量事物（潜变量）的真实程度，其反映了潜变量与对应的显变量间的关系。收敛效度指既定因子所包含的各个显变量间的相关程度。若多个显变量测度了某个共同的变量，则说明这些显变量间存在收敛效度。收敛效度的检验涵盖两个步骤：第一步，检验每个显变量在其所测度的潜变量上的因子载荷在给定的置信度（如 95%）范围内是否显著。在因子载荷显著的情况下，载荷值越高，说明显变量表征其对应潜变量的能力越强。通常，因子载荷显著，并且载荷值大于 0.5，则被认为是合适的。第二步，计算每个因子中提取的可解释方差百分比（AVE），即显变量对因子的总体解释度。通常，显变量对因子的总体解释程度达到 40%，就认为这些显变量是有效的。

如表 7-3 所示，全部显变量的因子载荷都达到了大于 0.5 的标准，表明这些显变量和潜变量之间的从属关系在统计学上是显著的。此外，模型的 C. R. 全部大于 0.7，AVE 也均大于 0.4，说明测量模型的收敛效度通过检验。

表7-3   测量模型效度检验

回归路径	Standardized Regression Weights	Squared Multiple Correlations	Measurement Error	C. R.	AVE
ZB1 ←消费者偏好	0.573	0.382	0.618		
ZB2 ←消费者偏好	0.799	0.638	0.362	0.733	0.483
ZB3 ←消费者偏好	0.676	0.456	0.544		

续表

回归路径	Standardized Regression Weights	Squared Multiple Correlations	Measurement Error	C. R.	AVE
ZC1 ←环境意识	0.812	0.660	0.340		
ZC2 ←环境意识	0.838	0.702	0.298	0.914	0.782
ZC3 ←环境意识	0.992	0.984	0.016		
ZD1 ←消费者认知	0.787	0.619	0.381		
ZD2 ←消费者认知	0.766	0.586	0.414	0.792	0.560
ZD3 ←消费者认知	0.689	0.475	0.525		
ZE1 ←宣传教育	0.510	0.260	0.740		
ZE2 ←宣传教育	0.760	0.578	0.422	0.743	0.499
ZE3 ←宣传教育	0.812	0.659	0.341		
ZF1 ←消费者行为	0.980	0.960	0.040		
ZF2 ←消费者行为	0.911	0.831	0.169	0.975	0.930
ZF3 ←消费者行为	0.999	0.998	0.002		

资料来源：笔者根据 AMOS 运算结果整理所得。

二 结构模型检验

本书首先进行违反模型辨认检验。如表 7-4 所示，模型的基本适配指标都达到检验标准要求，估计结果的基本适配指标合格，没有违反模型辨认规则。

表 7-4　　　　　　　　　　基本适配度检验摘要

评价项目	检验结果数据	模型适配判断
是否没有负的误差变量	是	适配
因素载荷量是否介于 0.50 至 0.95	是	适配
是否没有很大的标准误	是	适配

资料来源：笔者根据 AMOS 软件的运行结果整理所得。

其次，进行整体模型的适配度检验。如表 7-5 所示，绝对适配度指数、增值适配度指数与简约适配度指数的统计量全部达到可接受标准。在自由度为 73 时，模型适配度的卡方值等于 85.573，显著性概率值 $p = 0.149 > 0.05$，表明本书构建的理论模型与实际数据拟合情况良好。

表 7 - 5　　　　　　　　　整体适配度检验摘要

统计检验量	适配的标准或临界值	检验结果数据	模型适配判断
绝对适配度指数			
χ^2	$p > 0.05$	85.573（$p = 0.149$）	适配
χ^2/df	< 2.00	1.172	适配
RMR	< 0.05	0.019	适配
RMSEA	< 0.08	0.014	适配
GFI	> 0.90	0.987	适配
AGFI	> 0.90	0.979	适配
增值适配度指数			
NFI	> 0.90	0.991	适配
RFI	> 0.90	0.987	适配
IFI	> 0.90	0.999	适配
TLI	> 0.90	0.998	适配
CFI	> 0.90	0.999	适配
简约适配度指数			
PGFI	> 0.50	0.601	适配
PNFI	> 0.50	0.689	适配
CN	> 200	958	适配
PCFI	> 0.50	0.694	适配

注：χ^2：卡方值；df：自由度；χ^2/df：卡方自由度比；RMR：残差均方和平方根；RM-SEA：渐进残差均方和平方根；GFI：适配度指数；AGFI：调整后适配度指数；NFI：规准适配度指数；RFI：相对适配度指数；IFI：增值适配度指数；TLI：非规准适配度指数；CFI：比较适配度指数；PGFI：简约适配度指数；PNFI：简约调整后适配度指数；CN：临界样本数；PCFI：简约比较适配度指数。

资料来源：笔者根据 AMOS 软件的运行结果整理所得。

第四节　样本总体模型拟合结果与讨论

为了检验所提出的各项研究假设，本书使用最大似然估计法，对结构模型变量间的假设关系进行验证，结果如表 7 - 6 所示。

表 7 - 6	样本总体模型假设检验结果		
假设	标准化回归系数	p	接受/拒绝
环境意识←宣传教育	0.115	**	接受
消费者认知←宣传教育	0.344	***	接受
消费者偏好←宣传教育	0.190	***	接受
消费者行为←宣传教育	0.056	ns	拒绝
消费者认知←环境意识	0.222	***	接受
消费者偏好←环境意识	0.084	*	接受
消费者行为←环境意识	0.016	ns	拒绝
消费者偏好←消费者认知	0.537	***	接受
消费者行为←消费者认知	0.042	ns	拒绝
消费者行为←消费者偏好	0.710	***	接受

注: *** 为 $p < 0.001$, ** 为 $0.001 \leqslant p < 0.01$, * 为 $0.01 \leqslant p < 0.05$, ns 为 $p \geqslant 0.05$。

资料来源: 笔者根据 AMOS 软件的运行结果整理所得。

"环境意识"对"宣传教育"产生显著影响。"宣传教育"和"环境意识"分别对"消费者认知"和"消费者偏好"产生显著影响,"消费者认知"对"消费者偏好"产生显著影响,"消费者偏好"又对"消费者行为"产生显著影响。同时,"宣传教育"、"环境意识"和"消费者认知"对"消费者行为"不产生显著影响。具体分析如下:

H1a:对碳标签相关信息的宣传教育力度越大,则消费者低碳方面的环境意识越强。由结构方程模型的分析结果可看出,标准回归路径影响系数为 0.115,且显著,因而假设 H1a 得到验证。

H1b:对碳标签相关信息的宣传教育力度越大,则消费者对碳标签及低碳产品的认知水平越高。由结构方程模型的分析结果可看出,标准回归路径影响系数为 0.344,且显著,因而假设 H1b 得到验证。

H1c:对碳标签相关信息的宣传教育力度越大,则消费者对低碳产品的偏好越强。由结构方程模型的分析结果可看出,标准回归路径影响系数为 0.190,且显著,因而假设 H1c 得到验证。

H1d：对碳标签相关信息的宣传教育力度越大，则消费者的低碳消费行为越多。由结构方程模型的分析结果可看出，标准回归路径影响系数为0.056，不显著，因而假设H1d未能得到验证。

H2a：消费者低碳方面的环境意识越强，则其对碳标签及低碳产品的认知水平越高。由结构方程模型的分析结果可看出，标准回归路径影响系数为0.222，且显著，因而假设H2a得到验证。

H2b：消费者低碳方面的环境意识越强，则其对低碳产品的偏好越强。由结构方程模型的分析结果可看出，标准回归路径影响系数为0.084，且显著，因而假设H2b得到验证。

H2c：消费者低碳方面的环境意识越强，则其低碳消费行为越多。由结构方程模型的分析结果可看出，标准回归路径影响系数为0.016，不显著，因而假设H2c未能得到验证。

H3a：消费者对碳标签及低碳产品的认知水平越高，则其对低碳产品的偏好越强。由结构方程模型的分析结果可看出，标准回归路径影响系数为0.537，且显著，因而假设H3a得到验证。

H3b：消费者对碳标签及低碳产品的认知水平越高，则其低碳消费行为越多。由结构方程模型的分析结果可看出，标准回归路径影响系数为0.042，且显著，因而假设H3b未能得到验证。

H4a：消费者对低碳产品的偏好越强，则其低碳消费行为越多。由结构方程模型的分析结果可看出，标准回归路径影响系数为0.710，且显著，因而假设H4a得到验证。

由上述分析可知，"消费者认知"、"环境意识"和"宣传教育"三者均对"消费者行为"没有显著影响。那么，这三个潜变量是否通过"消费者偏好"的中介作用影响"消费者行为"呢？即"消费者偏好"是否是这三个潜变量作用于"消费者行为"的中介变量呢？本书进一步对这些中介效应存在与否以及中介效应的类型进行了检验。

Baron和Kenney（1986）指出，中介变量必须满足以下三个条件：（1）因变量对自变量的回归系数显著；（2）中介变量对自变量的回归系数显著；（3）因变量对中介变量和自变量做回归时，中介变量的系数显著。如果（3）中自变量的系数不显著，则为完全中介（如图7-3所示）。

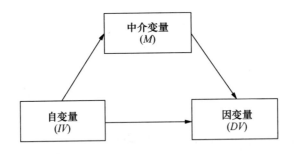

图7-3　中介作用

首先，分别对"消费者认知"、"消费者偏好"、"宣传教育"、"环境意识"以及"消费者行为"5个潜变量所涉及的显变量分别进行中心化处理。其次运用SPSS 20.0软件进行因变量对自变量的、中介变量对自变量的、因变量对中介变量和自变量的回归分析。最后根据回归系数显著与否对是否存在中介效用以及中介效用的类型进行判断。结果如表7-7所示。

表7-7　　　　　　　　　　消费者偏好的中介作用

| IV | M | DV | IV→DV | IV→M | IV + M →DV | | M 的中介 |
					IV	M	作用判断
消费者认知	消费者偏好	消费者行为	0.417 ***	0.410 ***	0.150 ***	0.649 ***	部分中介
环境意识	消费者偏好	消费者行为	0.079 *	0.071 *	0.029	0.709 ***	完全中介
宣传教育	消费者偏好	消费者行为	0.282 ***	0.274 ***	0.095 ***	0.685 ***	部分中介

注：IV，自变量；M，中介变量；DV，因变量。*** 为 $p < 0.001$，* 为 $0.01 \leqslant p < 0.05$。

资料来源：笔者根据SPSS软件的运行结果整理所得。

由表7-7可知，"消费者认知"对"消费者行为"的影响，部分通过中介变量"消费者偏好"来实现,即"消费者认知"对"消费者行为"存在一定程度的间接影响。"消费者偏好"的中介效应占总效应的比值为 63.81% [Effect(M) = 0.410 × 0.649/0.417 = 0.6381];中介效应解释了因变量方差变异的 59.16% [sqrt(0.523 − 0.173) = 0.5916]。

"环境意识"对"消费者行为"的影响,完全通过中介变量"消费者偏好"来实现。

"宣传教育"对"消费者行为"的影响,部分通过中介变量"消费者偏好"来实现,即"宣传教育"对"消费者行为"存在一定程度的间接影响。"消费者偏好"的中介效应占总效应的比值为 66.56% [Effect (M) = 0.274 × 0.685/0.282 = 0.6656];中介效应解释了因变量方差变异的 65.88% [sqrt (0.512 − 0.078) = 0.6588]。

综上所述,通过结构方程模型与中介效用检验的"碳标签对低碳消费行为的影响机制模型"如图 7 – 4 所示。

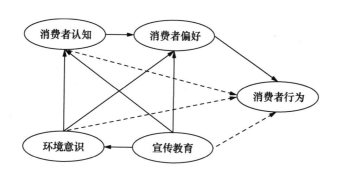

图 7 – 4 碳标签对低碳消费行为的影响机制模型—结构方程与中介效用验证结果

第五节 基于消费者特征的多组比较分析

一 基于学历特征的分析与讨论

本书依据样本的学历层次,将全部 873 个样本分为两组:学历为专科及以下的样本为一组，学历为本科及以上的样本为一组。分别运用上述两组数据进行独立样本 T 检验、基于结构方程模型的多组比较分析以及中介效应分析。

1. 不同学历层次的独立样本 T 检验

对不同学历层次的样本进行独立样本 T 检验，结果如表 7 - 8 所示。学历在专科及以下的农产品消费者与学历在本科及以上的农产品消费者在 15 个显变量上均表现出显著差异。

表 7 - 8　　　　　不同学历层次的独立样本 T 检验结果

指标变量	专科及以下学历			本科及以上学历			t	Sig. 2 - tailed
	Mean	Std. Deviation	Std. Error Mean	Mean	Std. Deviation	Std. Error Mean		
低碳在消费者购买决策要素中的位次	2.59	1.193	0.054	2.93	1.172	0.060	-4.142	0.000
购买低碳产品的意愿	2.82	0.777	0.035	3.18	0.801	0.041	-6.650	0.000
对低碳产品价格的偏好	1.73	0.795	0.036	1.95	0.901	0.046	-3.849	0.000
对高碳生活方式危害的意识度	2.61	1.075	0.049	2.76	1.093	0.055	-2.041	0.042
日常生活中采用低碳行为的意识度	2.57	1.133	0.051	2.83	1.240	0.063	-3.234	0.001
对低碳环保政策措施的关注度	2.68	0.873	0.040	2.80	0.859	0.044	-2.016	0.044
对碳标签的认知度	1.96	0.821	0.037	2.31	0.968	0.049	-5.580	0.000
对低碳和高碳产品区别的认知度	2.31	0.794	0.036	2.64	0.853	0.043	-5.882	0.000
对低碳生活方式的认知度	2.14	0.808	0.037	2.68	0.968	0.049	-8.845	0.000
对当前碳标签宣传教育效用的评价	3.65	0.916	0.042	3.83	0.754	0.038	-3.236	0.001
参与碳标签宣传教育活动的意愿	3.47	0.887	0.040	3.71	0.774	0.039	-4.314	0.000

续表

指标变量	专科及以下学历			本科及以上学历			t	Sig. 2 – tailed
	Mean	Std. Deviation	Std. Error Mean	Mean	Std. Deviation	Std. Error Mean		
主动宣传碳标签的意愿	3.62	0.863	0.039	3.80	0.739	0.037	– 3.422	0.001
采购低碳产品的金额比例	1.71	0.657	0.030	2.18	0.883	0.045	– 8.717	0.000
为低碳产品多支付的比例	1.77	0.694	0.032	2.24	0.843	0.043	– 8.781	0.000
选购全部产品的碳排量	1.72	0.660	0.030	2.18	0.885	0.045	– 8.607	0.000

资料来源：笔者根据 SPSS 软件的运行结果整理所得。

在"消费者偏好"、"环境意识"、"消费者认知"、"宣传教育"以及"消费者行为"5 个维度上，学历在本科及以上的农产品消费者的表现均优于学历在专科及以下的农产品消费者。

2. 不同学历层次的结构方程模型多组比较分析

运用结构方程模型的多组比较分析方法对不同年龄段的两组数据进行比较分析，结果如表 7 - 9 所示。在自由度为 146 时，模型适配度的卡方值等于 162.214，显著性概率值 $p = 0.170 > 0.05$，表示理论模型与实际数据拟合良好。

表 7 - 9　　　　　　　　　学历维度模型主要适配指数

拟合指标	χ^2（df）	χ^2/df	RMSEA	GFI	AGFI	CFI	TLI	RMR
标准数值	—	< 2.00	< 0.08	> 0.90	> 0.90	> 0.90	> 0.90	< 0.05
实际拟合数值	162.214（df = 146）	1.111	0.011	0.976	0.961	0.998	0.998	0.028

资料来源：笔者根据 AMOS 软件的运行结果整理所得。

由表 7 - 10 可知，对于学历在专科及以下的消费者而言，"宣传教育"对"环境意识"的影响不显著。但对于学历在本科及以上的消费者而言，"宣传教育"对"环境意识"有显著影响。即"宣传教育"对高学历层次消费者的"环境意识"所产生的影响，明显高于对低学历层次消费者的影响。

表7-10 学历维度模型的结构方程模型检验结果

假设	专科及以下			本科及以上		
	标准化回归系数	p	接受/拒绝	标准化回归系数	p	接受/拒绝
环境意识←宣传教育	0.063	ns	拒绝	0.165	＊＊	接受
消费者认知←环境意识	0.303	＊＊＊	接受	0.136	＊	接受
消费者认知←宣传教育	0.249	＊＊＊	接受	0.428	＊＊＊	接受
消费者偏好←消费者认知	0.421	＊＊＊	接受	0.535	＊＊＊	接受
消费者偏好←环境意识	−0.093	ns	拒绝	−0.059	ns	拒绝
消费者偏好←宣传教育	0.176	＊＊	接受	0.260	＊＊＊	接受
消费者行为←消费者偏好	0.707	＊＊＊	接受	0.713	＊＊＊	接受
消费者行为←宣传教育	0.067	ns	拒绝	0.040	ns	拒绝
消费者行为←环境意识	0.065	ns	拒绝	−0.006	ns	拒绝
消费者行为←消费者认知	0.143	＊	接受	0.116	＊	接受

注：＊＊＊为 $p < 0.001$，＊＊为 $0.001 \leqslant p < 0.01$，＊为 $0.01 \leqslant p < 0.05$，ns 为 $p \geqslant 0.05$。

资料来源：笔者根据 AMOS 软件的运行结果整理所得。

3. 不同学历层次中介作用的检验

首先，本书对专科及以下学历的消费者模型中的"消费者偏好"的中介作用进行了验证，结果见表7-11。

表7-11 专科及以下学历中介作用

IV	M	DV	IV→DV	IV→M	IV + M →DV		M 的中介作用判断
					IV	M	
环境意识	消费者偏好	消费者行为	0.061	0.045	0.033	0.628＊＊＊	没有中介
宣传教育	消费者偏好	消费者行为	0.177＊＊＊	0.182＊＊＊	0.065	0.617＊＊＊	完全中介

注：IV，自变量；M，中介变量；DV，因变量。＊＊＊为 $p < 0.001$。

资料来源：笔者根据 SPSS 软件的运行结果整理所得。

表 7 – 11 表明，从"环境意识"到"消费者行为"，"消费者偏好"没有中介作用。"宣传教育"对"消费者行为"的影响，完全通过中介变量"消费者偏好"来实现。

综上，对专科及以下学历的消费者而言，碳标签对低碳消费行为的影响机制模型如图 7 – 5 所示。

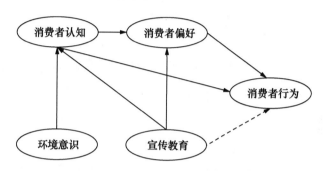

图 7 – 5　专科及以下学历消费者—碳标签对低碳消费行为的影响机制模型

其次，本书对本科及以上学历的消费者模型中"消费者偏好"的中介作用进行了验证，结果见表 7 – 12。

表 7 – 12　　　　　　　　　本科及以上学历中介作用

IV	M	DV	IV→DV	IV→M	IV + M →DV		M 的中介作用判断
					IV	M	
环境意识	消费者偏好	消费者行为	0.048	0.063	0.000	0.761 ***	没有中介
宣传教育	消费者偏好	消费者行为	0.236 ***	0.277 ***	0.028	0.753 ***	完全中介

注：IV，自变量；M，中介变量；DV，因变量。*** 为 $p < 0.001$。

资料来源：笔者根据 SPSS 软件的运行结果整理所得。

表 7 – 12 显示，从"环境意识"到"消费者行为"，"消费者偏好"没有中介作用。"宣传教育"对"消费者行为"的影响，完全通过中介变量"消费者偏好"来实现。

综上，对本科及以上学历的消费者而言，碳标签对低碳消费行为的影响机制模型如图 7 – 6 所示。

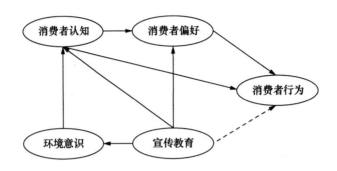

图 7 - 6   本科及以上学历消费者—碳标签对低碳消费行为的影响机制模型

二   基于收入特征的分析与讨论

依据样本的月收入层次，将全部 873 个样本分为两组：月收入低于 3000 元的样本为一组，月收入 3000 元及以上的样本为一组。分别运用上述两组数据进行独立样本 T 检验、基于结构方程模型的多组比较分析以及中介效应分析。

1. 不同月收入层次的独立样本 T 检验

对不同月收入层次的样本进行独立样本 T 检验，结果如表 7 - 13 所示。月收入低于 3000 元的农产品消费者与月收入 3000 元及以上的农产品消费者在"环境意识"维度的 3 个显变量（"对高碳生活方式危害的意识度"、"日常生活中采用低碳行为的意识度"、"对低碳环保政策措施的关注度"）上没有显著差异；在"宣传教育"维度的两个显变量（"参与碳标签宣传教育活动的意愿"、"主动宣传碳标签的意愿"）上没有显著差异。而这两个不同收入的消费者群体，在"消费者偏好"、"消费者认知"以及"消费者行为" 3 个维度的潜变量上均表现出显著差异，且高收入者的表现优于低收入者。

表 7 - 13   不同月收入层次的独立样本 T 检验结果

指标变量	月收入低于 3000 元			月收入等于或高于 3000 元			t	Sig. 2 - tailed
	Mean	Std. Deviation	Std. Error Mean	Mean	Std. Deviation	Std. Error Mean		
低碳在消费者购买决策要素中的位次	2.62	1.179	0.050	2.97	1.193	0.068	- 4.138	0.000

续表

指标变量	月收入低于3000元			月收入等于或高于3000元			t	Sig. 2 - tailed
	Mean	Std. Deviation	Std. Error Mean	Mean	Std. Deviation	Std. Error Mean		
购买低碳产品的意愿	2.83	0.743	0.031	3.26	0.845	0.048	-7.522	0.000
对低碳产品价格的偏好	1.68	0.758	0.032	2.09	0.943	0.054	-6.566	0.000
对高碳生活方式危害的意识度	2.69	1.060	0.045	2.66	1.130	0.064	0.361	0.718
日常生活中采用低碳行为的意识度	2.65	1.162	0.049	2.74	1.235	0.070	-1.098	0.272
对低碳环保政策措施的关注度	2.73	0.843	0.035	2.75	0.915	0.052	-0.264	0.792
对碳标签的认知度	1.96	0.784	0.033	2.41	1.033	0.059	-6.754	0.000
对低碳和高碳产品区别的认知度	2.33	0.749	0.031	2.68	0.937	0.053	-5.675	0.000
对低碳生活方式的认知度	2.23	0.813	0.034	2.66	1.040	0.059	-6.278	0.000
对当前碳标签宣传教育效用的评价	3.67	0.877	0.037	3.83	0.797	0.046	-2.715	0.007
参与碳标签宣传教育活动的意愿	3.54	0.861	0.036	3.64	0.818	0.047	-1.660	0.097
主动宣传碳标签的意愿	3.68	0.831	0.035	3.75	0.784	0.045	-1.220	0.223
采购低碳产品的金额比例	1.71	0.633	0.027	2.31	0.925	0.053	-10.111	0.000
为低碳产品多支付的比例	1.78	0.679	0.029	2.36	0.861	0.049	-10.258	0.000
选购全部产品的碳排量	1.71	0.635	0.027	2.31	0.925	0.053	-10.102	0.000

资料来源：笔者根据 SPSS 软件的运行结果整理所得。

2. 不同收入层次结构方程模型多组比较分析

运用结构方程模型的多组比较分析方法对不同收入层次的两组数据进行比较分析，结果如表 7 - 14 所示。在自由度为 142 时，模型适配度的卡方值等于 166.354，显著性概率值 $p = 0.079 > 0.05$，表示理论模型与实际数据拟合良好。

表 7 - 14 收入维度模型主要适配指数

拟合指标	χ^2（df）	χ^2/df	RMSEA	GFI	AGFI	CFI	TLI	RMR
标准数值	—	< 2.00	< 0.08	> 0.90	> 0.90	> 0.90	> 0.90	< 0.05
实际拟合数值	166.354（df = 142）	1.172	0.014	0.976	0.959	0.997	0.996	0.028

资料来源：笔者根据 AMOS 软件的运行结果整理所得。

由表 7 - 15 可知，对月收入低于 3000 元的消费者而言，"宣传教育"对"环境意识"的影响不显著。但对收入 3000 元及以上的消费者而言，"宣传教育"对"环境意识"具有显著影响。即宣传教育对高收入层次消费者的环境意识所产生的影响，高于对低收入层次消费者的影响。

表 7 - 15 收入维度模型结构方程模型检验结果

假设	月收入低于 3000 元			月收入等于或高于 3000 元		
	标准化回归系数	p	接受/拒绝	标准化回归系数	p	接受/拒绝
环境意识←宣传教育	0.089	ns	拒绝	0.155	*	接受
消费者认知←环境意识	0.225	***	接受	0.224	***	接受
消费者认知←宣传教育	0.181	**	接受	0.552	***	接受
消费者偏好←消费者认知	0.395	***	接受	0.457	***	接受
消费者偏好←环境意识	0.108	*	接受	0.001	ns	拒绝
消费者偏好←宣传教育	0.122	*	接受	0.375	***	接受
消费者行为←消费者偏好	0.668	***	接受	0.757	***	接受
消费者行为←宣传教育	0.037	ns	拒绝	0.091	ns	拒绝
消费者行为←环境意识	0.039	ns	拒绝	0.007	ns	拒绝
消费者行为←消费者认知	− 0.091	ns	拒绝	0.040	ns	拒绝

注：*** 为 $p < 0.001$，** 为 $0.001 \leq p < 0.01$，* 为 $0.01 \leq p < 0.05$，ns 为 $p \geq 0.05$。

资料来源：笔者根据 AMOS 软件的运行结果整理所得。

另外，对于收入低于 3000 元的消费者而言，"环境意识"对"消费者偏好"具有显著影响。但对于收入 3000 元及以上的消费者而言，"环境意识"对"消费者偏好"的影响不显著。即环境意识对低收入层次消费者偏好所产生的影响，高于对高收入层次消费者偏好所产生的影响。

3. 不同月收入层次的中介作用检验

首先，本书对月收入低于 3000 元的消费者模型中消费者偏好的中介作用进行了验证，结果见表 7 - 16。

表 7 - 16　　　月收入低于 3000 元的消费者的消费者中介作用

IV	M	DV	IV→DV	IV→M	IV + M→DV		M 的中介
					IV	M	作用判断
消费者认知	消费者偏好	消费者行为	0. 145 **	0. 225 ***	0. 009	0. 602 ***	完全中介
环境意识	消费者偏好	消费者行为	0. 010	- 0. 009	0. 015	0. 604 ***	没有中介
宣传教育	消费者偏好	消费者行为	0. 141 **	0. 166 ***	0. 042	0. 597 ***	完全中介

注：IV，自变量；M，中介变量；DV，因变量。*** 为 $p < 0.001$，** $0.001 \leqslant p < 0.01$。

资料来源：笔者根据 SPSS 软件的运行结果整理所得。

表 7 - 16 表明，"消费者认知"对"消费者行为"的影响，完全通过中介变量"消费者偏好"来实现。从"环境意识"到"消费者行为"，"消费者偏好"没有中介作用。"宣传教育"对"消费者行为"的影响，完全通过中介变量"消费者偏好"来实现。

综上，对月收入低于 3000 元的消费者而言，碳标签对低碳消费行为的影响机制模型如图 7 - 7 所示。

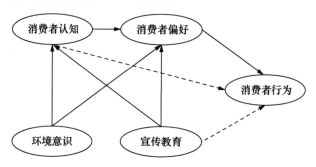

图 7 - 7　月收入低于 3000 元的消费者—碳标签
对低碳消费行为的影响机制模型

　　其次，本书对月收入 3000 元及以上的消费者模型中"消费者偏好"的中介作用进行了验证，结果见表 7 – 17。

表 7 – 17　　　　　　月收入大于等于 3000 元的消费者中介作用

| IV | M | DV | IV→DV | IV→M | IV + M→DV | | M 的中介 |
					IV	M	作用判断
消费者认知	消费者偏好	消费者行为	0.553***	0.529***	0.189***	0.689***	部分中介
环境意识	消费者偏好	消费者行为	0.168**	0.183**	0.024	0.785***	完全中介
宣传教育	消费者偏好	消费者行为	0.471***	0.428***	0.163***	0.719***	部分中介

　　注：IV，自变量；M，中介变量；DV，因变量。*** 为 $p < 0.001$，** 为 $0.001 \leq p < 0.01$。

　　资料来源：笔者根据 SPSS 软件的运行结果整理所得。

　　从表 7 – 17 可以看出，"消费者认知"对"消费者行为"的影响，部分通过中介变量"消费者偏好"来实现，即"消费者认知"对"消费者行为"存在一定程度的间接影响。"消费者偏好"的中介效应占总效应的比值为 65.91%［Effect(M) = 0.529 × 0.689/0.553 = 0.6591］；中介效应解释了因变量方差变异的 58.48%［sqrt(0.647 − 0.304) = 0.5848］。

　　"环境意识"对"消费者行为"的影响，完全通过中介变量"消费者偏好"来实现。

　　"宣传教育"对"消费者行为"的影响，部分通过中介变量"消费者偏好"来实现，即"宣传教育"对"消费者行为"存在一定程度的间接影响。"消费者偏好"的中介效应占总效应的比值为 65.34%［Effect（M）= 0.428 × 0.719/0.471 = 0.6534］；中介效应解释了因变量方差变异的 64.96%［sqrt（0.642 − 0.220）= 0.6496］。

　　综上，对月收入大于等于 3000 元的消费者而言，碳标签对低碳消费行为的影响机制模型如图 7 – 8 所示。

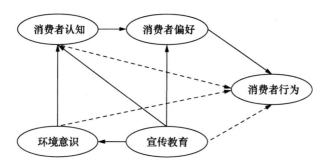

图 7-8 月收入大于等于 3000 元的消费者—碳标签对低碳消费行为的影响机制模型

三 基于消费额特征的分析与讨论

依据样本的月农产品消费额水平，将全部 873 个样本分为两组：月农产品消费额低于 1000 元的样本为一组，月农产品消费额 1000 元及以上的样本为一组。分别运用上述两组数据进行独立样本 T 检验、基于结构方程模型的多组比较分析以及中介效应分析。

1. 不同月农产品消费额水平的独立样本 T 检验

对不同月农产品消费水平的样本进行独立样本 T 检验，结果如表 7-18 所示。月农产品消费额低于 1000 元的消费者与月农产品消费额 1000 元及以上的消费者在"环境意识"维度的 3 个显变量（"对高碳生活方式危害的意识度"、"日常生活中采用低碳行为的意识度"、"对低碳环保政策措施的关注度"）上没有显著差异；在"宣传教育"维度的两个显变量（"参与碳标签宣传教育活动的意愿"、"主动宣传碳标签的意愿"）上没有显著差异。而这两个不同农产品消费水平的群体，在"消费者偏好"、"消费者认知"以及"消费者行为" 3 个维度的潜变量上均表现出显著差异，且高水平消费者的表现优于低水平消费者。

2. 不同月农产品消费水平的结构方程模型多组比较分析

运用结构方程模型的多组比较分析方法对不同农产品消费层次的两组数据进行比较分析，结果如表 7-19 所示。在自由度为 144 时，模型适配度的卡方值等于 152.010，显著性概率值 $p = 0.308 > 0.05$，表示理论模型与实际数据拟合良好。

表 7 - 18　　不同月农产品消费额水平的独立样本 T 检验结果

指标变量	月消费额低于 1000 元			月消费额等于或高于 1000 元			t	Sig. 2 - tailed
	Mean	Std. Deviation	Std. Error Mean	Mean	Std. Deviation	Std. Error Mean		
低碳在消费者购买决策要素中的位次	2.64	1.189	0.057	2.84	1.193	0.057	-2.521	0.012
购买低碳产品的意愿	2.82	0.742	0.035	3.13	0.839	0.040	-5.810	0.000
对低碳产品价格的偏好	1.69	0.763	0.036	1.97	0.909	0.044	-4.914	0.000
对高碳生活方式危害的意识度	2.68	1.040	0.050	2.68	1.129	0.054	-0.052	0.958
日常生活中采用低碳行为的意识度	2.67	1.152	0.055	2.70	1.224	0.059	-0.361	0.718
对低碳环保政策措施的关注度	2.75	0.824	0.039	2.72	0.912	0.044	0.517	0.606
对碳标签的认知度	1.97	0.780	0.037	2.27	0.994	0.048	-4.966	0.000
对低碳和高碳产品区别的认知度	2.33	0.767	0.037	2.58	0.885	0.042	-4.475	0.000
对低碳生活方式的认知度	2.24	0.796	0.038	2.52	1.016	0.049	-4.427	0.000
对当前碳标签宣传教育效用的评价	3.67	0.912	0.044	3.79	0.784	0.038	-2.178	0.030
参与碳标签宣传教育活动的意愿	3.55	0.881	0.042	3.60	0.812	0.039	-0.782	0.434
主动宣传碳标签的意愿	3.69	0.856	0.041	3.71	0.772	0.037	-0.361	0.718
采购低碳产品的金额比例	1.76	0.624	0.030	2.08	0.917	0.044	-6.123	0.000

续表

指标变量	月消费额低于 1000 元			月消费额等于或高于 1000 元			t	Sig. 2 - tailed
	Mean	Std. Deviation	Std. Error Mean	Mean	Std. Deviation	Std. Error Mean		
为低碳产品多支付的比例	1.84	0.676	0.032	2.13	0.878	0.042	-5.655	0.000
选购全部产品的碳排量	1.76	0.625	0.030	2.09	0.918	0.044	-6.201	0.000

资料来源：笔者根据 SPSS 软件的运行结果整理所得。

表 7 - 19　　　　　　　农产品消费额维度模型主要适配指数

拟合指标	χ^2（df）	χ^2/df	RMSEA	GFI	AGFI	CFI	TLI	RMR
标准数值	—	< 2.00	< 0.08	> 0.90	> 0.90	> 0.90	> 0.90	< 0.05
实际拟合数值	152.010（df = 144）	1.056	0.008	0.978	0.963	0.999	0.999	0.025

资料来源：笔者根据 AMOS 软件的运行结果整理所得。

对月农产品消费额低于 1000 元的消费者而言，"宣传教育"对"消费者偏好"的影响不显著。但对月农产品消费额 1000 元及以上的消费者而言，"宣传教育"对"消费者偏好"有显著影响。即宣传教育对农产品消费额较高消费者的偏好所产生的影响，显著于对农产品消费额较低消费者的偏好所产生的影响（如表 7 - 20 所示）。

表 7 - 20　　　　　农产品消费额维度的结构方程模型检验结果

假设	月消费额低于 1000 元			月消费额等于或高于 1000 元		
	标准化回归系数	p	接受/拒绝	标准化回归系数	p	接受/拒绝
环境意识←宣传教育	0.118	*	接受	0.114	*	接受
消费者认知←环境意识	0.256	***	接受	0.216	***	接受
消费者认知←宣传教育	0.204	**	接受	0.468	***	接受
消费者偏好←消费者认知	0.436	***	接受	0.523	***	接受

续表

假设	月消费额低于 1000 元			月消费额等于或高于 1000 元		
	标准化回归系数	p	接受/拒绝	标准化回归系数	p	接受/拒绝
消费者偏好←环境意识	−0.088	ns	拒绝	−0.053	ns	拒绝
消费者偏好←宣传教育	0.082	ns	拒绝	0.292	***	接受
消费者行为←消费者偏好	0.678	***	接受	0.727	***	接受
消费者行为←宣传教育	0.077	ns	拒绝	0.034	ns	拒绝
消费者行为←环境意识	0.038	ns	拒绝	0.014	ns	拒绝
消费者行为←消费者认知	−0.084	ns	拒绝	0.078	ns	拒绝

注：*** 为 $p < 0.001$，** 为 $0.001 \leqslant p < 0.01$，* 为 $0.01 \leqslant p < 0.05$，ns 为 $p \geqslant 0.05$。

资料来源：笔者根据 AMOS 软件的运行结果整理所得。

3. 不同月农产品消费水平的中介作用检验

首先，本书对月农产品消费额低于 1000 元的消费者模型中"消费者偏好"的中介作用进行了验证，结果见表 7 − 21。

表 7 − 21　　月农产品消费额低于 1000 元的消费者中介作用

IV	M	DV	$IV \rightarrow DV$	$IV \rightarrow M$	$IV + M \rightarrow DV$		M 的中介作用判断
					IV	M	
消费者认知	消费者偏好	消费者行为	0.190 ***	0.250 ***	0.039	0.605 ***	完全中介
环境意识	消费者偏好	消费者行为	0.036	0.023	0.022	0.614 ***	没有中介
宣传教育	消费者偏好	消费者行为	0.180 ***	0.165 **	0.081 *	0.601 ***	部分中介

注：IV，自变量；M，中介变量；DV，因变量。*** 为 $p < 0.001$，** 为 $0.001 \leqslant p < 0.01$，* 为 $0.01 \leqslant p < 0.05$。

资料来源：笔者根据 SPSS 软件的运行结果整理所得。

由表 7 − 21 可知，"消费者认知"对"消费者行为"的影响，完全通过中介变量"消费者偏好"来实现。从"环境意识"到"消费者行为"，"消费者偏好"没有中介作用。"宣传教育"对"消费者行为"的影响，部分通过中介变量"消费者偏好"来实现，即"宣传教育"对"消费者行为"存在一定程度的间接影响。"消费者偏好"的中介效应占总效应的比值为 55.09% [Effect(M) = 0.165 × 0.601/0.180 = 0.5509];中介效应解释了因变量方差变异的 59.25% [sqrt(0.381 – 0.030) = 0.5925]。

综上,对月农产品消费额低于 1000 元的消费者而言,碳标签对低碳消费行为的影响机制模型如图 7 – 9 所示。

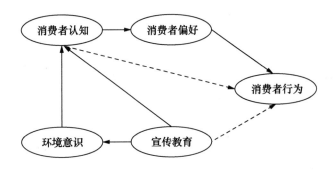

图 7 – 9 月农产品消费额低于 1000 元的消费者—碳标签对低碳消费行为的影响机制模型

其次,本书对月农产品消费额 1000 元及以上的消费者模型中"消费者偏好"的中介作用进行了验证,结果见表 7 – 22。

表 7 – 22 月农产品消费额大于等于 1000 元的消费者中介作用

IV	M	DV	IV→DV	IV→M	IV + M →DV		M 的中介作用判断
					IV	M	
消费者认知	消费者偏好	消费者行为	0.503 ***	0.484 ***	0.177 ***	0.673 ***	部分中介
环境意识	消费者偏好	消费者行为	0.111 *	0.110 *	0.028	0.755 ***	完全中介
宣传教育	消费者偏好	消费者行为	0.369 ***	0.376 ***	0.098 **	0.722 ***	部分中介

注:IV,自变量;M,中介变量;DV,因变量。*** 为 $p < 0.001$,** 为 $0.001 \leqslant p < 0.01$,* 为 $0.01 \leqslant p < 0.05$。

资料来源:笔者根据 SPSS 软件的运行结果整理所得。

表 7 – 22 显示,"消费者认知"对"消费者行为"的影响,部分

通过中介变量"消费者偏好"来实现，即"消费者认知"对"消费者行为"存在一定程度的间接影响。"消费者偏好"的中介效应占总效应的比值为 64.76% [Effect(M) = 0.484 × 0.673/0.503 = 0.6476]；中介效应解释了因变量方差变异的 58.82% [sqrt(0.597 − 0.251) = 0.5882]。"环境意识"对"消费者行为"的影响，完全通过中介变量"消费者偏好"来实现。"宣传教育"对"消费者行为"的影响，部分通过中介变量"消费者偏好"来实现，即"宣传教育"对"消费者行为"有一定程度的间接影响。"消费者偏好"的中介效应占总效应的比值为 73.57% [Effect（M） = 0.376 × 0.722/0.369 = 0.7357]；中介效应解释了因变量方差变异的 66.86% [sqrt(0.581 − 0.134) = 0.6686]。

综上，对月农产品消费额大于等于 1000 元的消费者而言，碳标签对低碳消费行为的影响机制模型如图 7 - 10 所示。

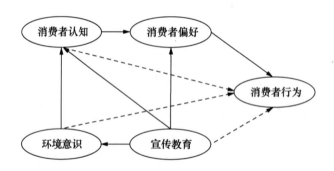

图 7 - 10 月农产品消费额大于等于 1000 元的消费者—碳标签对低碳消费行为的影响机制模型

四 基于性别特征的分析与讨论

依据样本的性别，将全部 873 个样本分为两组：男性样本为一组，女性样本为一组。分别运用上述两组数据进行独立样本 T 检验、基于结构方程模型的多组比较分析以及中介效应分析。

1. 不同性别组的独立样本 T 检验

本书对不同性别组的样本进行独立样本 T 检验，结果如表 7 - 23 所示。男性农产品消费者与女性农产品消费者在"消费者偏好"维度

表 7 - 23　　　　　不同性别组的独立样本 T 检验结果

指标变量	男性			女性			t	Sig. 2 - tailed
	Mean	Std. Deviation	Std. Error Mean	Mean	Std. Deviation	Std. Error Mean		
低碳在消费者购买决策要素中的位次	2.82	1.189	0.062	2.69	1.197	0.053	1.628	0.104
购买低碳产品的意愿	3.05	0.841	0.044	2.93	0.778	0.035	2.163	0.031
对低碳产品价格的偏好	1.89	0.914	0.048	1.79	0.799	0.035	1.687	0.092
对高碳生活方式危害的意识度	2.69	1.085	0.057	2.67	1.086	0.048	0.341	0.734
日常生活中采用低碳行为的意识度	2.73	1.208	0.063	2.65	1.174	0.052	0.989	0.323
对低碳环保政策措施的关注度	2.74	0.883	0.046	2.73	0.859	0.038	0.146	0.884
对碳标签的认知度	2.20	0.935	0.049	2.06	0.879	0.039	2.318	0.021
对低碳和高碳产品区别的认知度	2.54	0.893	0.047	2.39	0.788	0.035	2.694	0.007
对低碳生活方式的认知度	2.46	0.940	0.049	2.32	0.906	0.040	2.104	0.036
对当前碳标签宣传教育效用的评价	3.73	0.855	0.045	3.73	0.852	0.038	-0.119	0.905
参与碳标签宣传教育活动的意愿	3.53	0.865	0.045	3.61	0.833	0.037	-1.300	0.194
主动宣传碳标签的意愿	3.58	0.846	0.044	3.79	0.781	0.035	-3.732	0.000
采购低碳产品的金额比例	2.01	0.866	0.045	1.86	0.744	0.033	2.623	0.009
为低碳产品多支付的比例	2.04	0.823	0.043	1.94	0.777	0.034	1.819	0.069
选购全部产品的碳排量	2.00	0.855	0.045	1.87	0.757	0.034	2.359	0.019

资料来源：笔者根据 SPSS 软件的运行结果整理所得。

的两个显变量上（"低碳在消费者购买决策要素中的位次"、"对低碳产品价格的偏好"）上没有显著差异；在"环境意识"维度的3个显变量（"对高碳生活方式危害的意识度"、"日常生活中采用低碳行为的意识度"、"对低碳环保政策措施的关注度"）上均没有显著差异；在"宣传教育"维度的两个显变量（"对当前碳标签宣传教育效用的评价"、"参与碳标签宣传教育活动的意愿"）上没有显著差异；在"消费者行为"维度的一个显变量（"为低碳产品多支付的比例"）上没有显著差异。

男性农产品消费者与女性农产品消费者在"消费者认知"维度存在显著差异，且前者的表现优于后者。同时，男性农产品消费者相对女性农产品消费者具有更高的购买低碳农产品的意愿。另外，在"消费者行为"方面，男性农产品消费者相对女性农产品消费者采购低碳产品的金额比例更高，并且具备更少的碳排放量。

2. 不同性别组的层次结构方程模型分析

运用结构方程模型的多组比较分析方法对不同性别的两组数据进行比较分析，结果如表7-24所示。在自由度为146时，模型适配度的卡方值等于154.366，显著性概率值 $p = 0.302 > 0.05$，表示理论模型与实际数据拟合良好。

表7-24 性别维度模型主要适配指数

拟合指标	χ^2 （df）	χ^2/df	RMSEA	GFI	AGFI	CFI	TLI	RMR
标准数值	—	<2.00	<0.08	>0.90	>0.90	>0.90	>0.90	<0.05
实际拟合数值	154.366 （df=146）	1.057	0.008	0.978	0.963	0.999	0.999	0.024

资料来源：笔者根据 AMOS 软件的运行结果整理所得。

由表7-25可知，对男性消费者而言，"宣传教育"对"环境意识"有显著影响。但对女性消费者而言，"宣传教育"对"环境意识"没有显著影响。即宣传教育对男性消费者的环境意识所产生的影响，显著于对女性消费者的环境意识所产生的影响。

　　对男性消费者而言，"环境意识"对"消费者偏好"没有显著影响。但对女性消费者而言，"环境意识"对"消费者偏好"有显著影响。即环境意识对女性消费者偏好所产生的影响，显著于对男性消费者偏好所产生的影响。

表 7 –25　　　　　　　性别维度结构方程模型检验结果

假设	男性			女性		
	标准化回归系数	p	接受/拒绝	标准化回归系数	p	接受/拒绝
环境意识←宣传教育	0.143	*	接受	0.090	ns	拒绝
消费者认知←环境意识	0.221	***	接受	0.215	***	接受
消费者认知←宣传教育	0.475	***	接受	0.257	***	接受
消费者偏好←消费者认知	0.564	***	接受	0.488	***	接受
消费者偏好←环境意识	0.041	ns	拒绝	0.117	*	接受
消费者偏好←宣传教育	0.172	*	接受	0.215	***	接受
消费者行为←消费者偏好	0.757	***	接受	0.669	***	接受
消费者行为←宣传教育	0.052	ns	拒绝	0.075	ns	拒绝
消费者行为←环境意识	0.003	ns	拒绝	0.024	ns	拒绝
消费者行为←消费者认知	0.019	ns	拒绝	0.057	ns	拒绝

　　注：*** 为 $p < 0.001$，* 为 $0.01 \leqslant p < 0.05$，ns 为 $p \geqslant 0.05$。

　　资料来源：笔者根据 AMOS 软件的运行结果整理所得。

　　3. 不同性别层次中介作用检验

　　首先，对男性消费者模型中"消费者偏好"的中介作用进行分析验证，结果见表 7 –26。

表 7 –26　　　　　　　　男性消费者的中介作用

IV	M	DV	$IV \to DV$	$IV \to M$	$IV + M \to DV$		M 的中介作用判断
					IV	M	
消费者认知	消费者偏好	消费者行为	0.473 ***	0.467 ***	0.144 ***	0.705 ***	部分中介
环境意识	消费者偏好	消费者行为	0.126 *	0.155 **	0.006	0.771 **	完全中介
宣传教育	消费者偏好	消费者行为	0.343 ***	0.340 ***	0.091 ***	0.741 ***	部分中介

　　注：IV，自变量；M，中介变量；DV，因变量。*** 为 $p < 0.001$，** 为 $0.001 \leqslant p < 0.01$，* 为 $0.01 \leqslant p < 0.05$。

　　资料来源：笔者根据 SPSS 软件的运行结果整理所得。

由表7-26可知，"消费者认知"对"消费者行为"的影响，部分通过中介变量"消费者偏好"来实现，即"消费者认知"对"消费者行为"存在一定程度的间接影响。"消费者偏好"的中介效应占总效应的比值为69.61% [Effect（M）= 0.467 × 0.705/0.473 = 0.6961]；中介效应解释了因变量方差变异的62.29% [sqrt（0.610 - 0.222）= 0.6229]。"环境意识"对"消费者行为"的影响，完全通过中介变量"消费者偏好"来实现。"宣传教育"对"消费者行为"的影响，部分通过中介变量"消费者偏好"来实现，即"宣传教育"对"消费者行为"存在一定程度的间接影响。"消费者偏好"的中介效应占总效应的比值为73.45% [Effect（M）= 0.340 × 0.741/0.343 = 0.7345]；中介效应解释了因变量方差变异的69.71% [sqrt（0.601 - 0.115）= 0.6971]。

综上，对男性消费者而言，碳标签对低碳消费行为的影响机制模型如图7-11所示。

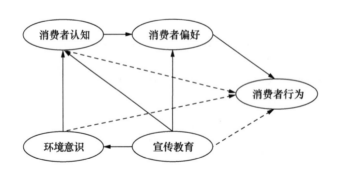

图7-11 男性消费者—碳标签对低碳消费行为的影响机制模型

其次，本书对女性消费者模型中"消费者偏好"的中介作用进行了验证，结果见表7-27。

表7-27显示，"消费者认知"对"消费者行为"的影响，部分通过中介变量"消费者偏好"来实现，即"消费者认知"对"消费者行为"存在一定程度的间接影响。"消费者偏好"的中介效应占总效应的比值为60.06% [Effect（M）= 0.355 × 0.604/0.357 = 0.6006]；

中介效应解释了因变量方差变异的 56.48% [sqrt(0.445 − 0.126) = 0.5648]。从"环境意识"到"消费者行为","消费者偏好"没有中介作用。"宣传教育"对"消费者行为"的影响,部分通过中介变量"消费者偏好"来实现,即"宣传教育"对"消费者行为"存在一定程度的间接影响。"消费者偏好"的中介效应占总效应的比值为 60.19% [Effect(M) = 0.232 × 0.633/0.244 = 0.6019];中介效应解释了因变量方差变异的 61.56% [sqrt(0.437 − 0.057) = 0.6156]。

表7-27　　　　　　　　　女性消费者的中介作用

| IV | M | DV | IV→DV | IV→M | IV + M →DV | | M 的中介 |
					IV	M	作用判断
消费者认知	消费者偏好	消费者行为	0.357 ***	0.355 ***	0.143 ***	0.604 ***	部分中介
环境意识	消费者偏好	消费者行为	0.037	0.001	0.037	0.655 ***	没有中介
宣传教育	消费者偏好	消费者行为	0.244 ***	0.232 ***	0.097 **	0.633 ***	部分中介

注:IV,自变量;M,中介变量;DV,因变量。*** 为 $p < 0.001$,** 为 $0.001 \leqslant p < 0.01$。

资料来源:笔者根据 SPSS 软件的运行结果整理所得。

综上,对女性消费者而言,碳标签对低碳消费行为的影响机制模型如图7-12所示。

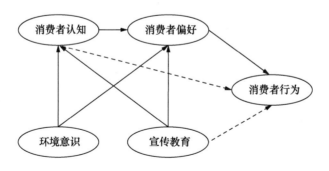

图7-12　女性消费者—碳标签对低碳消费行为的影响机制模型

五　基于年龄特征的分析与讨论

依据样本的年龄特征,将全部 873 个样本分为两组:年龄在 29

岁及以下的样本为一组，年龄在30岁及以上的样本为一组。分别运用上述两组数据进行独立样本T检验、基于结构方程模型的多组比较分析以及中介效应分析。

1. 不同年龄段的独立样本T检验

对不同年龄层次的样本进行独立样本T检验，结果如表7-28所示。年龄在29岁及以下的消费者与年龄在30岁及以上的消费者在"消费者偏好"、"消费者认知"以及"消费者行为"3个维度上均没有显著差异。而在"环境意识"的两个潜变量（"日常生活中采用低碳行为的意识度"与"对低碳环保政策措施的关注度"）上，年龄在29岁及以下的消费者与年龄在30岁及以上的消费者存在显著差异，且年长者的表现优于年轻者。同样，在"宣传教育"的3个潜变量上，这两个年龄段的消费者存在显著差异，且年长者的表现优于年轻者。

表7-28　　　　　　不同年龄段的独立样本T检验结果

指标变量	年龄在29岁及以下			年龄在30岁及以上			t	Sig. 2 - tailed
	Mean	Std. Deviation	Std. Error Mean	Mean	Std. Deviation	Std. Error Mean		
低碳在消费者购买决策要素中的位次	2.78	1.197	0.062	2.71	1.193	0.053	0.795	0.427
购买低碳产品的意愿	2.95	0.720	0.037	2.99	0.866	0.039	-0.739	0.460
对低碳产品价格的偏好	1.77	0.788	0.041	1.87	0.892	0.040	-1.780	0.075
对高碳生活方式危害的意识度	2.68	1.073	0.056	2.68	1.094	0.049	-0.043	0.965
日常生活中采用低碳行为的意识度	2.56	1.151	0.060	2.77	1.208	0.054	-2.599	0.010
对低碳环保政策措施的关注度	2.64	0.830	0.043	2.80	0.891	0.040	-2.734	0.006
对碳标签的认知度	2.09	0.811	0.042	2.14	0.970	0.043	-0.845	0.398

续表

指标变量	年龄在 29 岁及以下			年龄在 30 岁及以上			t	Sig. 2 - tailed
	Mean	Std. Deviation	Std. Error Mean	Mean	Std. Deviation	Std. Error Mean		
对低碳和高碳产品区别的认知度	2.44	0.730	0.038	2.46	0.908	0.041	-0.280	0.780
对低碳生活方式的认知度	2.38	0.833	0.043	2.38	0.984	0.044	-0.079	0.937
对当前碳标签宣传教育效用的评价	3.64	0.784	0.041	3.80	0.894	0.040	-2.810	0.005
参与碳标签宣传教育活动的意愿	3.50	0.792	0.041	3.63	0.882	0.039	-2.308	0.021
主动宣传碳标签的意愿	3.61	0.805	0.042	3.77	0.817	0.036	-2.764	0.006
采购低碳产品的金额比例	1.95	0.710	0.037	1.90	0.862	0.039	0.789	0.430
为低碳产品多支付的比例	2.02	0.727	0.038	1.95	0.846	0.038	1.338	0.181
选购全部产品的碳排量	1.94	0.708	0.037	1.91	0.866	0.039	0.701	0.484

资料来源：笔者根据 SPSS 软件的运行结果整理所得。

2. 不同年龄段的结构方程模型分析

运用结构方程模型的多组比较分析方法对不同年龄段的两组数据进行比较分析，结果如表 7 - 29 所示。在自由度为 138 时，模型适配度的卡方值等于 149.788，显著性概率值 $p = 0.233 > 0.05$，表示理论模型与实际数据拟合良好。

由表 7 - 30 可知，对年龄小于等于 29 岁的消费者而言，"宣传教育"对"环境意识"没有显著影响。但对年龄大于等于 30 岁的消费者而言，"宣传教育"对"环境意识"有显著影响。即宣传教育对年龄大于等于 30 岁消费者的环境意识所产生的影响，显著于对年龄小于等于 29 岁消费者的环境意识所产生的影响。

表 7 - 29 年龄维度模型的主要配适指数

拟合指标	χ^2 (df)	χ^2/df	RMSEA	GFI	AGFI	CFI	TLI	RMR
标准数值	—	< 2.00	< 0.08	> 0.90	> 0.90	> 0.90	> 0.90	< 0.05
实际拟合数值	149.788 (df = 138)	1.085	0.010	0.978	0.962	0.999	0.998	0.026

资料来源：笔者根据 AMOS 软件的运行结果整理所得。

表 7 - 30 年龄维度的结构方程模型检验结果

假设	年龄在 29 岁及以下			年龄在 30 岁及以上		
	标准化回归系数	p	接受/拒绝	标准化回归系数	p	接受/拒绝
环境意识←宣传教育	0.045	ns	拒绝	0.143	**	接受
消费者认知←环境意识	0.065	ns	拒绝	0.301	***	接受
消费者认知←宣传教育	0.315	***	接受	0.343	***	接受
消费者偏好←消费者认知	0.355	***	接受	0.618	***	接受
消费者偏好←环境意识	0.141	**	接受	0.066	ns	拒绝
消费者偏好←宣传教育	0.331	***	接受	0.118	*	接受
消费者行为←消费者偏好	0.643	***	接受	0.729	***	接受
消费者行为←宣传教育	0.061	ns	拒绝	0.070	ns	拒绝
消费者行为←环境意识	0.036	ns	拒绝	0.011	ns	拒绝
消费者行为←消费者认知	0.114	ns	拒绝	0.015	ns	拒绝

注：***为 $p < 0.001$，**为 $0.001 \leqslant p < 0.01$，*为 $0.01 \leqslant p < 0.05$，ns 为 $p \geqslant 0.05$。
资料来源：笔者根据 AMOS 软件的运行结果整理所得。

对年龄小于等于 29 岁的消费者而言，"环境意识"对"消费者认知"没有显著影响。但对年龄大于等于 30 岁的消费者而言，"环境意识"对"消费者认知"有显著影响。即环境意识对年龄大于等于 30 岁的消费者的低碳认知所产生的影响，显著于对年龄小于等于 29 岁的消费者的低碳认知所产生的影响。

对年龄小于等于 29 岁的消费者而言，"环境意识"对"消费者偏好"有显著影响。但对年龄大于等于 30 岁的消费者而言，"环境意识"对"消费者偏好"没有显著影响。即环境意识对年龄小于等于 29 岁消费者的消费偏好所产生的影响，显著于对年龄大于等于 30 岁消费者的消费偏好所产生的影响。

3. 不同年龄段的中介作用检验

首先，本书对年龄在 29 岁及以下的消费者模型中"消费者偏好"的中介作用进行了验证，结果见表 7 - 31。

表 7 - 31　　　　　　　年龄在 29 岁及以下消费者的中介作用

| IV | M | DV | IV→DV | IV→M | IV + M→DV | | M 的中介 |
					IV	M	作用判断
消费者认知	消费者偏好	消费者行为	0.356 ***	0.294 ***	0.180 ***	0.596 ***	部分中介
环境意识	消费者偏好	消费者行为	0.021	− 0.049	0.052	0.652 **	没有中介
宣传教育	消费者偏好	消费者行为	0.321 ***	0.322 ***	0.125 **	0.609 ***	部分中介

注：IV，自变量；M，中介变量；DV，因变量。*** 为 $p < 0.001$，** 为 $0.001 \leqslant p < 0.01$。

资料来源：笔者根据 SPSS 软件的运行结果整理所得。

表 7 - 31 显示，"消费者认知"对"消费者行为"的影响，部分通过中介变量"消费者偏好"来实现，即"消费者认知"对"消费者行为"存在一定程度的间接影响。"消费者偏好"的中介效应占总效应的比值为 49.22%〔Effect（M）= 0.294 × 0.596/0.356 = 0.4922〕；中介效应解释了因变量方差变异的 57.01%〔sqrt（0.449 − 0.124）= 0.5701〕。从"环境意识"到"消费者行为"，"消费者偏好"没有中介作用。"宣传教育"对"消费者行为"的影响，部分通过中介变量"消费者偏好"来实现，即"宣传教育"对"消费者行为"存在一定程度的间接影响。"消费者偏好"的中介效应占总效应的比值为 61.09%〔Effect（M）= 0.322 × 0.609/0.321 = 0.6109〕；中介效应解释了因变量方差变异的 57.71%〔sqrt（0.433 − 0.100）= 0.5771〕。

综上，对年龄在 29 岁及以下消费者而言，碳标签对低碳消费行为的影响机制模型如图 7 - 13 所示。

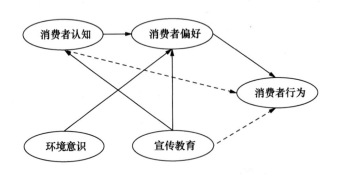

图 7 - 13　年龄在 29 岁及以下消费者—碳标签对低碳消费行为的影响机制模型

其次，本书对年龄在 30 岁及以上的消费者模型中"消费者偏好"的中介作用进行了验证，结果见表 7 - 32。

表 7 - 32　　　　　　　年龄在 30 岁及以上消费者的中介作用

| IV | M | DV | IV→DV | IV→M | IV + M →DV | | M 的中介 |
					IV	M	作用判断
消费者认知	消费者偏好	消费者行为	0.447 ***	0.471 ***	0.123 ***	0.689 ***	部分中介
环境意识	消费者偏好	消费者行为	0.117 **	0.143 **	0.010	0.745 ***	完全中介
宣传教育	消费者偏好	消费者行为	0.269 ***	0.245 ***	0.092 **	0.724 ***	部分中介

注：IV，自变量；M，中介变量；DV，因变量。 *** 为 $p < 0.001$， ** 为 $0.001 \leqslant p < 0.01$。

资料来源：笔者根据 SPSS 软件的运行结果整理所得。

从表 7 - 32 可以看出，"消费者认知"对"消费者行为"的影响，部分通过中介变量"消费者偏好"来实现，即"消费者认知"对"消费者行为"存在一定程度的间接影响。"消费者偏好"的中介效应占总效应的比值为 60.06% [Effect(M) = 0.471 × 0.689/0.447 = 0.7260]；中介效应解释了因变量方差变异的 60.75% [sqrt(0.567 - 0.198) = 0.6075]。

　　"环境意识"对"消费者行为"的影响，完全通过中介变量"消费者偏好"来实现。

　　"宣传教育"对"消费者行为"的影响，部分通过中介变量"消费者偏好"来实现，即"宣传教育"对"消费者行为"存在一定程度的间接影响。"消费者偏好"的中介效应占总效应的比值为 65.94% ［Effect（M）= 0.245 × 0.724/0.269 = 0.6594］；中介效应解释了因变量方差变异的 70.14% ［sqrt（0.563 − 0.071）= 0.7014］。

　　综上，对年龄在 30 岁及以上的消费者而言，碳标签对低碳消费行为的影响机制模型如图 7 − 14 所示。

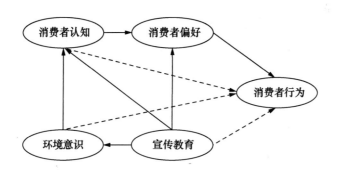

图 7 − 14　年龄在 30 岁及以上的消费者—碳标签对低碳消费行为的影响机制模型

第六节　研究结论

　　综上，本书得出了如下研究结论：

　　（1）"消费者认知"对"消费者偏好"产生显著影响，"消费者偏好"对"消费者行为"产生显著影响，"消费者认知"通过"消费者偏好"的中介作用间接影响消费者行为。

　　研究表明，"消费者偏好"对"消费者行为"产生显著影响，而"消费者认知"又对"消费者偏好"产生显著影响。同时，通过中介变量"消费者偏好"，"消费者认知"对"消费者行为"产生间接影响。无论是总体样本模型，还是收入、农产品消费额、性别、年龄维度的多组比较分析模型，最显著的路径均为：消费者认知→消费者偏好→消费者行为，且"消费者偏好"是"消费者认知"影响"消费者行为"的中介变量。例如，样本总体模型最为显著的影响路径为：宣传教育（0.344）→消费者认知（0.537）→消费者偏好（0.710）→消费者行为。

（2）对高学历、高收入以及高农产品消费水平的消费者群体而言，宣传教育对消费者认知的影响相对显著；对低学历、低收入以及低农产品消费水平的消费者群体而言，环境意识对消费者认知的影响更为显著。

研究表明，对于受教育程度在本科及以上的消费者群体、月收入3000元及以上的消费者群体以及月农产品消费额1000元及以上的消费者群体，"宣传教育"对"环境意识"产生显著影响。同时，对上述群体而言，较之于"环境意识"对"消费者认知"的影响，"宣传教育"对"消费者认知"的影响更为显著。实证分析显示，上述各类群体最为显著的影响路径均为：宣传教育→消费者认知→消费者偏好→消费者行为。相反，对于受教育程度在专科及以下的消费者群体、月收入低于3000元的消费者群体以及月农产品消费额低于1000元的消费者群体，"环境意识"对"消费者认知"的影响更为显著，这三类群体最为显著的影响路径均为：环境意识→消费者认知→消费者偏好→消费者行为。

（3）女性消费者在消费者认知和消费者行为两个维度的表现弱于男性消费者，但环境意识对女性消费者偏好产生的影响高于男性消费者。

研究表明，男性消费者与女性消费者在"消费者认知"维度存在显著差异，且前者的表现优于后者。同时，男性消费者相对女性消费者具有更高的购买低碳产品的意愿。另外，在消费者行为方面，男性消费者相对女性消费者采购低碳产品的金额比例更高，并且具备更少的碳排放量。但是，对男性消费者而言，"环境意识"对"消费者偏好"没有显著影响；而对女性消费者而言，"环境意识"对"消费者偏好"具有显著影响。

（4）中老年消费者在环境意识维度和宣传教育维度的表现优于青年消费者，但环境意识对青年消费者偏好产生的影响大于中老年消费者。

研究表明，年龄在 29 岁及以下的消费者（青年消费者）与年龄在 30 岁及以上的消费者（中老年消费者）在"环境意识"的 2 个显变量（"日常生活中采用低碳行为的意识度"和"对低碳环保政策措施的关注度"）上，青年消费者与中老年消费者两组之间存在显著差异，且后者的表现好于前者。同样，在"宣传教育"的 3 个显变量上，青年消费者与中老年消费者两组之间也存在显著差异，且后者的表现好于前者。但是，对中老年消费者而言，"环境意识"对"消费者偏好"的影响不显著；而对青年消费者而言，"环境意识"对"消费者偏好"的影响具有显著性。

第八章　全书研究结论、
对策建议与展望

第一节　研究结论

1. 融入碳要素后国际贸易比较优势理论模型将会产生变化。一方面，加入碳要素后原李嘉图理论模型的内涵将会发生改变。在沿用国际贸易李嘉图关于比较优势的经典案例的前提下的两个国家两种产品，通过将考察对象由劳动变为考察碳要素，得出原有的比较优势会变成比较劣势，原来的比较劣势反而成了比较优势。一国大量生产并出口其具有比较优势的产品，大量进口其具有比较劣势的产品。这样在充分考虑碳要素的前提下，国际贸易格局就发生了根本性的变化。另一方面，考虑碳要素后原 H－O 理论模型的国别优势将发生逆转。本书在借鉴前人经典案例、不改变前两种要素的情况下，将第三种要素——碳要素加入进来，采用与原先相同的分析策略来进行对比研究。结果表明，加入第三种要素以后原来的比较优势将发生变化，原来在生产这种产品上具有的比较优势反而变成了比较劣势。

2. 发达国家征收碳关税将不可避免，而在中国应对碳关税的三种可选策略中，对内征收碳税是中国应对碳关税的最优策略。从发达国家与发展中国家之间的演化博弈可以看出，发达国家征收碳关税的可能性会很大。而中国应对碳关税有三种可选策略，一是对出口到中国的高碳农产品征收报复性碳关税；二是对内征收碳税，以促使中国农产品生产企业考虑环境成本，避免发达国家向我国农产品征收碳关税；三是开发低碳农业技术，减少碳排放。从情景分析和蒙特卡洛模拟结果来分析，对内征收碳税都是最优策略。我国在发达国家征收碳关税之前，率先对国内征收碳税，这种倒逼机制不仅能够使农产品生产企业着力低碳农业技术的研发，改进农产品生产工艺，还能够避免发达国家的碳关税征收。同时，这部分税收将留在国内，而不会被发达国家征收走用来补贴它们的企业。

3. 碳足迹测度标准存在多元化问题，且碳标签方案的规范性欠缺。目前碳足迹标准的实践具有积极的反响，但也面临着标准多元化带来的问题。由于目标、用途、技术实力和资金支持力度等方面的不同，现有的碳足迹测度方案在制订组织、适用范围、测度范围、测度标准和测度方法等多方面存在显著差异。同时，已有的碳标签方案在实施中展现出积极的功效，包括提供了生产者与消费者之间的一种沟通渠道；提升利益相关者的信息充裕度和认知度；帮助生产者捕捉减少碳排放的关键环节以及帮助消费者在购买决策中比较产品碳排量等。但与此同时，碳标签方案的推广规范性问题及其危害也逐渐暴露。具体体现为：配套法规规范不健全；碳标签种类繁多，传递的信息各异，消费者难以辨别比较；另外，还存在一些概念模糊的宣传可能会误导消费者。

4. 碳关税对中国农产品的市场结构，乃至世界贸易的利益格局将产生显著影响。第一，碳关税将使中国农产品产量和出口额呈小幅增加趋势而进口额呈下降趋势。这是由于开征碳关税以后，中国的生产要素向碳排放强度相对较低的农业部门积聚，产生了产业替代效应，导致农产品产量和出口份额有所增加，同时碳关税提高了世界农产品价格，在一定程度上抑制了中国对农产品的进口需求。第二，欧美日开征碳关税以后，将对中国流向国际市场的出口农产品带来结构性的变化，在征税国市场份额减少的同时，在东盟、非洲、金砖国家和世界其他地区的市场份额将会增加。第三，征收碳关税后，征税的发达国家净出口增加，而中国等发展中国家的净出口普遍减少。同时，征收碳关税将有利于改善征税国的贸易条件，而使中国等发展中国家的贸易条件恶化。这表明，征税国将成为世界贸易格局变化的受益者，而以中国为首的发展中国家将是受损者。

5. 不同类型的消费者"对低碳产品的支付意愿"具有显著差异，且学历与收入是影响消费者支付意愿的主要因素。学历层次、月收入水平、月家庭农产品消费额等人口变量在支付意愿上表现为正向变动，即随着学历层次、月收入水平、月家庭农产品消费额的提高，消费者的低碳产品支付意愿将随之增强。学历层次和月收入水平等人口变量对消费者低碳产品的支付意愿具有显著影响。其中，学历层次和月收入正向影响支付意愿，即在其他条件不变的情形下，学历层次越高、月收入越高，消费者对低碳产品的支付意愿越强烈。

6. 不同类型的消费者"对政府低碳产品补贴的期望"存在一定差异，且学历、收入是影响消费者补贴期望的主要因素。对政府低碳产品补贴的期望在不同人口统计变量的相差比从高到低分别为：学历、月收入、年龄、地区、性别；各年龄消费群体对政府低碳产品补贴的期望按照年龄从低到高呈"Z"字形排列，即青年消费者期望最高，青少年和老年消费者次之，中年消费者对政府低碳产品补贴的期望要求最低；学历和收入"对政府低碳产品补贴的期望"影响最大，并与"对政府低碳产品补贴的期望"呈负相关关系，即高学历和高收入消费者群体对政府低碳产品补贴的期望相对较低。

7. 不同类型的消费者在"低碳购买行为"方面存在较大差异，且消费者的"低碳购买行为"与其"对低碳农产品的偏好"显著相关，消费者"对政府低碳政策及其实施效率的感知"为二者的调节变量。"低碳购买行为"在不同人口统计变量的高低点相对差从高到低排列为：学历、地区、月农产品消费额、月收入和年龄；各人口统计变量内标准差最大的是地区，依次是学历、月收入、月农产品消费额和年龄。同时，相关分析结果显示，与"低碳购买行为"变量相关系数最高的为"对低碳农产品的偏好"变量；调节效应分析结果显示，消费者"对政府低碳政策及其实施效率的感知"在"对低碳农产品的偏好"和"低碳购买行为"之间存在显著的调节作用，即政府低碳政策越规范，"低碳购买行为"越强。

8. "消费者认知"对"消费者偏好"产生显著影响，"消费者偏好"对"消费者行为"产生显著影响，"消费者认知"通过"消费者偏好"的中介作用间接影响"消费者行为"。结构方程模型分析表明，"消费者偏好"对"消费者行为"产生显著影响，而"消费者认知"又对"消费者偏好"产生显著影响。同时，通过中介变量"消费者偏好"，"消费者认知"对"消费者行为"产生间接影响。无论是总体样本模型，还是收入、农产品消费额、性别、年龄维度的多组比较分析模型，最显著的路径均为：消费者认知→消费者偏好→消费者行为，且"消费者偏好"是"消费者认知"影响"消费者行为"的中介变量。例如，样本总体模型最为显著的影响路径为：宣传教育→消费者认知→消费者偏好→消费者行为。

9. 不同类型的消费者在"碳标签对低碳消费行为的影响路径与系数"上存在一定差异。这种差异具体表现为：对高学历、高收入以及高农产品消费水平的消费者群体而言，"宣传教育"对"消费者认知"的影响相对显著；对低学历、低收入以及低农产品消费水平的消费者群体而言，环境意识对消费者认知的影响更为显著；女性消费者在"消费者认知"和"消费者行为"两个维度的表现弱于男性消费者，但"环境意识"对女性消费者偏好产生的影响高于男性消费者；中老年消费者在"环境意识"维度和"宣传教育"维度的表现优于青年消费者，但"环境意识"对青年消费者偏好产生的影响大于中老年消费者。

第二节　政策建议

1. 培育动态比较优势，促进我国贸易结构的转型升级，抢占全球碳减排背景下国际贸易的制高点。中国是一个发展中大国，也是国际贸易大国。面临"山雨欲来风满楼"的碳关税国际贸易新环境，我国应该采取积极措施，主动调整产业结构和产品结构，促进低碳产品的生产和出口，减少高碳产品的生产，着力培育我国出口产品的动态比较优势。具体来说，应当保持并发展我国出口产品既有的比较优势；

同时，对某些原来不具备比较优势的产品进行预测分析，提前采取相关措施，为在不久的将来占领全球碳减排背景下国际贸易的制高点奠定坚实的基础。

2. 审时度势，率先在国内推行产品碳税。积极推动中国国内碳税的实施，将能够使我国的农产品生产企业考虑到自身活动对环境造成的负外部性，调动它们积极节能减排。碳税操作成本相对较低，只需要少量的管理成本，而增加的财政收入又可以补贴我国国内企业，用于对低碳农业技术的研发。目前，我国尚未推行碳税，需借鉴国外开征碳税的经验，选择合适的开征方式，施行诸如税收返还、减免税收等大量的宽泛的税收优惠政策，加大对农产品生产企业的补贴力度，尽量消除征收碳税对我国农产品出口企业国际竞争力的影响。

3. 确立碳足迹测度标准的顶层设计，规范碳标签的审核与推广活动。可利用中国碳标签推广尚处于起步阶段的契机，由政府组织完成中国碳足迹测度标准的顶层设计，规范碳足迹测度标准和碳足迹认证流程。这样不仅能够形成产品或服务间碳排量的可比性，同时可以减少数据采集和计算成本。同时，政府需要在碳标签推广初期建立健全相关的法律法规和管理框架，明确碳足迹认证的官方审核机构，对碳标签的授予和推广活动进行严格的规范，防止碳标签的滥用、企业过度宣传甚至虚假宣传现象的发生，维护碳标签在消费者心中的形象和信度。

4. 积极开拓新兴市场，拓宽我国农产品贸易的国际市场范围。发达国家碳关税的实施，将改变中国农产品市场，乃至世界贸易的利益格局。因此，中国政府有关部门应鼓励农产品出口企业积极开拓东南亚、金砖国家和非洲等新兴市场，以主动调整和适应一旦推行碳关税之后的国际市场的新局面，同时在全球碳减排大背景下维护中国等发展中国家的贸易利益，促进世界经济的均衡发展和可持续发展。

5. 加大碳标签的宣传教育力度，提高广大消费者对碳标签的认知度。研究表明，消费者对碳标签的良好认知度，有利于激发其对低碳产品的偏好，对其产生低碳产品购买行为具有显著作用。同时，宣传教育在提升消费者对碳标签与低碳产品认知度方面存在积极显著作用，也对消费者选购低碳产品的行为存在间接的正向激励作用。因此，政府和相关企业可以充分利用大众传媒，如电视公益广告、宣传手册或者画报，以及官方网站等，向广大消费者传递碳标签的内涵及意义，以提升消费者对碳标签的认知度。而消费者对碳标签认知度的提升，可以有效地激发其对低碳产品的偏好，并间接引导其转向低碳产品消费行为。

6. 细分低碳消费群体，针对不同的消费群体实施差异化的营销策略来推广碳标签产品。研究表明，高学历、高收入和高农产品消费额的高端消费群体对"宣传教育"较为敏感，因此，政府和相关企业可以鼓励这部分高端消费者带头宣传和消费贴有低碳标签的产品，充分发挥高端消费者的引领示范作用。具体建议为，有针对性地开展碳标签的主题宣传活动。可选择高等院校、高档商场以及高级社区，开展以碳标签和低碳生活方式等为主题的宣传活动。与大众传媒的宣传不同，这种以碳标签为主题的宣传教育活动根据特定群体的消费特征展开，具有相对较强的效果和引领示范作用。同时，问卷描述统计数据显示，当前男性消费者的低碳认知和低碳消费行为表现优于女性消费者。究其原因，可能是相对男性消费者，女性消费者对高碳与低碳农产品的价差更为敏感。但中国的国情是，女性是农产品消费的主力军。因此，政府有关部门应加强直接针对女性消费者的碳标签产品的促销和宣传活动，适当给予低碳消费一定额度的政府补贴，以最大限度地引导我国低碳产品消费主要群体的购买欲望，激发购买行为，释放低碳消费潜力。

第三节　创新点、研究局限与展望

一　主要创新点

1. 基于 CGE 模型与博弈论，揭示了各国征收碳关税对中国农产品市场的影响以及中国最优的应对策略。目前已有的碳关税相关文献其研究重点关注的都是工业和高耗能经济部门，对事关国家粮食安全的农业部门的关注明显不够。同时，相关文献对碳关税政策影响的研究仍将目光集中在单一部门上，至于碳关税对国民经济不同部门产出和贸易的此消彼长和产业结构变化的影响，也相对不足。本书采用一般均衡（CGE）模型，就碳关税政策的实施将对中国的贸易结构和农产品贸易的潜在影响开展定量模拟分析，从而客观展现了碳关税对中国农产品的市场结构，乃至世界贸易的利益格局将产生显著影响。同时，本书采用博弈论，证明发达国家征收碳关税将不可避免，而在中国应对碳关税的三种可选策略（对高碳农产品征收报复性碳关税；对内征收碳税；开发低碳农业技术）之中，对内征收碳税是中国应对碳关税的最优策略。

2. 采用实验研究方法，开展了情境实验研究。国内外现有的针对消费者对碳标签态度的调研或是基于定性的分析，或是基于问卷与访谈调查，鲜有研究对消费者的行为进行观察。在不发生实际支付行为的情境下，消费者可能受到社会期望与道德责任感的影响，对碳标签表示出积极的响应态度；但在实际购买决策中，消费者是否仍会将碳标签信息作为决策的重要依据纳入考量？又是否会将积极的响应态度转化为切实的碳标签产品/低碳产品购买行为？本书采取情境实验的方式，模拟实际购买情境，以实验的形式观察消费者行为。实验工作人员在实验现场为实验参与者发放 20 元采购基金，并提供加注不同类型碳标签的产品供参与者选购；参与者在完整填写调查问卷后随即进入情境实验环节，并且其可以实际获取所选购的全部产品；工作人员负责记录参与者的决策结果，匹配调查问卷与实验观察结果，并和参与者就决策心理过程进行访谈。

3. 基于结构方程模型进行多组比较分析，揭示了我国不同类型消费者碳标签行为响应模式差异的内在规律。国内外现有的研究样本数据多源于对具体地区的某一特定群体的调研，囿于样本数量和样本来源的局限性，其研究结论是否能在更广泛的范围内普遍适用，仍然有待确认。特别需要指出的是，目前就中国消费者对碳标签的响应模式研究较为零星也较为宏观，现有的少许研究也是多以某一具体市区的消费者为研究对象，并未对消费者进行分组分析。而本书的理论研究表明消费者的个体特征，如收入、年龄、性别和受教育程度等，对其消费行为有显著影响。因此，本书充分考虑经济发展水平与地域分布选择调研城市，对研究样本分别依照学历、收入、消费额、性别与年龄 5 个维度分组，运用结构方程模型的多组比较分析技术，细致比较研究不同类型消费者对碳标签在行为响应模式上的异同，以期为政府和企业制定针对性的政策或者策略提供依据。

二　研究局限

1. 以情境实验方式获取的实际行为数据可能存在数据效度损失。最佳获取实际行为数据的方式为无干预情境下的行为观察。但由于碳标签目前尚未在中国国内推广，鲜有商品实际加注碳标签，因而无法采取直接观察的方式获取实际行为数据；同时，单纯的问卷调查又只能获得行为意向数据，而非实际行为数据。因此，本书折中采取情境实验的方式来获取实际行为数据，一方面可以解决无法直接观察的困境；另一方面可以避免问卷调查对行为意向与实际行为的混淆。但即便如此，相对于无干预情境下的直接观察，情境实验方式获取的实际行为数据仍然存在一定的效度损失，并不能完全还原消费者的实际行为。同时，情境实验之前进行的问卷调查环节可能干预参与者在实验中的表现。另外，情境实验中，所涉及的总体消费额较少，产品的碳排量信息也是以假定的方式给出，这也可能在一定程度上损失实际行为数据的效度。

2. 情境实验的设计仍有进一步完善的空间。情境实验一般设有实验组（干预组）与对照组（非干预组），实验人员通过调控某些关键变量，来对两组的表现进行观察与对比。囿于时间与成本等方面的限制，本书未设对照组，仅邀请完整填写调查问卷的消费者进入情境实验环节，利用实验人员提供的经费在不同类别的碳标签产品中进行购买决策，而具体情境变量根据对应的问卷数据获取。另外，为方便实验操作，本书不设找零，仅提供价值相当的礼品补齐余额，这也可能在一定程度上对实验参与者的实际选购行为产生干预或者影响。

三　研究展望

1. 选取效度更高的数据获取方法对消费者的实际行为展开研究。

就碳标签在中国实际推广之前的阶段而言，选取情境实验的方式获取实际行为相关的数据是较佳的方式。后续研究可进一步完善对于情境实验的设计，如设置实验组与对照组，通过调控关键变量，来观察比较不同组的行为表现等，以期更具效度地获取实际行为数据。而就碳标签在中国实际推广之后的阶段而言，尤其是在推广的初期阶段，选取行为观察的方式获取实际行为的相关数据在一定程度上优于情境实验方式，因为这种方式避免了实验环境对参与者的干预及由此造成的数据效度损失。同时，对于行为的观察，较之于某时间节点的观察，长期的跟踪观察效度更佳。

2. 向供应链上游延伸，研究碳标签对于生产性消费行为的影响机制。当前就碳标签对消费行为的影响研究，包括本书的研究，都是聚焦于供应链终端——成品消费者的研究。研究对象多从超市、居民区等生活性消费场所招募，为生活性消费主体。而鲜见从供应链上游——原料或者半成品消费视角，就碳标签对于生产性消费行为的影响机制展开研究。如果后续研究能够从生产性消费角度切入，来探究碳标签对于生产性消费行为的影响机制，甚至将生产性消费与生活性消费均纳入研究范围，展开基于供应链的系统综合研究，可能是有益的尝试。

附　录

一　笔者已发表的与本书有关的论文

[1] 郭晴、帅传敏：《碳关税对世界经济和农产品贸易的影响研究》，《数量经济技术经济研究》2014 年第 10 期，第 97—109 页。（权威期刊）

[2] 帅传敏、郭晴：《全球碳减排背景下国际贸易比较优势理论模型的新探索》，《宏观经济研究》2014 年第 1 期，第 25—28、31—32、50 页。（权威期刊）

[3] 帅传敏、张钰坤：《中国消费者低碳产品支付意愿的差异分析——基于碳标签的情景实验数据》，《中国软科学》2013 年第 7 期，第 61—70 页。（权威期刊）

[4] 帅传敏、张钰坤：《中国农产品应对碳关税策略的理论分析》，《中国人口·资源与环境》2013 年第 8 期，第 70—78 页。（权威期刊）

[5] 帅传敏、高丽、帅传系：《基于 GTAP 模拟的碳关税对我国农产品贸易影响的研究》，《国际贸易问题》2013 年第 8 期，第 140—148 页。（权威期刊）

[6] 张露、帅传敏、刘洋：《消费者绿色消费行为的心理归因及干预策略分析——基于计划行为理论与情境实验数据的实证研究》，《中国地质大学学报》（社会科学版）2013 年第 5 期，第 49—55 页。（CSSCI 核心期刊）

［7］Chuan – Min Shuai, Li – Ping Ding, Yu – Kun Zhang, Qing Guo, Jing Shuai, "How Consumers are Willing to Pay for Low – carbon Products? —Results from a Carbon – labeling Scenario Experiment in China", *Journal of Cleaner Production*, No. 83, 2014, pp. 366 – 373. （SCI 检索国际期刊, Top Journal, IF = 4.088）.

［8］Shuai Chuanmin, Yang Xiaomin, Zhang Yukun, Shuai Chuanxi, Ding Penghui, "Consumer Behaviour on Low – carbon Agri – food Purchase: a Carbon Experimental Study in China", *Agricultural Economics*, Vol. 60, No. 3, 2014, pp. 133 – 146. ISSN 0139 – 570X （SSCI 检索国际期刊）.

［9］Shuai Chuanmin, Guo Qing, Ding Liping, Cheng Xin, "Modelling Carbon Tariffs to Reduce Global Emissions in the Agricultural Sector", *Outlook on Agriculture*, Vol. 43, No. 4, 2014, pp. 241 – 246. （SCI 检索国际期刊）

二 实验研究使用的调查问卷

问卷编号：No. _____

碳标签对引领低碳农产品消费的影响研究
调查问卷

尊敬的女士/先生：

您好！为研究碳标签对农产品贸易与碳减排的影响，我们专门组织和实施本项问卷调查。希望您能从百忙之中抽出约 20 分钟的时间来回答本问卷中的问题。您的回答是匿名的，并将被完全保密，所有的信息将仅用于此项研究。同时，问卷中的问题没有标准答案，您只要按照自己的实际情况和真实想法填写即可。十分感谢您的合作与帮助!

一 基本信息

此部分为受访者的匿名信息，用于帮助研究碳标签对引领低碳农产品消费的影响机制。请您根据您的实际情况在下划线上填写或者在对应的答案上画"○"即可。

1. 您的当前所在地：_____省/市/自治区_____市/州_____县/区_____镇/乡

2. 您的职业：A. 国家机关干部　B. 企业管理人员　C. 专业技术人员（教师、工程师等）　D. 单位普通员工　E. 工人　F. 个体经营者　G. 农民　H. 学生　I. 军人/警察　J. 非政府组织/社会团体　K. 家庭主妇　L. 其他（请说明）_____

3. 您的年龄段在：A. 19 岁及以下　B. 20—29 岁　C. 30—39 岁　D. 40—49 岁　E. 50 岁及以上

4. 您的性别：　A. 男　　　　B. 女

5. 您的最高学历：A. 初中及以下　B. 技校/中专/职高/高中　C. 专科　D. 本科　E. 硕士　F. 博士

6. 您的月收入范围在：A. 999 元及以下　B. 1000—1999 元　C. 2000—2999 元　D. 3000—3999 元　E. 4000—4999 元　F. 5000—5999 元　G. 6000—6999 元　H. 7000—7999 元　I. 8000 元及以上

7. 您的家庭农产品消费水平：您家每个月用于购买农产品的费用大约为：_____元。

（农产品＝所有的食用产品，如米、面、油、蔬菜、水果等）

二 消费者偏好

8. 在购买农产品的时候，您认为下列几方面特性中重要程度的顺序如何排位？（最重要的排在最前面，比如 C—E—B—A—D）

A. 绿色产品　　　B. 低碳产品　　　C. 产品价格　D. 产品包装　　　E. 产品品牌/生产厂商

您的排序为：_____

9. 如果超市有低碳农产品上柜，但价格略高，您是否愿意购买贴有低碳标签的农产品？

    A. 完全不愿意   B. 比较不愿意   C. 一般

    D. 比较愿意   E. 非常愿意

10. 假设有两种鸡蛋：一种没有低碳标签，价格为10元/千克；另一种有低碳标签。当有低碳标签的鸡蛋价格在没有低碳标签价格（10元/千克）基础上，高_____时，您会选择有低碳标签的鸡蛋？

    A. 10%及以下   B. 11%—20%   C. 21%—30%

    D. 31%—40%   E. 41%及以上

    请具体写出您愿意为低碳标签多支付的百分比_____（所填比例必须≥0）

11. 您认为全社会自觉选购低碳农产品氛围的形成，主要依靠什么力量来推动？

    A. 完全依靠政府   B. 主要依靠政府   C. 政府 + 公众

    D. 主要依靠公众   E. 完全依靠公众

12. 若贴有低碳标签的产品比未贴低碳标签的产品价格高出30%，您认为政府补贴多少比例合适？

    A. 6%及以下   B. 7%—12%   C. 13%—18%

    D. 19%—24%   E. 25%—30%

三　环境意识

13. 全球变暖对环境的影响包括下列哪些？（可多选）

    A. 南极冰川融化，海平面上升，淹没部分陆地

    B. 中纬度部分地区面临干旱威胁，农业用地可能变成沙漠

    C. 高纬度地区适宜温带作物的生长

    D. 引发动物大迁徙，可能使脑炎、狂犬病、登革热、黄热病等蔓延

    E. 花期提前来临，花粉生成量增加，使春季过敏加重

14. 下列行为中属于低碳生活方式的有哪些？（可多选）

    A. 居住小户型   B. 电器不用时保持待机

  C. 购买棉质衣服   D. 乘坐公共交通工具

  E. 少吃肉多吃蔬菜   F. 尽量喝袋装而非散装茶

15. 您认为您个人目前的生活方式是_____

  A. 一点也不注重低碳   B. 不注重低碳   C. 一般

  D. 比较低碳   E. 非常低碳

16. 您对目前政府实行的节能家电产品补贴了解多少?

  A. 完全没听说过   B. 偶尔听说   C. 基本了解

  D. 比较了解   E. 非常了解

17. 对于高碳农产品,您的态度是_____

  A. 完全无所谓   B. 无所谓   C. 一般

  D. 抵制   E. 坚决抵制

四 消费者认知

18. 您对碳标签有多少了解?

  A. 完全没听说过   B. 偶尔听说   C. 基本了解

  D. 比较了解   E. 非常了解

19. 您认为对农产品实施碳足迹认证的必要性如何?

  A. 完全不必要   B. 不太必要   C. 一般

  D. 有必要   E. 非常必要

20. 请您为下列食品标识选择对应的名称,将字母填入括号中。

  ( )   ( )   ( )   ( )   ( )

  A. 有机食品   B. 转基因食品   C. AA 级绿色食品

  D. A 级绿色食品   E. 质量安全认证食品

21. 下列关于食品碳标签(碳足迹)的说法哪些是正确的?(可多选)

  A. 将产品生产过程(而非全过程)的温室气体排放量在产品标签上用量化的指数标示出来

  B. 食品碳标签就是通过一个简明的标识告知消费者商品所含碳足迹或二氧化碳减排量

C. 食品碳标签是向消费者传递商品碳足迹信息的标识

D. 食品碳标签通常包括每单位商品温室气体排放量、企业减排承诺、同类企业碳排放信息和减碳使用指南四部分

E. 食品碳标签是以每公斤商品二氧化碳的排放量来表示全部温室气体的排放

22. 您了解低碳农产品与高碳农产品的区别吗?

  A. 完全不了解   B. 不了解   C. 大概了解

  D. 比较了解   E. 非常了解

23. 您认为目前在中国国内推行农产品碳标签的障碍可能有哪些?（可多选）

  A. 公众的环保意识不足

  B. 缺乏具备公信力的碳足迹认证机构，碳标签上的信息不一定真实可信

  C. 对于碳标签的公共宣传力度不足

  D. 消费者可能不愿意为贴有碳标签的低碳产品支付额外费用

  E. 政府对推行碳标签的财政支持力度不足

  F. 其他_____

五　低碳宣传教育

24. 您目前所接受过的低碳生活宣传教育水平如何?

  A. 未接触过低碳信息   B. 仅听说过这个概念

  C. 偶然浏览过低碳信息   D. 主动搜寻过相关信息

  E. 系统学习过低碳知识

25. 您认为宣传教育对推广碳标签的作用如何?

  A. 完全没有作用   B. 几乎没有作用   C. 一般

  D. 比较有作用   E. 非常有作用

26. 您认为目前政府、企业及其他社会团体对低碳的宣传与倡导力度如何?

  A. 非常薄弱   B. 比较薄弱   C. 一般

  D. 比较强劲   E. 非常强劲

27. 您是否愿意在节假日参与单位或社区组织的低碳宣传教育

活动？

  A. 非常不愿意   B. 比较不愿意   C. 随意

  D. 比较愿意   E. 非常愿意

28. 您是否愿意向朋友宣传或者推荐低碳产品？

  A. 完全不愿意   B. 比较不愿意   C. 一般

  D. 比较愿意   E. 非常愿意

29. 与低碳相关的信息，您通常是通过哪些渠道获取的？请您挑选出 5 个相对重要的渠道，再按照最重要到最不重要的渠道排序。

  A. 网络 B. 电视节目 C. 报纸   D. 社区宣传栏

  E. 讲座 F. 纪录片   G. 环保活动 H. 期刊

  I. 广播节目 J. 宣传教育材料 K. 其他_____

  您的选择与排序是：_____

       实验编号：_____

购买产品结算清单

顾客编号：No. _____

购买种类（在购买的品种上画圈）：鸡蛋　牛奶　香蕉　方便面

购买数量：低碳：（个/包） 中碳：（个/包） 高碳：（个/包）

六　消费者行为

30. 手持 20 元农产品采购经费时，选择贴有碳标签产品的花费比例？

31. 该消费者实际为贴有碳标签的产品多支付了多大比例的成本？

32. 该消费者所采购的农产品碳排放量合计_____

33. 低碳产品消费意愿的行为解释——您为什么愿意/不愿意购买低碳产品？

原因 1：_____

原因 2：_____

原因 3：_____

参考文献

［1］鲍勤、汤铃、汪寿阳等：《美国碳关税对我国经济的影响程度到底如何？——基于 DCGE 模型的分析》，《系统工程理论与实践》2013 年第 2 期。

［2］曹华、刘渝琳：《基于外部性的要素禀赋理论对我国贸易战略的影响》，《世界经济研究》2005 年第 7 期。

［3］曹慧平、陈清萍：《环境要素约束下 H－O 模型的理论与实证检验》，《国际贸易问题》2011 年第 11 期。

［4］常昕、郭蕊、柴洪亮：《碳关税对中国经济的影响及对策》，《山东农业大学学报》（社会科学版）2010 年第 2 期。

［5］巢桂芳：《关于提高低碳经济意识、创导低碳消费行为的调查与研究》，《经济研究导刊》2010 年第 31 期。

［6］陈丹宇：《知识要素与 H－O 贸易理论的拓展》，《国际贸易问题》2003 年第 7 期。

［7］陈洁民：《碳标签：国际贸易中的新热点》，《对外经贸实务》2010 年第 2 期。

［8］陈泽勇：《碳标签在全球的发展》，《信息技术与标准化》2010 年第 11 期。

［9］樊晓云：《碳标签制度的实施对我国农产品出口的影响》，《对外经贸实务》2013 年第 6 期。

［10］樊增强、尚涛：《组织资本的引入——对比较优势理论的一个拓展》，《当代经济研究》2006 年第 7 期。

［11］冯相昭、赖晓涛、田春秀：《关注低碳标准发展新动向——英国 PAS2050 碳足迹标准》，《环境保护》2010 年第 3 期。

［12］侯杰泰、温忠麟、成子娟等：《结构方程模型及其应用》，教育科学出版社 2004 年版。

［13］胡莹菲、王润、余运俊：《中国建立碳标签体系的经验借鉴与展望》，《经济与管理研究》2010 年第 3 期。

［14］黄进：《碳标识和环境标志》，《标准科学》2010 年第 7 期。

［15］黄志雄：《国际贸易新课题：边境调节措施与中国的对策》，《中国软科学》2010 年第 1 期。

［16］乐安国：《应用社会心理学》，南开大学出版社 2003 年版。

［17］李俊鹏、金国栋：《论环境宣传教育的重要意义及提高群众环保意识的对策》，《恩施州党校学报》2006 年第 2 期。

［18］李平、李淑云、沈得芳：《碳关税问题研究：背景、征收标准及应对措施》，《国际金融研究》2010 年第 9 期。

［19］李茜、刘宁、陆跟法、吴小庆：《绿色消费行为理论探讨及国内现状分析》，《环境保护科学》2009 年第 3 期。

［20］李晓玲、陈雨松：《"碳关税"与 WTO 规则相符性研究》，《国际经济合作》2010 年第 3 期。

［21］李岩巍：《构建大学生环保公共舆论空间的议程设置研究》，东北师范大学出版社 2008 年版。

［22］李长河、吴力波：《国际碳标签政策体系及其宏观经济影响研究》，《武汉大学学报》（哲学社会科学版）2014 年第 2 期。

［23］刘波：《虚拟水战略背景下我国农产品贸易发展对策》，《企业经济》2009 年第 4 期。

［24］刘光岭：《信息不对称对绿色产品市场的影响——基于制造商和消费者关系的研究》，《山西财经大学学报》2007 年第 8 期。

［25］刘文艳：《开征"碳税"产品打上"低碳"标签利润增加两成》，http：//www. ctax. org. cn，2011 年 2 月 1 日。

［26］刘哲、李秉龙：《虚拟水贸易理论及其政策化研究进展》，《中国人口·资源与环境》2010 年第 5 期。

［27］栾昊、杨军、黄季焜：《工资刚性下美国征收碳关税对中国的减排与经济影响》，《资源科学》2014 年第 1 期。

［28］马超、许长新、田贵良：《中国农产品国际贸易中的虚拟水流动分析》，《资源科学》2011 年第 4 期。

［29］马建平：《国际边境碳调整问题研究述评》，《经济论坛》2009年第 16 期。

［30］潘辉：《美国碳关税政策的政治经济学分析——基于美国国内利益集团与政府博弈的视角》，《亚太经济》2011 年第 3 期。

［31］邱皓政：《结构方程模式 – LISREL 的理论、技术与应用》，双叶书廊 2005 年版。

［32］沈可挺、李钢：《碳关税对中国工业品出口的影响——基于可计算一般均衡模型的评估》，《财贸经济》2010 年第 1 期。

［33］帅传敏、吕婕、陈艳：《食物里程和碳标签对世界农产品影响的研究动态》，《对外经贸实务》2011 年第 2 期。

［34］宋海英、岑颖：《碳关税影响国际贸易的研究述评》，《浙江教育学院学报》2010 年第 4 期。

［35］孙剑、李崇光、黄宗煌：《绿色食品信息、价值属性对绿色购买行为影响实证研究》，《管理学报》2010 年第 1 期。

［36］孙克：《比较优势理论在虚拟水贸易中的应用——以中美农作物产品贸易为例》，《开发研究》2008 年第 6 期。

［37］孙岩：《居民环境行为及其影响因素研究》，大连理工大学出版社 2006 年版。

［38］田贵良：《虚拟水战略的经济学解释——比较优势理论的一个分析框架》，《经济学家》2008 年第 5 期。

［39］王国猛、黎建新、廖水香：《个人价值观、环境态度与消费者绿色购买行为关系的实证研究》，《软科学》2010 年第 4 期。

［40］王建明、贺爱忠：《消费者低碳消费行为的心理归因和政策干预路径：一个基于扎根理论的探索性研究》，《南开管理评论》2011 年第 4 期。

［41］王建明：《公共低碳消费行为影响机制和干预路径整合模型》，中国社会科学出版社 2012 年版。

［42］王建明：《消费者为什么会选择循环行为——城市消费者循环行

为影响因素的实证研究》,《中国工业经济》2007 年第 10 期。

[43] 王明喜、王明荣、汪寿阳:《碳关税对发展中国家的经济影响及对策分析》,《系统科学与数学》2011 年第 2 期。

[44] 王晓莉、吴林海、童霞:《影响农副食品加工企业生产碳标签食品的主要因素研究》,《华东经济管理》2012 年第 10 期。

[45] 王玉婧:《当比较优势理论遭遇资源环境要素约束》,《河南商业高等专科学校学报》2010 年第 2 期。

[46] 文启湘、彭金荣:《绿色消费动力及其构建》,《消费经济》2011 年第 6 期。

[47] 吴洁、蒋琪:《国际贸易中的碳标签》,《国际经济合作》2009 年第 7 期。

[48] 吴琨:《中美碳关税的博弈分析》,《商业经济》2011 年第 4 期。

[49] 谢来辉:《欧盟应对气候变化的边境调节税:新的贸易壁垒》,《国际贸易问题》2008 年第 2 期。

[50] 徐驰:《碳关税对国际贸易的影响分析及应对措施——以中美贸易为例》,《技术监督教育学刊》2009 年第 7 期。

[51] 许广月:《中国低碳农业发展研究》,《经济学家》2010 年第 10 期。

[52] 阎俊:《影响绿色消费者消费行为的因素分析及其营销启示》,《北京工商大学学报》(社会科学版)2003 年第 2 期。

[53] 杨青龙:《基于"可持续性"要素的比较优势理论拓展》,《中国人口·资源与环境》2012 年第 7 期。

[54] 杨仕辉、魏守道:《出口补贴还是出口征税?碳关税背景下贸易政策及实施时机选择的博弈分析》,《国际经贸探索》2014 年第 2 期。

[55] 张斌、何艳、王丹萍:《碳标签食品的消费者行为相关研究:一个文献综述》,《华东经济管理》2013 年第 4 期。

[56] 张根林:《消费者对绿色食品的态度及其影响因素研究——基于重庆地区消费者的实证分析》,重庆大学出版社 2009 年版。

［57］ 张云：《附加环境变量的比较优势理论》，《石家庄学院学报》2005 年第 2 期。

［58］ 中华人民共和国国家统计局，2012 年。

［59］ 周玲玲、顾阿伦、滕飞等：《实施边界碳调节对中国对外贸易的影响》，《中国人口·资源与环境》2010 年第 8 期。

［60］ Agneya. Product carbon labelling standards in USA. http：//agney-ablog. wordpress. com/2010/11/19/product – carbon – labelling – standards – in – usa/. 2013 – 05 – 02.

［61］ Aiken L. S.，West S. G.，Reno R. R. Mutiple Regression (1991)：*Testing and Interpreting Interactions*，California：Publications，Inc.

［62］ Ajzen I.，Fishbein M.，*Understanding Attitudes and Predicting Social Behaviour*，Englewood Cliffs，NJ：Prentice – Hall，1980.

［63］ Ajzen I.，Madden T. J.，Prediction of Goal – Directed Behavior：Attitudes，Intentions，and Perceived Behavioral Control，*Journal of Experimental Social Psychology*，Vol. 22，No. 5，1986.

［64］ Ajzen I. The Theory of Planned Behavior，*Organizational Behavior and Human Decision Processes*，1991，50（2）：179 – 211.

［65］ Allan J. A.，"Virtual Water：A Strategic Resource Global Solutions to Regional Deficits"，*Groundwater*，Vol. 36，No. 4，1998.

［66］ Alves E.，Edwards M. Case for Green Food Labels，*Sustainable Development Law & Policy*，2008，9（1）：51 – 55.

［67］ Amman，H.，Kendrick，D. A. and Rust，J.（1996），Handb ook of Computational Economics，1，North – Holland，Amsterdam.

［68］ Armitage C. J.，Conner M. "Efficacy of the Theory of Planned Behaviour：A Meta – analytic Review"，*British Journal of Social Psychology*，Vol. 40，No. 4，2001.

［69］ Atkinson G.，Hamilton K.，Ruta G.，et al. Trade in "virtual carbon"：Empirical Results and Implications for Policy，*Global Environmental Change*，Vol. 21，No. 2，2011.

[70] Atkinson, G. (2011), Trade in "Virtual Carbon": Empirical Results and Implications for Policy, *Global Environmental Change*, 21 (2), 563 – 574.

[71] Balderjahn I. Personality Variables and Environmental Attitudes as Predictors of Ecologically Responsible Consumption Patterns, *Journal of Business Research*, 1988, 17 (1): 51 – 56.

[72] Bao Qin, Tang Ling and Yang Liexun (2010), Impact of US Carbon tariffs on China: Based on a CGE Analysis, *Management Review*, 22 (6), 25 – 33.

[73] Baron R. M., Kenny D. A., The Moderator – Mediator Variable Distinction in Social Psychological Research: Conceptual, Strategic, and Statistical Considerations, *Journal of Personality and Social Psychology*, Vol. 51, No. 6, 1986.

[74] Beattie G., Sale L., McGuire L., Information of Carbon Labelling and Consumer Response, Manchester: University of Manchester, 2009.

[75] Bem D. J. Self – perspective theory. In: Berkowitz L (Ed.). *Advances in Experimental Social Psychology*. New York: Academic Press, 1972: 1 – 62.

[76] Bhagwati J., Mavroidis P. C., "Is Action against US Exports for Failure to Sign Kyoto Protocol WTO – legal?", *World Trade Review*, Vol. 6, No. 2, 2007.

[77] Biermann F., Brohm R., Implementing the Kyoto Protocol without the USA: the Strategic Role of Energy Tax Adjustments at the Border, *Climate Policy*, Vol. 4, No. 3, 2004.

[78] Bolwig S., Gibbon P., Emerging Product Carbon Footprint Standards and Schemes and Their Possible Trade Impacts, Risø: Risø DTU Report, 2009.

[79] Bolwig S., Gibbon P., Overview of Product Carbon Footprinting Schemes and Standards, Paris: Trade and Agriculture Directorate, 2009.

［80］ Brenton P. , Edwards – Jones G. , Jensen M. F. , Carbon Labelling and Low – income Country Exports: A Review of the Development Issues, *Development Policy Review*, Vol. 27, No. 3, 2009.

［81］ Burniaux J. M. , Chateau J. , Duval R. Is there a Case for Carbon – Based Border Tax Adjustment? An Applied General Equilibrium Analysis, *Applied Economics*, Vol. 45, No. 16, 2013.

［82］ Cai Y. , Riezman R. , Whalley J. , International Trade and the Negotiability of global climate change agreements, MA: National Bureau of Economic Research, 2009.

［83］ Campbell D. T. , Fiske D. W. , Convergent and Discriminant Validation by the Multitrait – multimethod Matrix. *Psychological Bulletin*, 1959, 56（2）: 81 – 105.

［84］ Carbon Counted. About us. http: //www. carbonc ounted. com/index. php/about – us/about – us/. 2013 – 05 – 02.

［85］ Carbon Counted. What are the advantages of the Carbon Counted calculation approach. http: //www. carboncounted. com/index. php/information/businesses/what – are – the – advantages – of – the – carboncounted – calculation – approach/. 2013 – 05 – 02.

［86］ Carbon Trust. About us. http: //www. carb ontrust. com/about – us. 2013 – 05 – 02.

［87］ Carbon Trust. Carbon reduction label. http: //www. carbontrust. com/resources/faqs/services/carbon – reduction – label. 2013 – 05 – 02.

［88］ Carbon Trust. Carbon reduction label and carbon label . http: //www. carbontrust. com/client – services/footprinting/footprint – certification/carbon – reduction – label. 2013 – 05 – 02.

［89］ Carbonfund. org. Carbonfree product certification protocol . Bethesda: Carbonfund. org Foundation, 2012.

［90］ Carbonfund. org. CarbonFree certified product index . http: //www. carbonfund. org/cabonfree – certified – products. 2013 – 05 – 02.

［91］ Carbonfund. org. Reduce your product's carbon footprint with carbonfree certification. http: //www. carbonfund. org/offset/product – certification. 2013 – 05 – 02.

[92] Carbonfund. org. Our mission: toward a ZeroCarbon? world. http: //www. carbonfund. org/about. 2013 – 05 – 02.

[93] Casino Group. Reducing greenhouse gas (GHG) emissions. http: // www. groupe – casino. fr/en/Reducing – greenhouse – gas – GHG. html. 2013 – 05 – 02.

[94] Casino Group. The Group. http: //www. groupe – casino. fr/en/Vision – and – Strategy. html. 2013 – 05 – 02.

[95] Chaiken S. Heuristic Versus Systematic Information Processing and the use of Source Versus Message cues in Persuasion. *Journal of Personality and Social Psychology*, 1980, 39 (5): 752 – 766.

[96] Chan R. Y. K. Determinants of Chinese Consumers' Green Purchase behavior. *Psychology & Marketing*, 2001, 18 (4): 389 – 413.

[97] Chib S. , Nardari F. , Shephard N. , Markov Chain Monte Carlo Methods for Stochastic Volatility models, *Journal of Econometrics*, Vol. 108, No. 2, 2002.

[98] Cialdini R. B. , Kallgren C. A. , Reno R. R. A Focus Theory of Normative Conduct: A Theoretical Refinement and Reevaluation of the Role of Norms in Human Behavior. *Advances in Experimental Social Psychology*, 1991, 24 (20): 1 – 243.

[99] Climatop. Award Criteria and Usage Criteria. http: //www. climatop. ch/index. php/Award_ Criteria_ en. html. 2013 – 05 – 02.

[100] Climatop. Vision & Mission. http: //www. climatop. ch/index. php/vision_ en. html. 2013 – 05 – 02.

[101] Climatop. Which Products are Already Labelled by Climatop? http: //www. climatop. ch/index. php/faq _ answers _ en/items/ which – products – are – already – labelled – by – climatop. html. 2013 – 05 – 02.

[102] Cohen M. A. , Vandenbergh M. P. , The Potential Role of Carbon

Labeling in a Green Economy, *Energy Economics*, Vol. 34, 2012.

[103] Cong Xiaonan (2012), Building, Development and Application of the Global Multi – Regional CGE Models, a Geo – Political Economic Analysis, PhD dissertation, Chinese Academy of Sciences, Beijing.

[104] Cornish D. B. , Clarke R. V. *The reasoning criminal: Rational choice perspectives on offending.* New York: Springer – Verlag, 1986.

[105] Cosbey A. , Tarasofsky R. Climate Change, Competitiveness and Trade. London: London Royal Institute of International Affairs, 2007.

[106] Dada A. , Rau A. , Konkel M. , et al. . The potential of the EPC network to monitor and manage the carbon footprint of products . Zurich: ETH Zurich, St. Gallen: University of St. Gallen, 2009.

[107] Dong Y. , Walley J. How Large are the Impacts of Carbon Motivated Border Tax Adjustments. Ontario: University of Western Ontario, 2009.

[108] Eagly A. H. , Chaiken S. *The psychology of attitudes.* New York: Harcourt Brace Jovanovich College Publishers, 1993.

[109] Eccles, J. S. Expectancies, Values, and Academic Behaviors. In J. Spence (Ed.) . *Achievement and Achievement Motivation* . San Francisco: W. H. Freeman, 1983: 75 – 164.

[110] Edwards – Jones G. , Plassmann K. , York E. H. , et al. . Vulnerability of Exporting Nations to the Development of a Carbon Label in the United Kingdom. Environmental Science & Policy, 2009, 12 (4): 479 –490.

[111] Festinger L. *A Theory of Cognitive Dissonance.* Evanston: Row Peterson, 1957.

[112] Fishbein M. , Ajzen I. *Belief, Attitude, Intention and Behavior: An*

Introduction to Theory and Research. Reading, MA: Addison - Wesley, 1975.

[113] Ford J. K. , MacCallum R. C. , Tait M. The Application of Exploratory Factor Analysis in Applied Psychology: A Critical Review and Analysis. *Personnel Psychology*, 1986, 39 (2): 291 - 314.

[114] Fornell C. , Larcker D. F. , Structural Equation Models with Unobservable Variables and Measurement Error: Algebra and Statistics. *Journal of Marketing Research*, 1981, 18 (3): 382 - 388.

[115] Foxall G. R. , Goldsmith R. E. , Brown S. *Consumer Psychology for Marketing.* Hampshire: Cengage Learning EMEA, 1998.

[116] Furukawa N. , Motome Y. , Nakata H. Monte Carlo Algorithm for the Double Exchange Model Optimized for Parallel Computations . *Computer Physics Communications*, 2001, 142 (1): 410 - 413.

[117] Giddens A. The Constitution of Society: Introduction of the Theory of Structuration. Berkeley: University of California Press, 1984.

[118] Gros D. Gobal Welfare Implications of Carbon Border Taxes . Brussels: Center for European Policy Studies, 2009.

[119] Gutman J. A means - End Chain Model Based on Consumer Categorization Processes. *The Journal of Marketing*, 1982, 46 (2): 60 - 72.

[120] Hale J. L. , Householder B. J. , Greene K L. The theory of reasoned action. In: Dillard J. P. , Pfau M (Eds.) . The persuasion handbook: Developments in theory and practice. Thousand Oaks, CA: Sage, 2002: 259 - 286.

[121] Heckscher E. F. , The Effect of Foreign Trade on the Distribution Ofincome. *Economisk Tilastirift*, 1919, 21 (2): 1 - 32.

[122] Hertel, T. W. (1997), *Global Trade Analysis: Modeling and Applications*, Cambridge University Press, New York.

[123] Higgins E T. Self - Discrepancy: a Theory Relating Self and Affect. *Psychological Review*, 1987, 94 (3): 319 - 340.

[124] Hovland C. I. , Janis I. L. , Kelley H. H. *Communication and Persuasion.* US: *Yale University Press*, *1953.*

[125] Huang Lingyun and Li Xing (2010), The impact of intended US carbon tariffs on the Chinese economy – empirical analysis based on the GTAP model, *Journal of International Trade*, 11, 93 – 98.

[126] Hübler M. Carbon tariffs on Chinese exports: Emissions reduction, threat, or farce. *Energy Policy*, 2012, 50: 315 – 327.

[127] International Trade Centre. Product carbon footprinting standards in the agri – food sector. Geneva: The International Trade Centre, 2012.

[128] IPCC. Climate Change 2007: impacts, adaptation and vulnerability: contribution of Working Group II to the fourth assessment report of the Intergovernmental Panel on Climate Change (Metz B et al. eds) . New York : Cambridge University Press, 2007.

[129] Ishak S. , Zabil N. F. M. Impact of consumer awareness and knowledge to consumer effective behavior. *Asian Social Science*, 2012, 8 (13): 108 – 116.

[130] Ismer R. , Neuhoff K. Border tax adjustment: a feasible way to support stringent emission trading. *European Journal of Law and Economics*, 2007, 24 (2): 137 – 164.

[131] Jaber J. O. , Mamlook R. , Awad W. Evaluation of energy conservation programs in residential sector using fuzzy logic methodology . *Energy Policy*, 2005, 33 (10): 1329 – 1338.

[132] Jackson T. Motivating sustainable consumption: a review of evidence on consumer behaviour and behavioural change: a report to the Sustainable Development Research Network. Surrey: Centre for Environmental Strategy, University of Surrey, 2005.

[133] Janssen R. , Rutz D. Analysis and feedback of the carbon labelling project: Action plan for carbon labelling programmes . Germany: WIP Renewable Energies, 2008.

[134] JEMAI CFP Program. Name and basic configuration of new CFP program. http: //www. cfp – japan. jp/english/overview/overview _ 04. html. 2013 – 05 – 03.

[135] JEMAI CFP Program. Overview of the CFP communication program. http: //www. cfp – japan. jp/english/overview /index. html. 2013 – 05 – 03.

[136] Kassarjian H. H. Incorporating ecology into marketing strategy: the case of air pollution. *The Journal of Marketing*, 1971, 35 (3): 61 – 65.

[137] Kasterine A. , Vanzetti D. The effectiveness, efficiency and equity of market – based and voluntary measures to mitigate greenhouse gas emissions from the agri – food sector Geneva: Proceedings of the United Nations Conference on Trade and Development, 2010.

[138] Keane J. , MacGregor J. , Page S. , et al. . Development, trade and carbon reduction. London : Overseas Development Institute, 2010.

[139] Kuik, O. , and Hofkes, M. (2010), Border adjustment for European emissions trading: competitiveness and carbon leakage, *Energy Policy*, 38 (4), 1741 – 1748.

[140] Landcare Research New Zealand Limited. About the carboNZero programme. http: //www. carbonzero. co. nz/about/. 2013 – 05 – 03.

[141] Landcare Research New Zealand Limited. carboNZero certification. http: //www. carbonzero. co. nz/options/carbonzero. asp. 2013 – 05 – 03.

[142] Lee S. Consumers' value, environmental consciousness, and willingness to pay more toward green – apparel products. *Journal of Global Fashion Marketing*, 2011, 2 (3): 161 – 169.

[143] Lewin K. *Field theory in social science*, edited by Dorwin Cartwright. New York: Harper and Brothers, 1951.

[144] Lin Boqiang, and Li Aijun (2011), Impact of carbon tariffs on de-

veloping countries, *Financial Studies*, 12, 1 – 15.

[145] MacGregor J. Carbon concerns: how standards and labelling initiatives must not limit agricultural trade from developing countries. *Agriculture and Trade Series*. 2010, 3: 1 – 40.

[146] McKibbin W. J. , Wilcoxen P J. The Economic and Environmental Effects on Border Tax Adjustments for Climate Policy . Canberra: Australian National University, 2009.

[147] Miller K. *Communications Theories: Perspectives, Processes, and Contexts*. New York: McGraw – Hill, 2002.

[148] Nartova O. Carbon labelling: moral, economic and legal implications in a world trade environment. Berne: NCCR Trade Regulation, 2009.

[149] Nunnally, J. C. *Psychometric Theory.* New York: McGraw – Hill. 1978.

[150] Ohlin B. G. *Interregional and International Trade* . Cambridge: Harvard University Press, 1933.

[151] Olander, F. , Thogersen, J. Understanding of consumer behaviour as a prerequisite for environmental protection. *Journal of Consumer Policy*, 1995, 18 (4): 345 – 385.

[152] Olson J. C. , Reynolds T. J. Understanding consumers' cognitive structures: implications for advertising strategy. *Advertising and Consumer Psychology*, 1983, 1: 77 – 90.

[153] Pauwelyn J. US Federal Climate Policy and Competitiveness Concerns: the Limits and Options of International Trade Law . Durham, NC: Nicholas Institute for Environmental Policy Solutions, Duke University, 2007.

[154] PCF Project Germany. Case studies. http: //www. pcf – projekt. de/main/results/case – studies/. 2013 – 05 – 03.

[155] PCF Project Germany. Overview. http: //www. pcf – projekt. de/main/platform – initiators/overview/. 2013 – 05 – 03.

[156] Perino G. , Panzone L. A. , Swanson T. Motivation crowding in real consumption decisions: Who is messing with my groceries . *Economic Inquiry Forthcoming*, 2013, 06: 1 – 34.

[157] Petty R. E. , Cacioppo J. T. Attitudes and persuasion: Classic and Contemporary Approaches. Dubuque: Wm. C. Brown, 1981.

[158] Petty R. E. , Cacioppo J. T. The elaboration likelihood model of persuasion. In: Berkowit Z L (Ed.) . Advances in Experimental Soeial Psyehology. New York: Academic press, 1986: 123 – 205.

[159] Phakamon Supappunt. Carbon footprint label in Thailand . Bangkok: Thailand Greenhouse Gas Management Organization, 2011.

[160] Qu M. , Tahvanainen L. , Ahponen P. , et al. . Bio – energy in China: Content analysis of news articles on Chinese professional internet platforms. *Energy Policy*, 2009, 37 (6): 2300 – 2309.

[161] Sang In Kang, Jin – gyu Oh, Hongseok Kim. Korea's low carbon green growth strategy. Paris: OECD Development Center, 2012.

[162] Savage L. *The Foundations of Statistics*. New York: John Wiley & Sons, 1972.

[163] Schlegelmilch B. B. , Bohlen G. M. , Diamantopoulos A. The link between green purchasing decisions and measures of environmental consciousness. *European Journal of Marketing*, 1996, 30 (5): 35 – 55.

[164] Schwartz S. H. Normative Influences on Altruism . *Advances in Experimental Social Psychology*, 1977, 10: 221 – 279.

[165] Scott C. , Klein D. M. , Bryant J. Consumer response to humor in advertising: A series of field studies using behavioral observation . *Journal of Consumer Research*, 1990, 16 (4): 498 – 501.

[166] SGS. SGS unveils comprehensive global product carbon footprint mark program. http: //www. sgs. com/en/Our – Company/News – and – Media – Center/News – and – Press – Releases/2012/01/

SGS – Unveils – Comprehensive – Global – Product – Carbon – Footprint – Mark – Program. aspx. 2013 – 05 – 02.

[167] Shen Keting, and Li Gang (2010), Impact of carbon tariffs on Chinese industrial exports – a CGE model evaluation, *Economics of Finance and Trade*, 1, 75 – 82.

[168] Shuai C. M. , Peng W. Y. , Lv J. A Comparative Analysis of the Impact of Different Emission Mitigation Measures on International Trade in Developing Countries. Shanghai: International Conference on Energy and Environment, 2011.

[169] Siebert H. Environmental protection and international specialization. *Weltwirtschaftliches Archiv*, 1974, 110 (3): 494 – 508.

[170] Steg L. Promoting household energy conservation. *Energy Policy*, 2008, 36 (12): 4449 – 4453.

[171] Stern P. C. , Dietz T. , Abel T. , et al. . A value – belief – norm theory of support for social movements: The case of environmentalism. *Human Ecology Review*, 1999, 6 (2): 81 – 98.

[172] Stern P C. , Oskamp S. Managing scarce environmental resources. *Handbook of Environmental Psychology*, 1987, 2: 1043 – 1088.

[173] Stern P C. New environmental theories: toward a coherent theory of environmentally significant behavior. *Journal of Social Issues*, 2000, 56 (3): 407 – 424.

[174] Sternthal B. , Craig C. S. Humor in advertising. *The Journal of Marketing*, 1973, 37 (4): 12 – 18.

[175] Suchard H. T. , Polonsky M. J. A theory of environmental buyer behaviour and its validity: the environmental action – behaviour model. Chicago: AMA summer educators' conference proceedings, 1991.

[176] Syunkova A. WTO – Compatibility of Four Categories of US Climate Policy, National Foreign Trade Council. Washington D. C. : National Foreign Trade Council, Inc. , 2007.

[177] TGO. About TGO. http：//www. tgo. or. th/english/index. php? option = com _ content&view = category&id = 25&Itemid = 28. 2013 – 05 – 03.

[178] TGO. Carbon reduction label. http：//thaicarbonlabel. tgo. or. th/carbonlabel/index. php? page = 1. 2013 – 05 – 03.

[179] Timberland. Green Index. http：//community. timberland. com/earthkeeping/green – index. 2013 – 05 – 02.

[180] Triandis H C. Interpersonal behavior. Monterey：Brooks/Cole Publishing Company, 1977.

[181] United Nations. Challenges and Opportunities for Mitigation in the Agricultural Sector. Bonn：Framework Convention on Climate Change, 2008.

[182] Upham P. , Dendler L. , Bleda M. Carbon labelling of grocery products：public perceptions and potential emissions reductions . Journal of Cleaner Production, 2011, 19 (4)：348 – 355.

[183] Van Liere K. D. , Dunlap R. E. Environmental concern does it make a difference how it' s measured. Environment and Behavior, 1981, 13 (6)：651 – 676.

[184] Vanclay J. K. , Shortiss J. , Aulsebrook S. , et al. Customer Response to Carbon Labelling of Groceries. Journal of Consumer Policy, 2011, 34 (1)：153 – 160.

[185] Verbeke W. , Viaene J. , Guiot O. Health communication and consumer behavior on meat in Belgium：from BSE until dioxin . Journal of Health Communication, 1999, 4 (4)：345 – 357.

[186] Vermeir I. , Verbeke W. Sustainable food consumption：exploring the consumer "attitude – behavioral intention" gap. Journal of Agricultural and Environmental Ethics, 2006, 19 (2)：169 – 194.

[187] Vining J. , Ebreo A. , What makes a recycler? A comparison of recyclers and nonrecyclers. Environment and Behavior, 1990, 22 (1)：55 – 73.

[188] Vlosky R. P. , Ozanne L. K. , Fontenot R. J. A conceptual model of US consumer willingness – to – pay for environmentally certified wood products. *Journal of Consumer Marketing*, 1999, 16 (2): 122 – 140.

[189] Walmsley, T. L. , Aguiar, A. H. , and Narayanan, B. (2012), Introduction to the GTAP Data Base, Working Paper No 67, GTAP, Purdue University, West Lafayette, IN.

[190] Wang S. L. A. , Nelson R. A. The effects of identical versus varied advertising and publicity messages on consumer response . *Journal of Marketing Communications*, 2006, 12 (2): 109 – 123.

[191] Wansink B. , Kim J. , The marketing battle over genetically modified foods false assumptions about consumer behavior . *American Behavioral Scientist*, 2001, 44 (8): 1405 – 1417.

[192] Wichelns D. The role of "virtual water" in efforts to achieve food security and other national goals, with an example from Egypt . *Agricultural Water Management*, 2001, 49 (2): 131 – 151.

[193] Wigfield A. , Eccles J. S. Expectancy – value theory of achievement motivation. *Contemporary Educational Psychology*, 2000, 25 (1): 68 – 81.

[194] Winett R. A. , Leckliter I. N. , Chinn D. E. , et al. . Effects of television modeling on residential energy conservation. *Journal of Applied Behavior Analysis*, 1985, 18 (1): 33 – 44.

[195] World Bank. International Trade and Climate Change . Washington D. C. : World Bank, 2007.

[196] WTO. International Trade Statistics 2008. http: //www. wto. org/ english/res _ e/statis _ e/its2008 _ e/its08 _ toc _ e. htm, 2011 – 2 – 11.

[197] Xie Laihui, and Chen Ying. (2010) . Does China over worry about the carbon tariff issue, *International Economic Review*, 4, 135 – 146.

［198］ Xing Y. , Kolstad C. Environment and trade: a review of theory and issues. Santa Barbara: University of California Santa Barbara, 1996.

［199］ Yiridoe E. K. , Bonti – Ankomah S. , Martin R. C. Comparison of consumer perceptions and preference toward organic versus conventionally produced foods: a review and update of the literature . *Renewable Agriculture and Food Systems*, 2005, 20 (4): 193 – 205.

［200］ Zhou L. , Zheng X. , Green subsidy policy effect assessment based on farmers' willingness to pay the low – carbon elements: an empirical study in pig industry. *Journal of Nanjing Agricultural University*, 2012, 12 (4): 85 – 91.